WERKSTATT B2

Training zur Prüfung Goethe-Zertifikat B2

von Spiros Koukidis und Artemis Maier

Arbeitsbuch

Praxis
Spezialverlag DaF

Werkstatt B2 – Arbeitsbuch

von Spiros Koukidis und Artemis Maier

Layout: Helene Koukidis

Umschlag (Bild: © Adobe Stock): Nikos Koukidis

Audio-Produktion: Dreamland Recording Studio Marburg | www.dreamland-recording.de

Danksagung: Wir möchten uns bei Herrn Ulli Blogas und Frau Sabine Tews für ihren Beitrag zur Erstellung des Manuskripts sowie allen Kollegen und Kolleginnen, die während der Entstehungsphase Materialien des Arbeitsbuches ausprobiert haben, bedanken.

ISBN: 978-960-8261-84-6

Das Lehrwerk „Werkstatt B2" besteht aus:

- Lehrbuch   ISBN: 978-960-8261-83-9
- Arbeitsbuch   ISBN: 978-960-8261-84-6
- Lehr- & Arbeitsbuch / Lehrerausgabe   ISBN: 978-960-8261-85-3
- Audios   kostenlos downloadbar auf www.praxis.gr
- Glossar (DE/GR)   kostenlos downloadbar auf www.praxis.gr
- zusätzliche Materialien   kostenlos downloadbar auf www.praxis.gr

Vertrieb: Praxis-Verlag, Elasidon 30, GR 11854 Athen, Griechenland
Tel. (+30) 210 3626876, Fax (+30) 210 3628124
E-Mail: info@praxis.gr | Website: www.praxis.gr

1. Auflage (November 2018), 2. Druck (Oktober 2019, 3000 Exemplare)
1st edition (November 2018), 2nd print (October 2019, 3000 copies)
1η έκδοση (Νοέμβριος 2018), 2η εκτύπωση (Οκτώβριος 2019, 3000 αντίτυπα)

Vorwort

„Werkstatt B2" wendet sich an Lerner mit abgeschlossenem Niveau B1, die ihre Kenntnisse erweitern und sich auf die nächste Prüfung – gemeint ist die 2019 revidierte Prüfung für das „Goethe-Zertifikat B2" – vorbereiten wollen.

„Werkstatt B2" setzt, als Nachfolger von „Station B2", das bewährte Praxis-Konzept „Prüfungsvorbereitung parallel zur Vermittlung des Lernstoffs (oder auch umgekehrt, beide Aspekte sind ja gleich wichtig)" konsequent um. Die Teilnahme an einer Prüfung am Ende des Kurses zur Bestätigung des erreichten Kenntnisstandes ist mittlerweile fast zu einer Selbstverständlichkeit geworden, und das ist gut so, denn auf diese Weise wird die Motivation der Lerner erhöht.

Ein erfolgreiches Konzept muss man beibehalten, das war uns von Anfang an klar, man muss jedoch gleichzeitig auch dafür sorgen, dass dieses Konzept an die Bedürfnisse seiner Zeit und der neuen Prüfung angepasst ist und die aus der Arbeit mit „Station B2" und „Werkstatt B1" gewonnenen didaktisch-methodischen Erkenntnisse nutzt, um noch lerner- und lehrerfreundlicher zu werden.

Daher prägen auch in „Werkstatt B2" niveau- und prüfungsadäquate Inhalte, in der Kurspraxis erprobt, das Bild. Was sich als erfolgreich erwiesen hat (lesenswerte „zeitlose" Texte, die sämtliche Themenbereiche abdecken, Nutzung aller didaktisch-sprachlichen Möglichkeiten, die diese Texte für einen attraktiven Unterricht bieten, systematische Grammatik- und Wortschatzarbeit, erweitertes Angebot in Bezug auf Sprachproduktion, Vermittlung und Erläuterung der für die Prüfung erforderlichen Lösungsstrategien), das alles findet sich in erweiterter und verbesserter Form in „Werkstatt B2".

Im Lehrbuch findet man 10 komplette Modelltests für die reine Prüfungsvorbereitung, im Arbeitsbuch werden die Inhalte des Lehrbuchs erneut aufgegriffen, ergänzt und didaktisch sinnvoll und zweckdienlich aufbereitet. Kostenlose Online-Komponenten (vorerst Audios und Glossar) runden das Angebot ab.

Für die Hand des Unterrichtenden ist eine wichtige Innovation bestimmt, nämlich die Lehrerausgabe von „Werkstatt B2", mit komplettem Lehrbuch und Arbeitsbuch, wo die Lösungen und die lösungsrelevanten Stellen markiert sind, und mit einem ausführlichen Leitfaden für den Unterricht, der die Unterrichtsvorbereitung wesentlich erleichtert.

Wir wünschen allen Kolleginnen und Kollegen viel Spaß und viel Erfolg bei der Arbeit mit „Werkstatt B2" und freuen uns auf Feedback jeder Art.

Athen, im November 2018

Spiros Koukidis
Artemis Maier

INHALTSVERZEICHNIS

Inhaltsübersicht Arbeitsbuch - Grammatik

Teil	Test 1	Test 2	Test 3	Test 4	Test 5
LESEN 1	Verben mit Präpositionalobjekt • denn - nämlich	haben / sein ... zu + Infinitiv • gern - lieber - am liebsten	Relativsätze mit Präpositionen • Gebrauch von „ob" und „wenn"	Finalsätze mit „damit" / „um ... zu + Infinitiv" • Kausasätze mit „weil, denn, da"	Infinitivsätze „sowohl ... als auch" und „weder ... noch"
LESEN 2	„mehr - mehrere"	Konditionalsätze mit/ohne „wenn" • Adjektive auf „-los"	Finalsätze mit „um ... zu + Infinitiv" / „damit" • Relativsätze mit „wer"	„während"	Konsekutivsätze mit „so dass" • Adjektive auf „-bar"
LESEN 3	„je ... desto"	Temporaler Gebrauch der Präpositionen	Temporale Adverbien • Präpositionen mit Akkusativ	Relativpronomen im Genitiv • „sogenannt-"	Ausdruck einer Vermutung mit Futur I/II
LESEN 5	Präpositionen mit Dativ / mit Dativ und Akkusativ	„man" + Aktiv / Passiv mit Modalverb / „haben / sein zu + Infinitiv" • Endung „-ung"	Temporalkonjunktionen und -sätze	Perfekt - Bildung und Gebrauch • Die syntaktische Funktion der Nomen im Satz	Adjektivdeklination

Teil	Test 6	Test 7	Test 8	Test 9	Test 10
LESEN 1	(Vorgangs-)Passiv • Kausaladverbien „daher, darum, deshalb, deswegen"	Das unbestimmte Pronomen „man" • Temporalsätze mit „als, wenn"	Modalverben • Der Gebrauch von „werden"	Adverbien, die einen Satz einleiten • Adjektive auf „-bar"	Konjunktiv II zum Ausdruck des Irrealis • Präpositionen mit Genitiv
LESEN 2	„(nicht) müssen / (nicht) brauchen zu + Inifinitiv"	Bildung und Gebrauch des Komparativs	Indirekte Rede mit Konjunktiv I / Konjunktiv II / „würde + Infinitiv"	Erstes Kennenlernen mit dem Gerundiv • Relativsätze mit „was"	Subjektiver Gebrauch von „sollen" und „dürfen"
LESEN 3	„sich lassen + Infinitiv" = „können + Aktiv/Passiv" • Pronominaladverbien als Korrelate im Satz • „scheinen" + Infinitivsatz	Temporalsätze mit „nachdem" • Die Besetzung des Vorfelds	Nomen-Verb-Verbindungen • Genusbestimmung und Pluralbildung	Konzessivsätze mit „so...auch"	Das Vorfeld im Hauptsatz • Wiederholung Passiv • Wiederholung „weil - denn - nämlich"
LESEN 5	Passiv mit Modalverben • eine Vorbedingung/Voraussetzung/Eventualität ausdrücken	Gebrauch des Passivs • „müssen" und „sollen"	Das Relativpronomen „welch-" • Substantivierte Adjektive und Partizipien • Negationspräfixe „un-"/„in-"	Gebrauch und Bedeutung der Partizipien / Partizipien und Relativsätze	Von allem etwas

Test 1

WERKSTATT B2

LESEN, Teil 1: Sozialformen

Wortschatz zum Thema

- die Karriere ■ Karriere machen

- der Kollege, -n ■ der Arbeitskollege, -n ■ die Kollegin, -nen

- der Arbeitsschritt, -e ■ einen Arbeitsschritt ausführen

- die Arbeitsform, -en ■ die Einzelarbeit ■ die Partnerarbeit ■ die Gruppenarbeit

- die Zusammenarbeit mit + DAT ■ zusammenarbeiten mit + DAT

- interessant ■ jmdm. Spaß machen ■ uninteressant ■ langweilig

- die Entscheidung, -en ■ Entscheidungen treffen

- der Erfolg, -e ■ Erfolg haben ■ jmdn. zum Erfolg führen

- erfolgreich ■ erfolgreich sein

- der Partner, - ■ die Partnerin, -nen ■ partnerschaftlich

- der Teamgeist ■ gemeinsam ■ sich verlassen auf + AKK

- der Mitarbeiter, - ■ die Mitarbeiterin, -nen ■ das Mitglied

- die Konkurrenz ■ konkurrieren mit + DAT

- die Arbeitsgewohnheiten (Pl.) ■ Zeit und Geld sparen

Aufgabe 1: *Ergänzen Sie den folgenden Lückentext mit Wörtern aus dem Wortschatz oben.*

Arbeit muss zunächst einmal Spaß (1) _____, sie darf nicht (2) _____ werden. Wichtig für jedes (3) _____ einer Gruppe ist (4) _____: Wer (5) _____ im Beruf haben und (6) _____ machen will, soll als Erstes lernen, mit seinen (7) _____ partnerschaftlich (8) _____. Genauso wichtig ist es, die richtige (9) _____ im richtigen Moment zu (10) _____. Und immer daran denken: Die wertvollste Waffe einer Firma sind ihre (11) _____, der Chef muss sich hundertprozentig auf sie (12) _____ können.

Aufgabe 2: *Diskutieren Sie im Kurs.*

Welche Sozialform wird häufiger benutzt bzw. verspricht Ihrer Ansicht nach bessere Ergebnisse a) in der Familie, b) in der Schule, c) in einer Firma?

△ Lesen Sie dazu die Texte auf Seite 15 im Lehrbuch und machen Sie sich Notizen.

△ Schreiben Sie keine ganzen Sätze, versuchen Sie möglichst frei zu sprechen.

Wortschatz

Sprechen

> **Verben mit Präpositionalobjekt**

 Im Deutschen kommt es häufig vor, dass ein Verb nicht direkt mit dem Objekt verbunden wird, sondern durch eine Präposition. In diesem Fall sprechen wir nicht von einem Akkusativ-, Dativ- oder Genitivobjekt, sondern von einem **Präpositionalobjekt**.

Unterstreichen Sie in den folgenden Sätzen das Verb und das dazugehörige Präpositionalobjekt:

a) Nur ganz selten, wenn zum Beispiel der große Seminarraum für eine Präsentation hergerichtet werden soll, bitte ich Kollegen und Kolleginnen um Hilfe.

b) Manche können zum Beispiel nur ganz schwer oder überhaupt nicht mit anderen Kursteilnehmern zusammenarbeiten.

c) Solche Mitarbeiter sind besonders wertvoll; sie haben nämlich Ideen, nehmen gern Vorschläge auf, reagieren nicht negativ auf gut gemeinte Kritik.

Aufgabe 3: *Ergänzen Sie die fehlende Präposition zu jedem Verb und bilden Sie Sätze. Achten Sie auf die Zeit.*

1 (abhängen – Wetter) Ob die Party im Garten stattfindet, ...
_____

2 (sich befassen – gern – mathematische Probleme) Mein kleiner Bruder ...
_____

3 (beitragen – Erhaltung des Weltfriedens) Aufgabe der UNO ist es, ...
_____

4 (drohen – der Minister – sein Rücktritt) Als die Kritik immer stärker wurde, ...
_____

5 (sich erinnern – können – nicht – der Unfall) Als Gerd im Krankenhaus aufwachte, ...
_____

6 (fragen – ein Polizist – der Weg) Da sie nicht wusste, wo der Friedrichstadtpalast ist, ...
_____

7 (leiden – chronische Faulheit) Wenn du mich fragst: Karsten ...
_____

8 (schützen – die Kälte) Er war warm angezogen und das ...
_____

9 (tauschen – gern – meine jetzige Wohnung – eine kleinere) Finanziell geht es mir nicht gut, deshalb würde ...
_____

10 (sich verlieben – sofort – ihre jüngere Schwester) Als er Inges Familie kennenlernte, ...
_____

11 (warnen – Gefahren dieser Reise) Kenner der politischen Lage in Paramythien hatten uns ...
_____

12 (sich wundern – deine Entscheidung) Offen gestanden, ich ...
_____

Grammatik

▶ **Kausale Zusammenhänge mit „denn" und „nämlich"**

Vergleichen Sie die beiden Sätze:

a) <u>Es gibt</u> nämlich garantiert sehr viele solche Situationen im Alltag.

b) Diese Entwicklung erhöht meistens den Verdienst, denn <u>Zeit ist</u> Geld.

 Wir stellen fest: - Beide Sätze drücken einen **kausalen Zusammenhang** aus.

- In beiden Sätzen steht das <u>Verb</u> an **zweiter Stelle** (Hauptsatz).

- Die (nebenordnende) Konjunktion **„denn"** steht auf **Position „0"**, während das Adverb **„nämlich" direkt hinter dem Verb** steht.

Genauso gut könnten wir also sagen:

a) **Denn** <u>es gibt</u> garantiert sehr viele solche Situationen im Alltag.

b) Diese Entwicklung erhöht meistens den Verdienst, <u>Zeit ist</u> **nämlich** Geld.

Aufgabe 4: *Verbinden Sie die beiden Sätze und drücken Sie den kausalen Zusammenhang mithilfe von „denn" und „nämlich" aus.*

1 Ich bin Einzelkämpferin. Arbeit in der Gruppe finde ich uninteressant und langweilig.
   Ich bin Einzelkämpferin, denn _____
   Ich bin Einzelkämpferin, Arbeit in der Gruppe _____

2 Für einen ausgiebigen Gedankenaustausch bleibt keine Zeit. Ich kann nicht lange überlegen.
   _____
   _____

3 Entscheidungen trifft mein Chef immer allein. Mich fragt er nie.
   _____
   _____

4 Wer Karriere machen will, muss sich auf sich selbst verlassen können. Wir leben in einer schnellen Zeit.
   _____
   _____

5 Ich möchte in der Gruppe das erste und das letzte Wort haben. Es gibt so viele Einzelheiten, an die gedacht werden muss.
   _____
   _____

6 Solche Mitarbeiter sind besonders wertvoll. Sie haben Ideen, nehmen gern Vorschläge auf, reagieren nicht negativ auf gut gemeinte Kritik.
   _____
   _____

LESEN, Teil 2: Hochqualifiziert und trotzdem arbeitslos

 Aufgabe 5: *Diskutieren - argumentieren*

A. Unternehmen müssen oft infolge einer lang anhaltenden Wirtschaftskrise Personal einsparen. Es erhebt sich dabei die Frage:

> Nach welchen Kriterien ist zu entscheiden, von welchem Mitarbeiter / von welchen Mitarbeitern sich ein Unternehmen im Falle einer Krise eher trennen kann?

△ Überlegen Sie zuerst, welchen Standpunkt Sie vertreten, und notieren Sie schnell ein paar Stichpunkte.
△ Tragen Sie dann im Plenum Ihre Position vor und begründen Sie sie. Reagieren Sie auf die Argumente der anderen Kursteilnehmer.
△ Stimmen Sie abschließend im Kurs ab: Welche Meinung überwiegt?

Folgende Stichpunkte können Ihnen helfen:

✓ Position des Mitarbeiters im Unternehmen
✓ Berufliche Qualifikation
✓ Wie lange schon im Unternehmen beschäftigt?
✓ Gehalt
✓ ...

B. Wenn Sie Lust haben, können Sie das Wichtigste in Form eines formlosen Diskussionsprotokolls (mit Einleitung, Hauptteil und Schluss – ca. 150 Wörter) schriftlich zusammenfassen.

 Aufgabe 6: *Notieren Sie zu jedem der folgenden Adjektive das Nomen (mit Artikel bitte!), aus dem es abgeleitet wird.*

arbeitslos		langfristig	
beeindruckend		privilegiert	
derzeitig		traditionell	
dramatisch		unterschiedlich	
konjunkturell		unverschuldet	

Aufgabe 7: *Formen Sie die folgenden Sätze um, indem Sie den Ausdruck in Klammern verwenden. Nehmen Sie die sich dadurch zwangsläufig ergebenden Änderungen im Satz vor.*

1 Sechs Wochen später wurde Judith gefeuert. (entlassen)

_____

2 Ich habe mich als Opfer der Krise gefühlt. (das Gefühl)

_____

3 Doch jetzt scheint all dies nichts mehr wert zu sein. (der Wert)

_____

4 Die Experten sind nicht überrascht. (die Überraschung)

_____

Sprechen

Schreiben

Wortschatz

Grammatik - Wortschatz

Grammatik

5   Betroffen sind Branchen, in denen traditionell viele Facharbeiter mit Hochschulabschluss beschäf-
    tigt werden. (finden)

    _____

    _____

6   Die Krise macht sich offenbar unterschiedlich bemerkbar. (man)

    _____

7   Ich halte das für einen konjunkturellen Effekt. (meiner Ansicht nach)

    _____

8   Wir dürfen nicht vergessen, dass Akademiker im Vergleich zu anderen bei der Jobsuche privilegiert
    sind. (bedenken)

    _____

Aufgabe 8:   *Setzen Sie im folgenden Text die fehlenden Präpositionen ein (acht verschiedene!).*

Die Bundesagentur (1) _____ Arbeit meldete ein Anwachsen der Arbeitslosigkeit (2) _____ Akademikern (3) _____ 150.000 (4) _____
167.000 (5) _____ eines Jahres. Das ist der stärkste Anstieg (6) _____
dem Anfang des Jahrhunderts. Damals war (7) _____ 2001 und 2002 die Zahl
arbeitsloser Hochschulabsolventen (8) _____ fast 25 Prozent gewachsen.

▶ **Nicht verwechseln: „mehr" und „mehrer-"**

👍 **„mehrer-"** (= einige, ein paar) ist ein **unbestimmtes Pronomen**, das **ausschließlich im Plural**
verwendet wird:

Mit einem sehr guten Abitur, dem begehrten Abschluss in Kommunikationswissenschaften von
der Freien Universität Berlin, mit einem Jahr UDS, einem Praktikum in Amsterdam und mehreren
Fremdsprachen fühlte sich Judith gut gerüstet.

PLURAL	
Nominativ	mehrere
Akkusativ	mehrere
Dativ	mehreren
Genitiv	mehrerer

👍 **„mehrer-"** darf man **nicht mit dem Komparativ „mehr"** des Adjektivs „viel" **verwechseln.**

Judith spricht schon Englisch, Französisch und etwas Russisch und möchte in Zukunft noch mehr
Fremdsprachen lernen.

Aufgabe 9:   *Setzen Sie „mehr" oder „mehrer-" richtig ein.*

1   Als Gudrun plötzlich arbeitslos wurde, haben ihr _____ ihrer Freundinnen finanziell geholfen.

2   Das ist alles, was ich habe, _____ kann ich dir nicht geben.

3   Das Wort „ausgehen" hat _____ Bedeutungen, da solltest du im Wörterbuch nachsehen.

4   Die Parlamentsdebatte gestern hat _____ Stunden gedauert.

5 Du kannst gern Freunde einladen, aber bitte auf keinen Fall _____ als zehn.

6 Ein paar Kilometer _____ oder weniger, das ist kein Problem.

7 Im Stadion waren _____ Tausend Zuschauer anwesend und sie haben ein tolles Spiel erlebt.

8 Nach der Beförderung zum Produktmanager verdient Ben _____ als früher.

9 Schließlich hat die Renovierung der Wohnung wesentlich _____ gekostet, als wir gedacht hatten.

10 670 Euro? Unmöglich! Das ist ja _____ als die Hälfte meines Monatsgehalts.

11 Und was war das Ergebnis _____ teurer Experimente? Nichts!

12 Wegen der Grippewelle haben auch heute _____ Kinder gefehlt.

LESEN, Teil 3: Frühjahrsmüdigkeit

Wortschatz zum Thema

- müde ▪ die Müdigkeit ▪ abgeschlagen / niedergeschlagen ▪ die Niedergeschlagenheit

- die Stimmung ▪ die Depression

- der Kreislauf ▪ die Kreislaufprobleme (Pl.) ▪ das Erschöpfungssyndrom

- sich fühlen + ADJ ▪ sich bemerkbar machen ▪ etwas tun gegen + AKK

- sich gewöhnen an + AKK ▪ (sich) anpassen DAT / an + AKK ▪ die Anpassung

- die Beschwerde, -n ▪ der Hinweis, -e ▪ die Ursache, -n

- krank ▪ die Krankheit ▪ erkranken ▪ die Erkrankung ▪ sich medizinischen Rat holen

- anhaltend ▪ chronisch

- der Tagesrhythmus ▪ das Wetter ▪ wetterfühlig ▪ die Temperatur, -en

- die Sonne ▪ der Sonnenschein ▪ die Luft ▪ der Sauerstoff

- die Bewegung ▪ die (richtige) Ernährung

- der Körper ▪ den Körper aktivieren ▪ belasten + AKK

- das Gehirn ▪ das Herz ▪ das Immunsystem ▪ die Haut ▪ das Organ, -e

- das Blut ▪ die Durchblutung ▪ der Blutdruck ▪ die Blutarmut

- das Hormon, -e ▪ die Hormonproduktion

Projekt   Sprechen

Aufgabe 10: *Fassen Sie die wichtigsten Informationen im Text mithilfe der Wörter der vorangehenden Liste mündlich zusammen. Bilden Sie zuerst einzelne Sätze und verbinden Sie sie dann zu einem zusammenhängenden Text.*

Aufgabe 11: *Machen Sie eine Internet-Recherche zum Thema „Frühjahrsmüdigkeit: Ursachen und Bekämpfung". Drucken Sie die interessantesten Informationen und Bilder aus und erstellen Sie gemeinsam im Kurs einen Lern-Poster.*

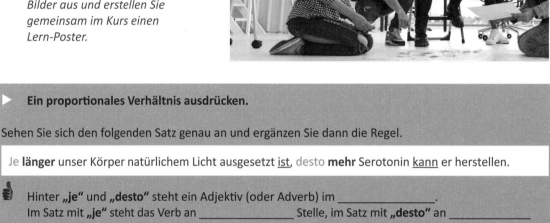

▶ **Ein proportionales Verhältnis ausdrücken.**

Sehen Sie sich den folgenden Satz genau an und ergänzen Sie dann die Regel.

> Je **länger** unser Körper natürlichem Licht ausgesetzt <u>ist</u>, desto **mehr** Serotonin <u>kann</u> er herstellen.

👍 Hinter **„je"** und **„desto"** steht ein Adjektiv (oder Adverb) im _____.
Im Satz mit **„je"** steht das Verb an _____ Stelle, im Satz mit **„desto"** an _____ Stelle.

Grammatik

Aufgabe 12: *Verbinden Sie die beiden Sätze zu einem Proportionalsatz mit „je - desto".*

1 Die Temperaturen steigen hoch. Fritz fühlt sich müde.
_____

2 Das Aprilwetter ist wechselhaft. Die Anpassungsphase dauert lange.
_____

3 Warm und Kalt wechseln sich häufig ab. Der Kreislauf wird stark belastet.
_____

4 Man geht früh ins Bett und steht früh auf. Es wird viel Sonne getankt.
_____

5 Bewegung bringt viel Schwung ins Leben. Die Haut fühlt sich wohl.
_____

6 Die Haut ist gut durchblutet. Man ist wach und aufmerksam.
_____

Wortschatz

Aufgabe 13: *Ergänzen Sie sinngemäß die Antonyme.*

1 die ersten warmen Tage ≠ die _____ _____ Tage

2 die typischen Beschwerden ≠ die _____ Beschwerden

3 mit der richtigen Ernährung ≠ mit der _____ Ernährung

4 wenn die Temperaturen steigen ≠ wenn die Temperaturen _____

5 jeder Zweite fühlt sich müde ≠ jeder Zweite fühlt sich _____

6 das wechselhafte Aprilwetter ≠ das _____ Aprilwetter

7 je länger unser Körper natürlichem Licht ausgesetzt ist ≠ je _____ unser Körper _____ Licht ausgesetzt ist

8 dass sich die Anpassungsphase verlängert ≠ dass sich die Anpassungsphase _____

9 das winterliche Schlafbedürfnis ≠ das _____ Schlafbedürfnis

10 im Vordergrund stehen Kreislaufprobleme ≠ im _____ stehen Kreislaufprobleme

11 das stärkt Herz und Kreislauf ≠ das _____ Herz und Kreislauf

12 einfache gymnastische Übungen ≠ _____ gymnastische Übungen

Aufgabe 14: *Erklären Sie die markierten Begriffe.*

1 Die ständigen Wechsel zwischen Warm und Kalt belasten den Kreislauf wetterfühliger Menschen.

_____

2 Die Licht- und Wetterumstellung funktioniert nicht immer reibungslos.

_____

3 Es lohnt sich also, seinen Tagesrhythmus den Lichtverhältnissen anzupassen.

_____

4 Der Winter hat uns zu richtigen Couch-Menschen gemacht.

_____

5 Unser Gehirn könnte eine Sauerstoffdusche vertragen.

_____

6 ... bevor die Frühjahrsmüdigkeit ins Rollen kommt ...

_____

7 Einfache gymnastische Übungen bringen den Kreislauf auf Trab.

_____

8 Massagen und Wechselduschen fördern die Durchblutung der Haut.

_____

9 Wer im Frühjahr oft müde ist, der sollte sich medizinischen Rat holen.

_____

10 ... oder es macht sich auf diesem Wege eine Depression oder ein chronisches Erschöpfungssyndrom bemerkbar.

_____

Wortschatz

Schreiben

LESEN, Teil 4: Ist Facebook ein Muss?

Aufgabe 15: *Einen Forumsbeitrag verfassen*

△ Nutzen Sie die Meinungsäußerungen a-h auf Seite 21 im Lehrbuch als Grundlage für einen Forumsbeitrag zum Thema „Facebook – Pro und Contra". Sie sollen dabei folgende Aspekte behandeln:

✓ Welche positive(n) Seite(n) hat Facebook?

✓ Welche negative(n) Seite(n) gibt es?

✓ Wie ist Ihre persönliche Einstellung zu diesem Thema?

✓ Vergleichen Sie Facebook mit anderen sozialen Medien.

△ Lesen Sie zuerst die acht Meinungsäußerungen und markieren Sie die Ihrer Ansicht nach interessantesten Punkte. Ordnen Sie die Punkte in zwei Kategorien ein: Positives – Negatives.

△ Fassen Sie sich bewusst kurz: Mit Einleitung und Schluss sollte Ihre Arbeit die 150 Wörter nicht überschreiten.

△ Verwenden Sie unbedingt die folgenden Verbindungselemente:

- Positiv an Facebook finde ich (+ AKK / dass ...)
- Auf der anderen Seite muss ich zugeben (+ dass ...)
- Ich persönlich (+ Verb)
- Im Vergleich zu + DAT

LESEN, Teil 5: Hausordnung der Jugendherberge

▶ **Präpositionen mit Dativ: aus, bei, mit, nach, seit, von, zu, gegenüber**

👍 Merken Sie sich Folgendes zum Gebrauch dieser Präpositionen:

- **„aus"** zeigt die räumliche oder zeitliche Herkunft, das Material sowie die Richtung von innen nach außen an; **„von"** zeigt die Herkunft einer Person/Sache oder den Ausgangspunkt an.
- **„seit"** drückt immer einen Zustand aus, kein Ereignis.
- **„nach"** verwendet man zusammen mit Länder- oder Städtenamen ohne Artikel, **„zu"** gibt die Richtung auf eine Person / ein Gebäude / eine Veranstaltung an.
- **„gegenüber"** steht oft hinter dem Nomen.

Grammatik

Aufgabe 16: *Setzen Sie die jeweils passende Präposition mit Dativ ein und ergänzen Sie den Artikel.*

1 Albert muss _____ Supermarkt, sein Kühlschrank ist total leer.

2 Bis Dezember letzten Jahres wohnte Melani noch _____ ihr___ Eltern.

3 Der Leiter der Jugendherberge kommt _____ Hamburg.

4 Die Jugendherberge ist direkt _____ d___ Bahnhof, auf der anderen Straßenseite.

5 Die jungen Leute kamen lachend _____ d___ Restaurant.

6   Für die Zimmerreservierung sprach Theo _____ d____ Empfangsdame.

7   Ich habe Markus _____ unser____ Treffen in Prag nicht mehr gesehen.

8   Kai wollte _____ d____ Prüfungen für ein paar Tage _____ sein____ Freund Max fahren.

9   Niemand ist froh, wenn er _____ Zahnarzt muss.

10 Unsere Großeltern fahren jeden Sommer _____ d____ Zug _____ Rom und machen
    dort eine Woche Urlaub.

▶   **Präpositionen mit Dativ oder Akkusativ: an, auf, hinter, neben, in, über, unter, vor, zwischen**

Merken Sie sich genau das Kriterium zum Gebrauch der „Wechselpräpositionen":

👍   Der **Akkusativ** wird verwendet, wenn das Verb eine **Bewegung** von einem Punkt auf einen anderen
Punkt hin ausdrückt. Der **Dativ** wird verwendet, wenn das Verb **Ruhe**, d. h. keine Bewegung aus-
drückt. Der Dativ wird ebenfalls verwendet, wenn das Verb eine Bewegung innerhalb eines örtlichen
Rahmens, also keine Fortbewegung, ausdrückt.

✎   **Aufgabe 17:**   *Setzen Sie die jeweils passende Präposition und den passenden Kasus ein.*

1   Die Jugendherberge _____ Tübingen ist
    _____ d____ Gartenstraße und liegt direkt
    _____ Fluss Neckar.

2   Die Schlafräume befinden sich _____
    ersten und zweiten Stock. _____ Erdge-
    schoss sind Aufenthalts- und Seminarräume und
    _____ Untergeschoss das Restaurant und
    die Küche.

3   _____ d____ Hauptgebäude und d____
    Fluss ist ein großer Hof. _____ d____
    Hof können die Gäste Tischtennis spielen.

4   _____ d____ Restaurant befindet sich
    eine große Terrasse. _____ d____
    Terrasse kann man sitzen, etwas trinken, Schach
    spielen und den Blick _____ d____ Fluss
    genießen.

5   Diese Jugendherberge ist _____ jun-
    gen und alten Reisenden besonders beliebt.
    _____ d____ Parkplatz _____
    d____ Hauptgebäude parken immer ein, zwei
    Reisebusse und sehr viele Fahrräder.

6   _____ fünf Minuten erreicht man zu
    Fuß die Altstadt von Tübingen. Dort steht ein
    schicker kleiner Laden _____ d____
    anderen.

7 Besonders viele Kunden locken _____ heißen Tagen die italienischen Eisdielen. Die Kunden warten geduldig _____ d____ Vitrine und können sich nur schwer _____ Schokolade mit Chili und Vanille mit Cookies entscheiden.

8 _____ Zentrum der Altstadt steht eine imposante gotische Kirche. _____ d____ Stufen der Treppe _____ d____ Kirche sitzen zu jeder Tageszeit junge Stadtbesucher und -besucherinnen.

Aufgabe 18: *Gemischte Übung: Wählen Sie die jeweils passende Präposition aus.*

1 Als beide pensioniert wurden, zogen Herr und Frau Albers, ohne es sich weiter zu überlegen, (in – nach) ein Seniorenheim ein.

2 Das Zimmer war nicht dekoriert, nur (an – auf) der rechten Wand hing die Kopie eines bekannten Bildes (aus – von) Picasso.

3 Die meisten weiblichen Studierenden ziehen ein geisteswissenschaftliches Studium vor, die Ingenieurwissenschaften stehen (am – auf dem) letzten Platz.

4 Der erste PC kam (am – in) 12.08.1981 (auf – in) den Markt.

5 Die Tagung wird (um – zu) 10.30 Uhr (auf dem – im) großen Saal eröffnet, das heißt (an – in) genau einer Stunde.

6 Online-Übungsmaterialien sind besonders hilfreich (beim – fürs) Erlernen von Fremdsprachen.

7 (Trotz – Wegen) des rasanten technologischen Fortschritts bleiben wichtige Umweltprobleme ungelöst.

8 Beate wurde (nach ihren – wegen ihrer) guten Russisch-Kenntnisse sofort eingestellt.

9 Autoritäre Regimes versuchen oft (aus – vor) Angst (für – um) ihre Machtposition die sozialen Medien einzuschränken.

10 (Bei – Während) der Vorlesung kamen noch etliche Studenten (aus – mit) Verspätung (in den – zum) Hörsaal.

11 Wir wollen (am – im) Wochenende einen Spaziergang (im – in den) Wald machen. Kommt ihr mit?

12 Ich weiß es ganz genau: Das ist (im Jahr - in) 1987 passiert, (seit – zwischen) dem 10. und 20. April.

HÖREN, Teil 2: Kausale Zusammenhänge in der Psychologie

 Aufgabe 19: *Fügen Sie die Sätze a-k in die jeweils richtige Stelle 1-11 im Text ein. Hören Sie zur Kontrolle den ganzen Text noch einmal.*

Moderator

Bei mir im Studio ist heute Doktor Sigmar Appel. Doktor Appel ist Psychiater (1). Ihn interessieren besonders kausale Zusammenhänge, (2). Doktor Appel, nennen Sie uns bitte ein Forschungsergebnis, (3).

Herr Appel

Wie wäre es damit: Eine Untersuchung der University of California hat ergeben: Mit dem Alter lassen zwar körperliche Fitness und kognitive Hirnleistungen nach, (4).

Moderator

Klingt schon paradox.

Herr Appel

Sehen Sie: Menschen im Alter zwischen 20 und 40 klagen im Schnitt häufiger über Stress, depressive Stimmungen sowie Angstgefühle (5). Ältere Menschen dagegen erkranken generell seltener an psychischen Störungen als jüngere, (6). Offenbar beeinflusst in diesem Alter das natürliche Nachlassen des Gedächtnisses und anderer kognitiver Leistungen das Wohlbefinden und die Lebensfreude kaum.

Moderator

Und welche Erklärung gibt es dafür?

Herr Appel

Warum sich die altersbedingten Defizite so wenig auf die psychische Verfassung auswirken, (7). Vielleicht sind dafür im Alter veränderte Hirnfunktionen verantwortlich, (8). Ältere Menschen haben möglicherweise gelernt, (9) und haben weniger Probleme mit ihren Mitmenschen. Oder es gibt im Alter weniger psychisch belastende Einflüsse als in jüngeren Jahren.

Moderator

Was bedeutet das denn für die jüngeren Generationen?

Herr Appel

Es muss einfach mehr getan werden, (10). Das Alter zwischen 20 und 40 ist eine besonders kritische Lebensphase: Man sucht einen Partner, (11) und hat finanzielle Probleme. Das alles sind Risikofaktoren, die sich mehr oder weniger stark auf die Psyche auswirken und das Wohlbefinden beeinträchtigen können.

a aber das psychische Wohlbefinden nimmt immer weiter zu	1	
b baut an der beruflichen Karriere	2	
c besser mit Stress und negativen Gefühlen umzugehen	3	
d bleibt vorerst ungeklärt	4	
e das selbst Sie überrascht hat	5	
f die sich auf die Psyche des Menschen auswirken	6	
g die widerstandsfähiger gegen körperlichen und sozialen Stress machen	7	
h um die psychische Gesundheit von jungen Erwachsenen zu schützen	8	
i und schätzen ihr seelisches Wohlbefinden deutlich geringer ein	9	
j und seit Jahren in der Forschung tätig	10	
k wenn man natürlich vom erhöhten Risiko einer Demenzkrankheit absieht	11	

Grammatik

 Aufgabe 20: *Ergänzen Sie die fehlenden Adjektivendungen. Vorsicht: Manchmal bleibt das Adjektiv ohne Endung.*

Tipp: Wiederholen Sie, bevor Sie mit der Aufgabe beginnen, die Adjektivdeklination. Die Tabelle in Test 5 / LESEN / Teil 5 vor Aufgabe 15 (S. 96-97) kann helfen.

Herr Appel

Eine weiter___ Untersuchung, ebenfalls aus Amerika, betraf älter___ Ehepaare, 50 bis 94 Jahre alt___. Die Wissenschaftler kamen zu folgend___ Erkenntnis: Der Gesundheitszustand älter___ Männer und Frauen ist umso besser___, je zufriedener___ der Ehepartner mit seinem Leben ist.

Moderator

Moment! Was die meist___ von uns annehmen, ist, dass glücklich___ Menschen gesünder___ sind als unglücklich___.

Herr Appel

Stimmt! Sie haben ein stärker___ Immunsystem, leiden weniger___ unter Stress und leben länger___. Aber darüber hinaus und unabhängig davon besteht offenbar ein weiter___ eng___ Zusammenhang: Ein glücklich___ Partner fördert die Gesundheit des anderen auf unterschiedlich___ Art und Weise: durch verstärkt___ Fürsorge, praktisch___ Lebenshilfe sowie durch Anregungen zu einer gemeinsam___ gesund___ Lebensweise. Dagegen hemmt die negativ___ Stimmung eines unglücklich___ Partners Motivation und Energie.

Moderator

Treffen denn diese Zusammenhänge auch auf jünger___ Paare zu? Sind sie auch für die sozial___ Beziehungen zwischen Freunden, Nachbarn und Arbeitskollegen von Bedeutung?

Herr Appel

Das müssen weiter___ Studien klären.

Lesen - Sprechen

HÖREN, Teil 3: Schluss mit Schulnoten!

 Aufgabe 21: *Eine Textstelle interpretieren und kommentieren*

Lesen Sie den folgenden Textausschnitt aus der Radiosendung.

Herr Brinkmann

Was man nicht vergessen sollte: Jede einzelne Schulnote ist nicht eine einfache Ziffer, dahinter stecken endlos viele Stunden von Arbeit und Korrekturen. Noten sind in erster Linie Belohnungszeichen und Verbesserungsvorschläge.

Moderatorin

Da stimme ich Ihnen gern zu, aber ich habe den Eindruck, dass aus diesen, sagen wir, Orientierungshilfen seitens der Schüler und deren Eltern nicht immer Konsequenzen, besser gesagt die richtigen Konsequenzen gezogen werden.

Sonja Flosser

Ich habe zum Beispiel das Abi gemacht, weil ich unbedingt studieren wollte, und zwar Medizin, eine Fachrichtung, die bekanntlich sehr gute Noten voraussetzt. Die Noten hatten also in meinem Fall eine informierende und zugleich motivierende Wirkung.

Welche Textstelle finden Sie besonders interessant? Sprechen Sie darüber mit den anderen Kursteilnehmern. Verwenden Sie dabei die folgenden Ausdrücke:

- Ich finde die Bemerkung von ..., dass ..., besonders interessant.
- Was er/sie damit ausdrücken will, ist meiner Ansicht nach, dass ...
- Ein weiterer wichtiger Aspekt, der in diesem Abschnitt zur Sprache kommt, ist, dass ...
- Andererseits muss man bedenken, dass ...
- Ich sehe die Sache so / etwas anders / ganz anders: ...

HÖREN, Teil 4: Autisten: Menschen wie du und ich

 Aufgabe 22: *Einen Text sinnvoll zusammenfügen, Verbindungselemente erkennen*

Fügen Sie die Sätze a-f in die jeweils richtige Stelle 1-6 im Text ein. Sprechen Sie mit den anderen Kursteilnehmern darüber, welche Wörter, Formulierungen etc. Ihnen geholfen haben, die Sätze passend einzuordnen.

Der Begriff „Autismus" geht auf den Schweizer Psychiater Eugen Bleuler zurück, die Ursache von Autismus ist nicht geklärt. (1) Interessant ist Folgendes: Weltweit sind nach Angaben der Vereinten Nationen etwa ein Prozent der Weltbevölkerung Autisten, also rund 70 Millionen Menschen. (2)

Fachlich sind Autisten am Arbeitsplatz oft gar nicht eingeschränkt, Probleme haben sie eher im informellen Bereich. (3) Das kann natürlich zu einer ungewollten Diskriminierung der Betroffenen führen. Kindern mit einer autistischen Störung wird der Zugang zur angestrebten Schulform verweigert, Erwachsene haben meist kaum Chancen auf einen Platz in einer WG oder einen Arbeitsplatz in einer Werkstatt mit viel Personal. (4)

Heilen kann man Autismus nicht. (5) In vielen Ländern gibt es jedoch für Autisten noch immer keine besondere Fürsorge, die es ihnen ermöglichen würde, wie alle anderen ihr Recht auf Gesundheit, Bildung, Beschäftigung und Teilhabe am gesellschaftlichen Leben zu verwirklichen. (6)

a   Die Betroffenen müssen lernen, mit den Symptomen umzugehen.
b   Ein genetischer Defekt ist bislang nicht entdeckt worden, die Wissenschaftler gehen aber davon aus, dass es teilweise eine genetische Wurzel gibt.
c   Es ist also durchaus möglich, dass sich auch in Ihrem Kollegen- oder Bekanntenkreis ein paar Autisten befinden.
d   Manche kommen zum Beispiel regelmäßig zu spät, sprechen sich nicht mit Kollegen ab, beteiligen sich nicht am Small Talk in der Kantine und gelten unter Umständen als arrogant.
e   Oft werden sogar im Rahmen einer vermeintlichen Behandlung Praktiken eingesetzt, die ihre Menschenrechte verletzen.
f   So entsteht eine Benachteiligungsspirale, von unzureichender Schulbildung über fehlende Arbeit bis hin zu geringem Einkommen, die diese Menschen aus der Gesellschaft verdrängt.

1	2	3	4	5	6

Sprachliche Mittel

Sprechen

SCHREIBEN, Teil 1: Das Bild des Stadtzentrums moderner Großstädte

Allgemeingültige sprachliche Mittel für diesen Teil der Prüfung:

Einleitung: ... ist sicher ein interessantes/aktuelles/viel diskutiertes Thema
Über + AKK macht man sich oft Gedanken.
Das Thema / Die Frage „....“ beschäftigt mich sehr.
Ich denke oft über + AKK nach.

Hauptteil: Der wichtigste Aspekt / Ein ganz wichtiger Aspekt ist ... / betrifft + AKK ...
Ein weiterer interessanter Punkt hat mit + DAT zu tun.
Auf der anderen Seite ...
Natürlich muss man auch + AKK erwähnen.
Nicht zu vergessen + NOM / dass ...

Schluss: Zusammenfassend möchte ich betonen, dass ...
Erlauben Sie mir eine abschließende Bemerkung/Feststellung/Prognose: ...
Aus diesem Grund ...
Fazit: ...

Das Stadtzentrum als Wohngegend:
- das Stadtzentrum / die Stadtmitte / die Innenstadt / die City
- die Wohngegend / der Wohnbezirk / (gern / nicht so gern) wohnen in + DAT / der Einwohner, -
- im Zentrum / außerhalb (des Stadtzentrums) / am Stadtrand / in einem grünen Vorort wohnen

Die Bedeutung des Stadtzentrums für Wirtschaft und Kultur:
- (eine) große Bedeutung haben für + AKK / von (großer) Bedeutung sein für + AKK / das Bild prägen
- das Luxusgeschäft, -e / das Einkaufszentrum, -zentren / die Bank, -en / die Firma, Firmen
- das Museum, Museen / kulturelle Einrichtungen (Pl.)

Unterhaltung und Nachtleben im Stadtzentrum:
- sich treffen mit + DAT / sich (gut) unterhalten / Spaß haben / das Nachtleben genießen
- das Kino, -s / das Theater, - / die Bar, -s / das Café, -s / die Kneipe, -n / das Restaurant, -s / die Disko, -s
- (gut) essen / etwas trinken / tanzen

Die zukünftige Entwicklung der Großstädte:
- in (der) Zukunft / zukünftig / in den kommenden Jahren
- sich entwickeln / sich (nicht / kaum / stark) verändern / (ganz) anders aussehen
- der Autoverkehr / die Fußgängerzone, -n

 Aufgabe 23: *Über ein Thema diskutieren*

> Sollte man den Autoverkehr im Stadtzentrum ganz verbieten?

Verwenden Sie bei der Diskussion die folgenden sprachlichen Mittel:
- der Verkehrslärm / die Abgase (Pl.) / das Parkproblem, -e
- der Stau, -s / das Verkehrschaos
- das (totale) Autofahrverbot
- Fußgängerzonen einrichten
- die öffentlichen Verkehrsmittel verbessern / das Nahverkehrsnetz ausbauen
- ein Taxi nehmen / mit dem Taxi fahren
- Vor- und Nachteile haben
- (rund um die Uhr) mobil und flexibel sein/bleiben
- den Warentransport regeln
- einen Kompromiss suchen

SCHREIBEN, Teil 2: Jubiläumsfeier des Lessing-Gymnasiums

<u>Allgemeingültige sprachliche Mittel für diesen Teil der Prüfung:</u>

Beginn: Anlass dieser E-Mail / dieses Schreibens ist ... / ist, dass ...
               Ich schreibe Ihnen aus folgendem Anlass: ...
               Ich wende mich an Sie, weil ...

Hauptteil: Zuerst / Als Erstes möchte ich ...
               Natürlich/Selbstverständlich/Sicher ...
               Mich beschäftigt (auch) die Frage, (+ indirekter Fragesatz) ...
               Ich persönlich (+ Verb) ...
               Nicht zu vergessen, dass ... / Auf der anderen Seite (+ Verb) ...
               Wir sollten uns überlegen, (+ indirekter Fragesatz) ...

Schluss: Was meinen Sie?
               Bin gespannt auf Ihre Antwort.
               Ich hoffe, Sie können ...

- Warum an Herrn Popp schreiben: allseits beliebt – die Abiturfeier damals ganz toll organisieren – das Schüler- und Lehrerarchiv der Schule einrichten/verwalten – noch im Dienst sein und viele Leute kennen
- Ihre Schulzeit am Lessing-Gymnasium: neun unvergessliche Jahre – Freundschaften fürs Leben schließen – an interessanten Projekten teilnehmen – mit System und Verstand arbeiten lernen
- Vorschläge zur Feier: ehemalige Schüler und Lehrer einladen – Ausstellung mit Erinnerungsstücken – Tag der offenen Tür – Party im Stil der 80er-Jahre – Spendenaktion für Menschen in Not organisieren
- 60. Jubiläum besonders feiern: wichtiger Meilenstein in der Geschichte der Schule – Leute auf die Schule aufmerksam machen und dadurch neue Schüler gewinnen – Präsenz der Schule in den (sozialen) Medien verstärken

 Aufgabe 24: *Fehler in einem Text finden und korrigieren*

Herr Korn, Deutschlehrer von Beruf, legt seinen Schülern oft einfache Texte vor, in die er bewusst Fehler eingebaut hat. Jeder Text enthält insgesamt 10 Fehler, auf jeder Zeile einen. Es kann sich dabei um Grammatik-, Wortschatz, Syntax- oder auch Rechtschreibfehler handeln.

Lesen Sie den folgenden Text aufmerksam durch, unterstreichen und korrigieren Sie alle Fehler (maximal 10!), die Sie finden können.

Eine Entscheidung kann **richtige** oder falsch sein.	0 *richtig*
Die Entscheidung, nach mehr als zehn Jahre wieder nach Wien zu fahren,	1 _____
habe ich nicht bereut, denn Wien ist eine Staat, die der Besucher immer	2 _____
wieder neu entdeckt. Hier ein kleines Café, die man noch nicht besucht hat,	3 _____
dort eine schmal Gasse mit malerischen niedrigen Häuschen, mehr braucht	4 _____
man nicht um abzuschalten und die Atmosphäre genießen.	5 _____
Ich gehe sehr gern am Ring spazieren, sehe mich die imposanten Bauten aus der	6 _____
Kaiserzeit an, setze mich im Park für eine halbe Stunde in meine Lieblingsbank	7 _____
gegenüber dem Brunnen. Oder ich steige in eine beliebige Strassenbahn und	8 _____
fahre einfach bis zum Endstation und dann wieder zurück, ein Spiel,	9 _____
das man kann unendlich lang spielen.	10 _____

Sprachliche Mittel

SPRECHEN, Teil 1

<u>Allgemeingültige sprachliche Mittel für den Aufbau eines Kurzvortrags:</u>

Einleitung: „..." ist sicher ein interessantes Thema, über das man viel erzählen kann.
Ich habe das Thema „..." ausgewählt, weil ich es besonders ansprechend finde.
Ich möchte gern über das Thema „..." referieren, das immer aktuell ist.

Hauptteil: Dieses Thema ist besonders vielseitig / bietet mehrere interessante Aspekte.
An erster Stelle möchte ich + AKK erwähnen.
Genauso wichtig / Nicht weniger wichtig ist + NOM.
All diese Alternativen haben natürlich Vor- und Nachteile.
Der größte Vorteil ist meiner Ansicht nach + NOM / dass ...
Als Nachteil empfinde ich + AKK / dass ...
Ein weiterer Vorteil/Nachteil hat mit + DAT zu tun.
Lassen Sie mich etwas ausführlicher auf + AKK eingehen.
An dieser Stelle vielleicht ein kurzes Wort über + AKK.

Schluss: Abschließend möchte ich betonen, dass ...
Zusammenfassend möchte ich festhalten, dass ...

☉ *Wege nach Ende der Schulzeit*

- ein Studium aufnehmen – eine Lehre beginnen – gleich einen Job suchen – sich Zeit lassen und überlegen, was einem besser passt
- praktische Erfahrungen sammeln – Fähigkeiten entdecken – möglichst bald in den Beruf einsteigen und Geld verdienen – bessere Karrierechancen – höherer Verdienst – keine Garantie gegen Arbeitslosigkeit
- freiwilliges soziales Jahr: die Arbeit im Sozialbereich kennenlernen – sich mit Kindern, Jugendlichen, psychisch oder physisch kranken Menschen oder Senioren beschäftigen – Stärkung der Persönlichkeit

Fragen zum Thema:
a. Wie ist in Ihrem Heimatland der Übergang von der Schule in ein Hochschulstudium geregelt?
b. Welche Faktoren spielen bei Schulabgängern eine wichtige Rolle bei der Planung ihrer Zukunft?

☉ *Freizeitsport*

- Basketball, Volleyball, Pilates, Yoga, Jogging, Schwimmen, Golf, Surfen etc.
- Pilates: Training für den ganzen Körper – kräftigt die Muskeln – bessere Gesundheit – schlanker Körper – positive Lebenseinstellung
- für alle Altersklassen – schenkt Energie – meistens kostenlos – man kommt mit Leuten zusammen – für jeden Geschmack etwas Passendes – man muss Zeit finden – es besteht Verletzungsgefahr – man darf nicht übertreiben

Fragen zum Thema:
a. Inwieweit beeinflusst die sportliche Betätigung die Charakterbildung beim Menschen?
b. Was ist der Unterschied zwischen den Begriffen „Freizeitsport" und „Leistungssport"?

☉ *Die Sorge ums Körpergewicht*

- richtige, gesunde Ernährung – aufs Gewicht achten – Übergewicht haben / übergewichtig sein – Diät halten – abnehmen ‡ zunehmen
- gesunde Ernährung: viel Obst und Gemüse – weniger Fleisch, mehr Fisch – Zucker und Salz reduzieren – keine Fast-Food-Produkte
- ständige, starke Gewichtsabnahme und -zunahme schlecht für die Gesundheit – körperliche Fitness stärkt die Gehirnfunktion – Schlankheitsideal kann auch gefährlich werden

Fragen zum Thema:
a. Haben Sie schon mal eine Diät ausprobiert? Wie waren Ihre Erfahrungen?
b. Was, glauben Sie, machen Sie richtig bzw. falsch bei Ihrer Ernährung?

⊙ *Urlaubsreisen*

- Inlands- und Auslandsreisen mit dem Flugzeug, dem Auto, der Bahn oder dem Schiff – Erholungs-, Bade- oder Skiurlaub – Urlaub am Meer, in den Bergen, auf dem Land oder in der Stadt – Sprach- und Bildungsreisen
- man lernt neue Orte und Kulturen kennen – man erholt sich vom Stress des Alltags – oft recht teuer und irgendwie anders, als man sich vorgestellt hat – Sprachprobleme
- Skiurlaub: Skigebiete mit Skipisten für alle Schwierigkeitsgrade – die Bergwelt genießen – Abfahrt, Slalom, Langlauf, Rodeln, Schlittschuh laufen – günstig mit Tages-, Wochen- oder Familienpass

Fragen zum Thema:
a. Beschreiben Sie die Urlaubsreise, von der Sie – noch – träumen.
b. Reisen allein oder in einer Gruppe: Welche Vorteile bietet jede dieser beiden Möglichkeiten?

SPRECHEN, Teil 2: Sollte man auf Flugreisen die Mitnahme elektronischer Geräte im Handgepäck generell verbieten?

Allgemeingültige Sprachliche Mittel für die Durchführung einer Diskussion:

Hm, das ist in der Tat eine interessante Frage / ein interessantes Thema.

Ich bin der Ansicht/Meinung, dass ... / Meiner Meinung nach (+ Verb) ...
Ich finde/denke/glaube, dass ...
Ich bin davon überzeugt, dass ...

Da bin ich ganz Ihrer Meinung. / Da stimme ich Ihnen zu. / Einverstanden!
Da bin ich anderer Meinung. / Da habe ich meine Bedenken. / Da muss ich Ihnen widersprechen.

Das ist klar. / Das versteht sich von alleine.
Sie meinen also, dass ... / Verstehe ich Sie richtig, dass...?
Das verstehe ich nicht ganz. / Was meinen Sie damit? / Was wollen Sie denn damit sagen?

Darf ich Sie kurz unterbrechen? / Dürfte ich etwas dazu sagen? / Ich möchte Folgendes bemerken: ...
Ich glaube, da irren Sie sich. / Ihr Argument überzeugt mich nicht.
Sie vergessen, dass ...

Kommen wir zum nächsten Punkt. / Ein weiterer wichtiger Punkt ist: ...
Wir sollten uns noch mit der Frage befassen, (+ indirekte Frage) ...

Darf ich einen Vorschlag machen? / Ich möchte folgenden Kompromiss vorschlagen: ...
Das kann ich akzeptieren. / Damit kann ich leben.

Dann wären wir also fertig.

Sicherheit über alles?

- Um Flugsicherheit darf es eigentlich keine Diskussion geben.
- Wer ins Flugzeug steigt, will heil ans Ziel kommen.
- Flugzeuge oft das Ziel von Terroraktionen

Wozu braucht man z. B. einen Laptop im Handgepäck?

- Beim Warten auf den Flug oder während des Fluges arbeiten (z. B. E-Mails lesen und schreiben) oder sich die Zeit vertreiben (z. B. einen Film sehen oder spielen)

Sind die geltenden Sicherheitsvorschriften bereits zu sreng?

- Flüssigkeiten über 100 g dürfen nicht mitgenommen werden, natürlich auch nichts, was als Waffe verwendet werden kann.
- Als Passagier muss man sich an Sicherheitsvorschriften gewöhnen.

Möglichkeiten zum Zeitvertreib während des Fluges

- ein Buch lesen / Kreuzworträtsel lösen
- sich mit dem Nachbarn / der Nachbarin unterhalten

Weitere Diskussionspunkte:

- Wie sicher sind elektronische Geräte im Koffer des Fluggastes?
- Sollte die gleiche Regelung auch für Smartphones gelten?

Test 2

LESEN, Teil 1: Reisen und Urlaubsformen

Wortschatz zum Thema

- reisen ∎ die Reise, -n ∎ der Reisende, -n ∎ die Urlaubsreise, -n ∎ die Fernreise, -n

- der Ort, -e ∎ die Umgebung ∎ die Landschaft ∎ die Berge (Pl.) ∎ das Meer

- der Urlaub ∎ Urlaub machen ∎ wandern ∎ baden

- Bade- und Freizeitmöglichkeiten (Pl.) ∎ das Wetter

- eine Reise / ein Hotelzimmer / Tickets buchen ∎ die Buchung

- übernachten ∎ die Übernachtung, -en ∎ der Aufenthalt

- das Hotel, -s ∎ das Hostel, -s ∎ die Ferienwohnung, -en ∎ Urlaub auf dem Bauernhof

- das Zimmer, - ∎ die Küche ∎ gut ausgestattet ∎ die Ausstattung ∎ gemütlich eingerichtet

- preisgünstig ∎ etw. lohnt sich finanziell ∎ der Luxus

- der Tourismus ∎ der Massentourismus ∎ nachhaltiger Tourismus

- der Tourist, -en ∎ der Gast, "-e ∎ der Rucksacktourist, -en

- der Individualtourist, -en ∎ Familie mit Kindern

- die Gruppe, -n ∎ in einer Gruppe reisen

- organisierte Reisen (Pl.) ∎ die Pauschalreise, -n ∎ der Pauschaltourist, -en

- essen ∎ die Mahlzeit, -en ∎ feste Essenszeiten (Pl.)

- besichtigen ∎ die Besichtigung

- die Natur ∎ die Umwelt ∎ der Schutz ∎ schützen

- der Bus, -se ∎ der Flieger ∎ das Fahrrad

- sicher ∎ die Sicherheit ∎ bequem ∎ die Bequemlichkeit

- entspannen ∎ die Ruhe ∎ stören

 Aufgabe 1: *Suchen Sie das entsprechende Synonym aus der Liste oben.*

a die Auslandsreise, -n		g das Flugzeug, -e	
b der Backpacker, -		h relaxen	
c besuchen		i reservieren	
d billig		j sanfter Tourismus	
e der Einzelreisende, -n		k schwimmen	
f das Essen			

Aufgabe 2:

In den vier Texten werden verschiedene Reise- bzw. Urlaubsmöglichkeiten vorgestellt: allein oder in der Gruppe, mit dem Flugzeug oder mit dem Fahrrad, im Hotelzimmer oder in einer Ferienwohnung usw. Und wie reisen Sie bzw. wie gestalten Sie Ihren Urlaub am liebsten? Erzählen Sie!

Aufgabe 3:

Im ersten Text spricht Katharina über „Couchsurfing", eine neue Form zu reisen, die gerade unter jungen Menschen immer beliebter wird. Suchen Sie diesbezüglich Informationen im Internet und erstellen Sie zusammen mit den anderen Kursteilnehmern einen Lernposter.

▶ **Der Gebrauch von „haben/sein ... zu + Infinitiv"**

Die Konstruktion „haben/sein ... zu + Infinitiv" drückt aus, dass etwas getan werden muss oder kann. Lesen Sie die folgenden Textabschnitte:

a) Als Individualtourist kann ich hier mal eine Weile etwas länger bleiben, dort nur kurz, so wie mir zumute ist. In einer Gruppe habe ich immer auch auf die Wünsche der anderen zu achten.

b) Mit dem Flieger sind Schönwetterziele problemlos zu erreichen. So wächst die Zahl der Fernreisen von Jahr zu Jahr, obwohl klar ist, dass der Tourismus zum Klimawandel beiträgt.

„haben/sein ... zu + Infinitiv" kann durch „können/müssen ... Infinitiv" ersetzt werden:

a) Als Individualtourist kann ich hier mal eine Weile etwas länger bleiben, dort nur kurz, so wie mir zumute ist. In einer Gruppe muss ich immer auch auf die Wünsche der anderen achten.

b) Mit dem Flieger können Schönwetterziele problemlos erreicht werden. So wächst die Zahl der Fernreisen von Jahr zu Jahr, obwohl klar ist, dass der Tourismus zum Klimawandel beiträgt.

👍 Die Regel lautet also:
- Die Grundbedeutung „können" oder „müssen" hängt allein vom Kontext ab.
- „haben" verwendet man, wenn der Satz aktive Bedeutung hat, „sein" bei passiver Bedeutung.

Aufgabe 4: *Formen Sie um: „haben/sein ... zu + Infinitiv" ↔ „können / müssen / nicht dürfen ... Infinitiv".*

1 Bei meinem ersten Besuch in Afrika hatte ich in Restaurants manchmal lange zu überlegen, was ich zu essen bestellen sollte.
Bei meinem ersten Besuch in Afrika _____ ich in Restaurants manchmal lange überlegen, was ich zu essen bestellen sollte.

2 Natürlich muss das Zimmer jeden Morgen aufgeräumt werden.
Natürlich _____ das Zimmer jeden Morgen _____.

3 Die Dauer und Art des Aufenthalts muss zwischen den Beteiligten im Vorhinein abgesprochen werden.

_____

4 Für eine Übernachtung ist bei Couchsurfing kein Geld zu verlangen.

_____

5 Wenn man in einer Gruppe reist, sind feste Essenszeiten einzuhalten.

_____

6 In einem Reisebüro oder auch online kann man jederzeit billige Pauschalreisen buchen.

7 Hostels sind eine preisgünstige Alternative, da muss man allerdings manchmal sein Zimmer mit anderen teilen.

_____

8 In einer Ferienwohnung sind Mahlzeiten leicht selbst zuzubereiten.

_____

9 In einem Hotelzimmer müssen Kleinkinder ruhig sein, damit die Nachbarn nicht gestört werden.

_____

10 Auch der Landurlaub auf dem Bauernhof oder eine Reise an die Nord- oder Ostsee können gut nachhaltig gestaltet werden.

_____

> ▶ **„gern – lieber – am liebsten" richtig verwenden**
>
> Lesen Sie den folgenden Textabschnitt aufmerksam durch:
>
> > Ich persönlich finde organisierte Reisen nicht schlecht, aber am Pool liegen kann ich im heimischen Schwimmbad auch. Viel lieber gehe ich auf Expedition, schaue mir die Stadt oder die Umgebung an und entscheide auch gern frei, wo ich mittags und abends am liebsten essen möchte.
>
> - Mit **„gern(e)"** drückt man aus, dass man **mit Freude bereit** ist etwas zu tun.
> - Man verwendet **„lieber"** um anzuzeigen, dass man zwischen zwei Sachen der einen **den Vorzug gibt**.
> - Man gebraucht schließlich **„am liebsten"** um anzudeuten, dass man etwas **in höchstem Maße gern** tut.

Aufgabe 5: _Ergänzen Sie „gern", „lieber" oder „am liebsten"._

1 Ein Taxi will ich nicht, ich gehe _____ zu Fuß, ist ja gar nicht so weit.

2 Du solltest dich _____ auf deine Arbeit konzentrieren, sonst wirst du nie damit fertig.

3 Ich bin sicher, Adrian kommt _____ mit, wenn wir ihn einladen.

4 Von allen Farben mag ich Blau _____ .

5 Ich hätte _____ eine Tasse Kaffee. Du auch? -Nee, ich trinke _____ einen Tee.

6 Isabella ist sehr sportlich, alle Sportarten gefallen ihr, _____ spielt sie jedoch Handball.

7 Fahren wir mit dem Bus oder mit dem Zug? -_____ mit dem Zug, dann sehen wir mehr.

8 Hannes hat _____ Besuch von Freunden, er ist ja immer zu Hause.

9 Nora hat schon als Kind _____ Klavier gespielt.

10 Wenn Sie mich fragen: Ich würde das _____ heute als morgen erledigen.

Grammatik

LESEN, Teil 2: Kaufen ohne Verstand? Hirnforscher und Marketing

 Aufgabe 6: *Diskutieren - argumentieren*

A. Nachdem man diesen Text gelesen hat, erhebt sich unweigerlich folgende Frage:

> Sind es eher rationale oder doch irrationale Motive, die einen bei einer Kaufentscheidung grundsätzlich beeinflussen?

△ Überlegen Sie zuerst, welchen Standpunkt Sie vertreten, und notieren Sie schnell ein paar Stichpunkte.
△ Tragen Sie dann im Plenum Ihre Position vor und begründen Sie sie. Reagieren Sie auf die Argumente der anderen Kursteilnehmer.
△ Stimmen Sie abschließend im Kurs ab: Welche Meinung überwiegt?

Folgende Stichpunkte können Ihnen helfen:

✓ Preis und Qualität
✓ Bekanntheitsgrad des Produktes
✓ Emotionen und Erinnerungen
✓ Werbung
✓ ...

B. Wenn Sie Lust haben, können Sie das Wichtigste in Form eines einfachen Diskussionsprotokolls (mit Einleitung, Hauptteil und Schluss – ca. 150 Wörter) schriftlich zusammenfassen.

Aufgabe 7: *Notieren Sie zu jedem der folgenden Nomen ein Adjektiv, das daraus abgeleitet wird.*

Illusion		Hilfe	
Qualität		Emotion	
Hauptsache		Einfluss	
Thema		Produkt	

Aufgabe 8: *Notieren Sie zu jedem der folgenden Wörter ein Wort mit gegensätzlicher Bedeutung.*

abkürzen		Liebe	
sich erinnern		einfach	
seit kurzem		häufig	
aktiv		fest	

Aufgabe 9: *Adjektive auf „-los"*

Im Supermarkt stehen Sie vor einem endlosen Weinregal.

Im Supermarkt stehen Sie vor einem Regal ohne Ende / , das kein Ende hat.

Formen Sie die folgenden Sätze um, indem Sie ein Adjektiv auf „-los" bilden. Achten Sie auf die Endung!

1 Das war ein Erfolg ohne Beispiel in der Weltgeschichte des Sports.

Das war ein _____ Erfolg in der Weltgeschichte des Sports.

2 Vor einem Menschen, der keine Gefühle zeigt, sollte man sich in Acht nehmen.

_____

3 Eine Gesellschaft ohne Klassen wird wohl nie Realität werden.

_____

4 Gegen den übermächtigen Gegner hatte unsere Mannschaft keine Chance.

_____

5 Klassische Musik ist eine Musikrichtung, die von der Zeit unabhängig ist.

_____

> **Konditionalsätze mit oder ohne „wenn"**

Wenn wir es dann auch noch **kaufen**, bekommen wir noch ein kleines Extraglücksgefühl dazu.

Entscheiden wir uns einmal doch für ein anderes Produkt, zum Beispiel weil es billiger ist, haben wir häufig das Gefühl, auf etwas verzichtet zu haben.

Wir halten fest:

- Konditionalsätze sind Nebensätze, d. h. das Verb steht am **Satzende**, und stehen, da sie eine Voraussetzung ausdrücken, gewöhnlich **vor dem Hauptsatz**.
- Wenn wir jedoch die Voraussetzung betonen wollen, können wir statt mit „wenn" **mit dem Verb beginnen**, wie bei einem Fragesatz.
- Der Konditionalsatz, egal ob mit Verb oder „wenn" eingeleitet, zählt syntaktisch als ein Satzglied, **direkt danach folgt das Verb des Hauptsatzes**.

Aufgabe 10: _Verbinden Sie die beiden Sätze durch Bildung eines Konditionalsatzes, der mit „wenn" bzw. mit dem Verb eingeleitet wird._

1 Man ist zum Essen eingeladen. Man bringt eine Flasche Wein oder Blumen mit.

_____ man zum Essen eingeladen ist, _____ man eine Flasche Wein oder Blumen mit. / _____ man zum Essen eingeladen, _____ man eine Flasche Wein oder Blumen mit.

2 Man will im Supermarkt eine Flasche Wein einkaufen. Man steht meistens vor einem endlosen Weinregal.

_____

_____

3 Hirnforscher untersuchen die Gehirntätigkeit bei Kaufentscheidungen. Man spricht von Neuromarketing.

_____

_____

4 Emotionen sind im Spiel. Der Kunde handelt nicht mehr rational.

_____

_____

5 Wir sehen ein Produkt mit einem vertrauten Logo. Wir greifen oft fast automatisch zu.

_____

_____

Grammatik

6 Wir kaufen ein unbekanntes Produkt, nur weil es billiger ist. Das gesparte Geld macht uns nicht glücklich.

_____

_____

7 Eine Marke kommt als erste einer Produktklasse auf den Markt. Produkt und Marke werden oft als Synonym verwendet.

_____

_____

8 Ein Preisvergleich dauert viel zu lange. Der Entscheidungsprozess wird meistens massiv abgekürzt.

_____

_____

LESEN, Teil 3: Parfüm – geheimnisvoller Verführer

Wortschatz zum Thema

- das Parfüm, -s ▪ das Aroma ▪ der Duftstoff, -e

- herstellen ▪ die Parfümherstellung ▪ die Parfümerie, -n ▪ die Parfümindustrie ▪ der Modedesigner, -

- der Duft, "-e ▪ duften ▪ der Geruch, "-e ▪ riechen ▪ schlecht riechen = stinken

- Kölnisch Wasser ▪ der Markenname, -n ▪ der Luxusartikel, -

- die Zusammensetzung ▪ die Rezeptur ▪ die Mischung ▪ der Bestandteil, -e ▪ die Geheimhaltung

- die Körperpflege ▪ die Körperhygiene ▪ die Schönheitspflege ▪ die Kosmetik ▪ sich wohlfühlen

- die Sauberkeit ▪ (sich) waschen ▪ der Körper ▪ die Seife, -n ▪ das Shampoo, -s

- das Bad ▪ baden ▪ die Dusche ▪ duschen ▪ das Duschgel

- die Haut ▪ reinigen ▪ pflegen ▪ das Reinigungsmittel, - ▪ das Pflegemittel, -

- die Zähne putzen ▪ die Zahnbürste ▪ die Zahncreme/Zahnpasta

- die Haare (Pl.) ▪ das Haarshampoo, -s ▪ der Kamm ▪ (sich) kämmen

- die Maniküre = Handpflege ▪ die Pediküre = Fußpflege

- das Deo(dorant) ▪ der Schweiß ▪ schwitzen ▪ die Achselhöhle, -n

- die Damenbinde, -n ▪ der Tampon, -s ▪ die Menstruation

- das Hormon, -e ▪ die Pubertät ▪ die Bakterie, -n

Aufgabe 11: *„Kulturbeutel" – ein etwas ungewöhnliches Wort*

Was kann das wohl sein? Das Wörterbuch oder Google können helfen. Erstellen Sie anschließend eine Liste mit Gegenständen, die sich in einem Kulturbeutel befinden können.

 Aufgabe 12: *Was bedeutet der markierte Ausdruck?*

1 Während Parfüm früher eine kostbare Rarität für wenige war, ist es auch heute noch ein Luxusartikel, den sich allerdings fast jeder leisten kann.

_____

2 In Mesopotamien und Ägypten, vor mehr als 7000 Jahren, wurden vermutlich die ersten Parfüms verwendet.

_____

3 Duftstoffe wurden auch in Europa immer begehrter.

_____

4 Ein Kartäusermönch überreichte dem jungen Ehepaar ein scheinbar schlichtes Geschenk.

_____

5 Die genaue Zusammensetzung und Rezeptur von 4711 Echt Kölnisch Wasser unterliegt nach wie vor einer strengen Geheimhaltung.

_____

6 Ab 1910 begannen auch Modedesigner Parfüms herzustellen, was bisher den Parfümeuren vorbehalten war.

_____

7 Seit den 1960er-Jahren gibt es bereits so viele Parfüms, dass nicht mehr der Duft über Erfolg oder Misserfolg einer neuen Kreation entscheidet, sondern nur noch das Marketing eines neuen Duftes.

_____

8 Ein Cocktail aus stinkenden Substanzen soll feindliche Truppen oder Demonstranten, auch ganze Menschenmassen zerstreuen.

_____

Grammatik

▶ **Temporaler Gebrauch der Präpositionen**

Der folgende Abschnitt enthält eine Reihe von temporalen Angaben:

Bis Mitte des 20. Jahrhunderts blieb Parfum ein Luxusartikel. Ab 1910 begannen auch Modedesigner Parfüms herzustellen, was bisher den Parfümeuren vorbehalten war. Chanel No.5 war im Jahr 1920 der erste synthetische Duft. Nach dem zweiten Weltkrieg wurde die französische Parfümindustrie immer mehr zum Geschäft der Modedesigner, während in Deutschland preiswertere Duftwässer hergestellt wurden. Seit den 60er-Jahren gibt es bereits so viele Parfüms, dass nicht mehr der Duft über Erfolg oder Misserfolg einer neuen Kreation entscheidet, sondern nur noch das Marketing eines neuen Duftes. Daran hat sich bis heute nichts geändert.

👍 Welche Präposition in einer temporalen Angabe verwendet wird, hängt, wie die folgende Tabelle anschaulich macht, vom entsprechenden Ausdruck der Zeit ab:

Sekunde – Minute – Stunde	in + DAT	in letzter Sekunde, in der 85. Minute, in der zweiten Stunde
Uhrzeit	um	um 8 Uhr, um Mitternacht
Tageszeit	am	am Vormittag, am Abend, in der Nacht [!]
Wochentag – Datum	am	am Freitag, am 29. August
Feiertag	an (+ DAT)	an meinem Geburtstag, an Weihnachten
Woche – Monat – Jahreszeit	in + DAT	in der kommenden Woche, im April, im Sommer
Jahr	(im Jahr)	(im Jahr) 2020, im Jahr 1912
Zeitpunkt	vor – bei – nach + DAT	vor dem / beim / nach dem Essen
Angabe der Dauer	während + GEN	während der Fahrt
Zeitraum	innerhalb + GEN / von + DAT	innerhalb eines Jahres / von einem Jahr
Beginn eines Zeitraums	seit (+ DAT) – von (+ DAT) (an) – ab	seit heute Morgen, von nun an, ab jetzt
Ende eines Zeitraums	bis (zu + DAT)	bis zum Schluss
Zeitraum vor dem Sprecher	in + DAT	in einer Stunde

✎ **Aufgabe 13:**   *Setzen Sie die jeweils passende Präposition ein und ergänzen Sie den Artikel.*

1   _____ gestern Abend regnet es ununterbrochen.

2   Der Erste Weltkrieg brach _____ 1914 aus.

3   Marion wollte mich _____ Wochenende besuchen, musste dann aber plötzlich _____ Samstag nach Dortmund.

4   Der Siegtreffer fiel _____ d_____ vorletzten Minute der Verlängerung.

5   Christa hat _____ Anfang Dezember letzten Jahres nicht mehr geraucht.

6   Natürlich darf _____ d_____ schriftlichen Prüfung nicht gesprochen werden.

7   _____ späten Nachmittag saßen nur ein paar Gäste im Restaurant.

8 Wir mussten _____ von nur zwei Wochen das Gartenhäuschen renovieren und streichen.

9 Ich kann dich _____ 3 anrufen. -Lieber etwas später, sagen wir _____ 5?

10 _____ Winter machen viele Leute Ski-Urlaub.

11 Es wird nicht lange dauern, _____ ein____ halben Stunde bin ich zurück.

12 Wir können leider nicht lange bleiben, wir haben nur _____ halb sechs Zeit.

LESEN, Teil 4: Macht Veganismus einsam?

 Aufgabe 14: *Einen Forumsbeitrag verfassen*

Nutzen Sie die Meinungsäußerungen a-h auf Seite 45 im Kursbuch als Grundlage für einen Forumsbeitrag zum Thema „Veganismus: nur ein Trend von kurzer Dauer oder neue, feste Lebenseinstellung?". Sie sollen dabei folgende Aspekte behandeln:

- ✓ Welche Vorteile bietet Veganismus für die Menschen?
- ✓ Welche Probleme könnte es für Veganer geben?
- ✓ Wie ist Ihre persönliche Einstellung zu diesem Thema?
- ✓ Vergleichen Sie Veganismus mit anderen Ernährungsweisen.

- △ Lesen Sie zuerst die acht Meinungsäußerungen und markieren Sie die Ihrer Ansicht nach interessantesten Punkte. Ordnen Sie die Punkte in zwei Kategorien ein: Ernährung – Gesellschaft.
- △ Fassen Sie sich kurz: Mit Einleitung und Schluss sollte Ihre Arbeit die 150 Wörter nicht überschreiten.
- △ Verwenden Sie unbedingt die folgenden Verbindungselemente:

> - Die meisten wissen viel zu wenig über Veganismus, deshalb (+ Verb) ...
> - Auf der anderen Seite muss man bedenken, dass ...
> - Wenn Sie mich fragen:
> - Im Vergleich zu + DAT

LESEN, Teil 5: Stadtbibliothek – Benutzungsordnung

▶ **„man + Aktiv" ↔ Passiv (mit Modalverb) ↔ „haben/sein zu + Infinitiv"**

 Wenn man **allgemein und unbestimmt sprechen** möchte, verwendet man die Struktur **„man + Aktiv"**:

In der Stadtbibliothek leiht man Bücher und sonstige Medien aus.

In der Stadtbibliothek kann man Bücher und sonstige Medien ausleihen.

 Alternativ kann das **Passiv** verwendet werden:

In der Stadtbibliothek werden Bücher und sonstige Medien ausgeliehen.

In der Stadtbibliothek können Bücher und sonstige Medien ausgeliehen werden.

👍 Die Konstruktion **„haben/sein zu + Infinitiv"** drückt aus, dass etwas **getan werden muss/soll/kann oder darf**. Wenn die Aussage **aktive Grundbedeutung** hat, verwendet man **„haben"**:

Zum Ausleihen von Büchern oder sonstigen Medien hat man seinen Bibliotheksausweis vorzuzeigen.

Zum Ausleihen von Büchern oder sonstigen Medien muss man seinen Bibliotheksausweis vorzeigen / muss der Bibliotheksausweis vorgezeigt werden.

👍 Wenn die Aussage **passive Grundbedeutung** hat, verwendet man **„sein"**:

In der Stadtbibliothek sind nicht nur Bücher, sondern auch sonstige Medien auszuleihen.

In der Stadtbibliothek können nicht nur Bücher, sondern auch sonstige Medien ausgeliehen werden.

✎ **Aufgabe 15:** *Formen Sie die markierten Verbformen mithilfe der Hinweise in Klammern um.*

1 Ausgeliehene oder ausleihbare Leihgegenstände der Stadtbibliothek können auf Wunsch des Benutzers eigenständig oder durch das Personal, immer aber gegen Entrichtung einer Gebühr reserviert werden. (haben/sein zu + Infinitiv)

   Ausgeliehene oder ausleihbare Leihgegenstände der Stadtbibliothek _____ auf Wunsch des Benutzers eigenständig oder durch das Personal, immer aber gegen Entrichtung einer Gebühr _____ _____.

2 Die baulichen Anlagen, sämtliche Einrichtungs-, Ausstattungs- und Ausstellungsgegenstände der Stadtbibliothek sind schonend und mit Sorgfalt zu behandeln und sauber zu halten. (man + Modalverb + Aktiv – Passiv)

   _____

   _____

3 Jeder Benutzer hat sich so zu betragen, dass der Bibliotheksbetrieb und andere Benutzer weder gestört noch beeinträchtigt oder behindert werden sowie Medien, Kunstwerke, Kataloge, Einrichtungen, Geräte usw. keinen Schaden leiden. (man + Modalverb + Aktiv)

   _____

   _____

4 Benutzern, die gegen diese Satzung, die Hausordnung oder die Gebührensatzung verstoßen, kann zeitweise, bei wiederholten Verstößen oder schwerwiegenden einmaligen Verstößen auch dauerhaft, die Benutzung der Stadtbibliothek untersagt werden. Gleichzeitig kann der Bibliotheksausweis eingezogen werden. (man + Aktiv)

   _____

   _____

5 Die zur Verfügung gestellten Computer sind sorgfältig und bestimmungsgemäß zu behandeln und sind vor Veränderung, Beschmutzung und Beschädigung zu bewahren. (man + Modalverb + Aktiv – Passiv)

   _____

   _____

6 Es dürfen nur die bereits vorinstallierten Programme aufgerufen werden. (man + Modalverb + Aktiv – haben/sein zu + Infinitiv)

   _____

   _____

Wortschatz

 Aufgabe 16: *Die produktive Substantivendung „-ung"*

Notieren Sie zu jedem Substantiv das Verb, aus dem es abgeleitet wird, und zu jedem Verb das abgeleitete Substantiv auf „-ung".

Merke: Substantive auf „-ung" sind meistens feminin und bekommen im Plural die Endung „-en"!

Ausstattung		halten	
Ausstellung		installieren	
beeinträchtigen		Nutzung	
behandeln		Ordnung	
behindern		reservieren	
Benutzung		Satzung (!)	
Bereitstellung		schonen	
Beschädigung		stellen	
Beschmutzung		stören	
Bestellung		untersagen	
Bestimmung		Veränderung	
bewahren		Verfügung	
Einrichtung		wiederholen	
Entrichtung			

Lesen Sprechen

HÖREN, Teil 2: Körperliche Aktivität und kreatives Denken

 Aufgabe 17: *Sie denken schon seit über einer Stunde über ein Problem nach, doch Ihnen fällt keine gescheite Lösung ein. Was tun Sie in so einer Situation? Diskutieren Sie im Kurs.*

 Aufgabe 18: *Fügen Sie unter jede Frage 1-5 die jeweils passende Antwort a-e ein.*

1 Man weiß ja, dass Bewegung gut fürs Gehirn ist. Schneiden fitte Menschen also besser ab in punkto Kreativität?

2 Wie lässt sich denn eine erhöhte Kreativität überhaupt messen?

3 Wie soll man sich das vorstellen?

4 Und das waren in diesem Fall die Spaziergänger?

5 Welche vergleichbaren Aktivitäten fördern die Kreativität?

a Bei einem der Tests geht es etwa darum, möglichst viele ungewöhnliche Verwendungsmöglichkeiten für Alltagsgegenstände aufzuzählen. Eine Testfrage ist etwa: Beschreiben Sie die verschiedenen Nutzungsmöglichkeiten einer Zeitung. Je ungewöhnlicher die Einfälle, desto höher ist die Bewertung. Wer etwa sagt: Man kann die Artikel aus der Zeitung schneiden und einen Erpresserbrief daraus basteln, der bezieht sich nur auf die Nutzung der Buchstaben. Wer auch antwortet: Man kann damit verschütteten Kaffee aufwischen, der fügt eine weitere Kategorie hinzu, ist also flexibler. Zudem wird die Originalität gewertet: Wer eine Nutzungsmöglichkeit findet, die keinem anderen Testteilnehmer eingefallen ist, der schneidet hier besonders gut ab.

b Bisher ist noch nicht untersucht, ob auch andere Formen leichter körperlicher Aktivität eine ähnliche Auswirkung wie das Gehen haben. Viele Menschen behaupten, dass ihnen die besten Gedanken beim Gehen kommen. Nachdem unsere Studie zu dem gleichen Schluss gelangt ist, wollen wir nun herausfinden, warum das so ist.

c Genau. Während und kurz nach dem Gehen war die Kreativität bei 81 Prozent der Teilnehmer erhöht. Dabei war das Spazieren in abwechslungsreicher Umgebung effektiver als das Gehen in einem Zimmer vor einer weißen Wand. Hohe Werte wurden, wie erwartet, bei schönem Wetter und angenehmen Temperaturen gemessen.

d Körperliche Aktivität verbessert zwar generell die Denkleistung. Tatsache ist aber, dass der günstige Einfluss auf die Ideenfindung nicht dadurch zu erklären war. Das Gehen beeinflusst offenbar bestimmte Körperfunktionen, deren positive Wirkung auf kreatives Denken sogar nach dem Hinsetzen noch eine Zeitlang anhält. Ein angeregter Kreislauf, chemische Botenstoffe, die in Gang gesetzt werden, und eine verbesserte Stimmung könnten eine Rolle bei der Erzeugung von kreativen Ideen spielen.

e Nicht alles, was neu und originell ist, ist automatisch kreativ. In der Wissenschaft gilt ein Mensch als kreativ, der in der Lage ist, Dinge oder Ideen zu produzieren, die neu, ungewöhnlich und nützlich sind.

1	2	3	4	5

✎ **Aufgabe 19:** *Überlegen Sie mindestens zwei Verwendungsmöglichkeiten für die folgenden Gegenstände: Vergleichen Sie Ihre Ideen mit den Ideen der anderen Kursteilnehmer.*

Sprechen

HÖREN, Teil 3: Organisation des Alltags

 Aufgabe 20: *Zu Beginn des Hörtextes hört man die folgende Frage:*

> „Gibt es so etwas wie eine goldene Regel, mit der man Hektik, Druck und Zeitnot, die unseren Alltag bestimmen, in den Griff bekommt?"

Welche Antwort würden Sie persönlich auf diese Frage geben? Belegen Sie Ihre Antwort mit passenden Beispielen. Sie können dabei die folgenden Ausdrücke verwenden:

- Es ist sicher nicht einfach , …
- Um dieses Problem zu lösen, …
- Eine sichere Methode ist meiner Ansicht nach …
- Was man auch probieren könnte, ist Folgendes: …
- Zusammenfassend meine ich, …

Aufgabe 21: *Was bedeuten die markierten Ausdrücke? Ersetzen Sie sie durch einfachere Formulierungen.*

1 Gibt es so etwas wie eine goldene Regel, mit der man Hektik, Druck und Zeitnot, die unseren Alltag bestimmen, in den Griff bekommt?

_____

2 Na ja, inzwischen sind meine beiden Töchter im Vorschulalter und mein Mann und ich sind ein eingespieltes Team.

_____

3 Immer mehr Frauen wollen trotz Familiengründung nicht auf ihre Karriere verzichten.

_____

4 Da muss man den Tag ganz klar planen und Prioritäten setzen.

_____

5 Um halb acht in der Früh bin ich im Büro, und nach der Arbeit, wenn die anderen Feierabend haben, besuche ich Vorlesungen.

_____

6 Normalerweise mache ich mir eine To-Do-Liste.

_____

7 Wahrscheinlich hätte ich aber am Ende des Tages ein schlechtes Gewissen, weil zu viele unerledigte Punkte auf meiner Liste standen.

_____

8 Bleibt bei so viel Alltagshektik nicht das Private auf der Strecke?

_____

9 Sonst kommen Freunde und die Familie zu kurz.

_____

10 Dafür nehme ich die harte Zeit gerne in Kauf.

_____

HÖREN, Teil 4: Prüfungsangst

✎ **Aufgabe 22:** *Einen Text sinnvoll zusammenfügen, Verbindungselemente erkennen*

Fügen Sie die Sätze a-f in die jeweils richtige Stelle 1-6 im Text ein. Begründen Sie, welche Wörter, Formulierungen etc. Ihnen geholfen haben, die Sätze passend einzuordnen.

Kennen Sie das Gefühl? Vor lauter Anspannung kann man nicht richtig lernen, und in der Semesterarbeit fällt einem nichts ein. Vor der mündlichen Prüfung ist der Kopf plötzlich leer, man bekommt Herzklopfen, zittrige Knie und feuchte Hände. (1) Denn im schlimmsten Falle muss man das Semester wiederholen.

Wenn Ihnen diese Situation bekannt vorkommt, sind Sie nicht die Einzigen. (2) Der eine fühlt sich unsicher und beklemmt vor Prüfungen, der andere bekommt körperliche Beschwerden wie Durchfall oder Appetitverlust. (3) Dabei ist ein wenig Prüfungsstress angemessen und sogar wichtig, um Körper und Geist zur Höchstleistung zu bringen. (4) In unserem Falle ist die „Gefahr" die anstehende Prüfungssituation.

Was aber viel schwerer wiegt, ist Folgendes: Das Ergebnis der Prüfung wird Ihr Selbstwertgefühl empfindlich treffen, wenn es von Ihrem Anspruchsniveau abweicht. (5) Angesichts dieser Bedrohung ist Prüfungsangst eine durchaus verständliche Reaktion.

Gegen Prüfungsangst existiert zwar kein Patentrezept, dennoch können Sie mit der Situation und Ihren Gefühlen aktiv umgehen und so Ihre Nervosität entscheidend reduzieren. Ganz wichtig: (6) So schaffen Sie Ihr Pensum und behalten stets den Überblick.

a   Beginnen Sie rechtzeitig mit dem Lernen!

b   Diese und ähnliche Symptome beeinträchtigen 58 Prozent aller Studentinnen und 35 Prozent aller Studenten bundesweit.

c   Eine mittelmäßige Note löst deshalb bei manchen Studierenden bereits Versagensgefühle aus.

d   Prüfungsangst ist ein weit verbreitetes Phänomen.

e   So macht sich Prüfungsangst bemerkbar, und bis zu einem gewissen Grad ist diese Unruhe verständlich.

f   Stress ist ja nichts weiter als eine Reaktion unseres Körpers auf eine äußere „Bedrohung", die es schon unseren Vorfahren ermöglicht hat, auf Gefahrensituationen zu reagieren und somit zu überleben.

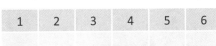

1	2	3	4	5	6

SCHREIBEN, Teil 1: Arbeitstätige Mütter in der modernen Gesellschaft

Die Rolle(n) einer berufstätigen Mutter heutzutage:
- die Flexibilität / flexibel sein / die Kindererziehung / der Haushalt
- die Vollzeitbeschäftigung / die Teilzeitbeschäftigung
- das Rollenmodell, -e / die Rollen verändern sich stetig

Die typische Rollenverteilung im Haushalt:
- normale / typische / untypische gesellschaftliche Rollenverteilung
- die Hausfrau / die Geschäftsfrau / der Geschäftsmann / der Hausmann

Möglichkeiten/Probleme einer Kombination von Arbeit und Familie:
- Zu möglichen Problemen zählt/zählen... / Ein Problem könnte sein, dass...
- Aufgaben annehmen/verteilen/erledigen
- Überstunden machen / viel reisen müssen / die Karrierefrau / Job bedeutet einem viel
- zu Stress führen / Stress verursachen

Die Situation in der Zukunft:
- zukünftig / in (der) Zukunft / bald
- die Entwicklung / sich verändern / die Veränderung
- das Familienbild / die Rolle des Vaters / die Rolle der Mutter
- kinderlos / der Geburtenrückgang

 Aufgabe 23: *Über ein Thema diskutieren*

> Sollten berufstätige Mütter nach der Geburt ihres Kindes so früh wie möglich in den Job zurückkehren?

Verwenden Sie bei der Diskussion die folgenden sprachlichen Mittel:

- Doppelbelastung durch Kind und Beruf – Mütter scheitern oft an der schwierigen Vereinbarkeit von Job und Familie – Babys und Kleinkinder sind auf die Fürsorge der Mutter angewiesen
- Wer dem Job lange fern bleibt, verpasst oft wichtige Entwicklungen.
- Väter sollten Aufgaben zu gleichen Teilen übernehmen – Vaterschaftsurlaub beantragen – Anspruch auf Kinderbetreuung haben – Großeltern können helfen
- Teilzeit statt Vollzeit arbeiten – auf die Arbeit nicht verzichten können – Nicht alle haben die Wahl, weniger oder gar nicht zu arbeiten.
- als Alleinerziehende besonders schwierig – Kind mit zur Arbeit nehmen?

Sprachliche Mittel

Grammatik - Wortschatz

SCHREIBEN, Teil 2: Teilnahme am Treffen unmöglich

- Alternative Möglichkeiten: Online-Präsentation vorbereiten/durchführen – das Wichtigste mit dem Kunden telefonisch besprechen – Treffen an einem anderen Tag vereinbaren
- Eine Lösung anbieten: den Termin auf übermorgen verlegen – eine Terminänderung vorschlagen – den Kunden rechtzeitig benachrichtigen – einen anderen Kollegen um Hilfe bitten
- Warum Sie nicht kommen können: plötzlich krank werden – im Bett bleiben müssen – persönliche/private Gründe – wichtiger Termin bei einem anderen Kunden – Termine kollidieren miteinander
- Um Verständnis bitten: völlig unerwartet – konnte es nicht wissen – kann jedem passieren – die Situation kommt nie wieder vor

Aufgabe 24: *Herr Baumann hat auf Ihre E-Mail geantwortet. In seiner E-Mail gibt es aber Fehler. Korrigieren Sie die Fehler in seiner E-Mail.*

Liebe Frau Hoff,

vielen Dank für **deine** E-Mail, die ich gerade erhalten habe. | 0 | *Ihre*

Es tut mir leid, das Ihre Tochter plötzlich ins Krankenhaus musste. | 1 | _____

Hoffentlich es geht ihr inzwischen besser und sie wird wieder gesund. | 2 | _____

Ihre Vorschlag finde ich sehr interessant und vernünftig. Allerdings habe ich noch | 3 | _____

eine Frage an Sie. Wäre es Möglichkeit, eine entsprechende Online-Präsentation | 4 | _____

zu vorbereiten, oder ist es zu viel Arbeit? | 5 | _____

Natürlich werde ich, ob Sie damit einverstanden sind, sofort mit unserem Kunden | 6 | _____

auf Kontakt kommen und eine Terminänderung vorschlagen. Ich bin sicher, | 7 | _____

unserer Chef hat nichts dagegen. | 8 | _____

Wir haben Gluck! Soeben hat der Chef der Firma X angerufen und | 9 | _____

mir gebeten die Präsentation übermorgen durchzuführen, weil er krank ist. | 10 | _____

Beste Grüße

Heinrich Baumann

SPRECHEN, Teil 1

⊙ *Studium im Ausland*

- mehr Möglichkeiten, einen Studienplatz zu bekommen – vielleicht bessere Studienbedingungen – zuhause die Situation allgemein unbefriedigend – Niveau in Lehre und Forschung im Ausland oft höher – Kontakte zu möglichen späteren Arbeitgebern knüpfen
- die Studiengebühren sind in Deutschland nicht hoch – ein z. B. deutscher Hochschulabschluss wird von Arbeitgebern weltweit hochgeschätzt – leichter ein Praktikum beginnen
- hohe Mieten in Wohnheimen oder in Wohngemeinschaften – regelmäßige Ausgaben für notwendige Dinge und viele unerwartete Ausgaben – Kurzzeitjobs lassen sich leicht finden

Fragen zum Thema:
- a. Welche Argumente sprechen gegen ein Studium im Ausland?
- b. Welche Finanzierungsmöglichkeiten gibt es für ausländische Studenten/Studentinnen?

⊙ *Betriebsausflug eines Unternehmens*

- eine Wanderung machen – eine Weinverkostung in einem Weingut organisieren – einen Kochkurs für Feinschmecker besuchen – einen Ausflug nach … machen
- Wanderung: gut für die Gesundheit, Bewegung tut gut , die Natur genießen – Weinverkostung: Wissenswertes über den Wein erfahren
- Kochkurs: neue Rezepte kennenlernen, gemeinsames Essen nach dem Kochen – Ausflug: einen anderen Ort besichtigen, fördert das Arbeitsklima, dient zum gegenseitigen Kennenlernen der Mitarbeiter, schafft lockere Atmosphäre

Fragen zum Thema:
- a. Kann ein Betriebsausflug das Arbeitsklima verbessern? Ja, nein, warum?
- b. Sollte die Betriebsleitung die Kosten des Ausflugs übernehmen?

⊙ *Karriere im Ausland statt im eigenen Land*

- Karriere als Grund für die Auswanderung – das Überleben sichern – die Familie in der Heimat finanziell unterstützen – bessere Chancen, eine Arbeit zu finden – der Arbeitsmarkt bietet mehr Möglichkeiten – bessere Zukunftsaussichten für die Kinder
- Probezeit vereinbaren – Unternehmen suchen, das auch im Heimatland eine Niederlassung hat – sich in entsprechenden Blogs umsehen
- Umzug – die Integration fällt leicht/schwer – neue Kultur und andere Menschen kennenlernen – niedrigere Gehälter im Vergleich zu den Einheimischen

Fragen zum Thema:
- a. Warum gibt es in einem anderen Land oft mehr Chancen, eine Arbeit zu finden?
- b. Vor welchen Schwierigkeiten steht man, wenn man eine neue Arbeit im Ausland hat?

⊙ *Ausflüge für körperlich Behinderte*

- Schwimmen im See / im Meer – einen Spaziergang im Wald machen – eine Stadtbesichtigung unternehmen – ein Museumsbesuch mit Führung
- Ein Sonnenbad nehmen – die Natur genießen – die Altstadt besichtigen – vieles über die Geschichte erfahren – Spaß haben – Musik hören – leckeres Essen
- körperliches Training durch viele Aktivitäten – das Wissen erweitern – Traditionen hautnah erleben – nicht immer sicher – manchmal werden negative Reaktionen sichtbar – für manch einen dauert es zu lange

Fragen zum Thema:
- a. Was muss man beachten, wenn man einen Ausflug mit Menschen mit Behinderungen macht?
- b. Wie denken Sie über die Idee der Paralympics für körperlich behinderte Sportler?

Sprachliche Mittel

SPRECHEN, Teil 2: Sind Online-Einkäufe sicher?

Warum kaufen wir online ein?

- besonders bequem und flexibel / von zu Hause aus bestellen / man erspart sich den Weg zum Geschäft
- mehr Angebote / man kann verschiedene Angebote vergleichen / man spart möglicherweise Geld

Welche Risiken gibt es dabei?

- Online Bezahlungen sind möglicherweise noch etwas unsicher / es gibt immer wieder Betrugsversuche im Internet / viele PCs sind mit Viren infiziert / die Daten sind nicht immer hundertprozentig sicher
- hohe Sicherheitsvorkehrungen / Zahlungsdaten werden nicht bekannt gemacht / überall werden Codes verwendet

Wie kann man sich vor einem möglichen Betrug schützen?

- ein Anti-Virus-Programm installieren / grundsätzlich nur sichere Seiten besuchen / kleine, unbekannte E-Shops vielleicht meiden
- auf verdächtige E-Mails nicht antworten/reagieren

Alternative Möglichkeiten, um sicher im Internet einzukaufen:

- gegen Rechnung bestellen und dann in einer Bank bezahlen
- die Dienste eines sogenannten „Payment-Service-Providers" wie PayPal in Anspruch nehmen

Weitere Diskussionspunkte:

- Schaden Online-Einkäufe den Fachgeschäften und Kaufhäusern vor Ort?
- Welche Rolle spielt der persönliche Kontakt beim Einkaufen?

Test 3

LESEN, Teil 1: Was ist Glück?

Wortschatz zum Thema

- das Glück ▪ Glück empfinden ▪ das Glück finden in + DAT ▪ das Glück erreichen

- das Glück haben + Infinitivsatz ▪ das wahre Glück

- glücklich ≠ unglücklich ▪ glücklich sein ▪ glücklich werden

- glücklich machen ▪ jmdm. Spaß machen

- glücklich wirken ▪ glücklich scheinen ▪ glücklich aussehen

- sich (un)glücklich fühlen ▪ das Glücksgefühl, -e ▪ das Glücksempfinden ▪ der Glücksmoment, -e

- das Gefühl, -e ▪ die Emotion, -en

- positive ≠ negative Gefühle (Pl.) ▪ die Ängste (Pl.) ▪ der Schmerz

- sein Glück in der Hand haben ▪ das Glück breitet sich aus

- lange dauern ▪ von Dauer sein ▪ zerbrechen

- zufrieden ▪ die Lebenszufriedenheit ▪ (die) Zufriedenheit in der Familie

- der Faktor, -en ▪ hohe Lebensqualität ▪ materieller Wohlstand ▪ die Gesundheit

- die sozialen Bindungen (Pl.) ▪ das soziale Umfeld ▪ soziale Kontakte (Pl.)

- ein gutes Verhältnis haben zu jmdm.

- ein erfüllender Beruf ▪ etwas Nützliches schaffen

- die schönen Dinge (Pl.) im Leben ▪ die Abwechslung

- die Freizeit effektiv gestalten ▪ ein interessantes Hobby

- der Einsatz für wohltätige Zwecke

Aufgabe 1: *Ergänzen Sie den folgenden Lückentext mit Wörtern aus dem Wortschatz oben.*

Lesen Sie zunächst einmal den ganzen Text in Ruhe durch. Lesen Sie dann Satz für Satz und überlegen Sie, welches Wort sinngemäß in jede Lücke passt. Tipp: Die Endungen sind auch eine Hilfe.

arm	gesünderen	glücklicher	mehr	seltener	verliebte	wichtig
einsam	glücklich	längeren	positiven	unglücklich	wahren	

Wer die Welt mit (1) _____ Augen sieht, kommt dem (2) _____ Glück ein gutes Stück näher. Geld macht zwar (3) _____, aber nur, wenn man wirklich (4) _____ ist. Sobald die Grundbedürfnisse befriedigt sind, flacht die Glückskurve ab, je (5) _____ man verdient. Menschen, für die Luxus und Reichtum besonders (6) _____ sind, sind sogar eher (7) _____. Denn Materialisten sind (8) _____ mit Freunden zusammen. Das macht nicht glücklich, sondern (9) _____. Freunde machen glücklich und verhelfen sogar zu einem (10) _____ und (11) _____ Leben. Frisch (12) _____ Menschen sind, und das ist nicht überraschend, besonders glücklich. Und: Verheiratete sind im Schnitt (13) _____ als Ledige.

Wortschatz

Aufgabe 2: *Zitat über das Glück*

> Man weiß selten, was Glück ist, aber man weiß meistens, was Glück war.

Recherchieren Sie im Internet, von wem dieses Zitat ist, und diskutieren Sie im Kurs über den Sinn des Zitats. Was können Sie aus eigener Erfahrung dazu sagen? Kennen Sie weitere Zitate zum Thema „Glück"?

▶ **Relativsätze mit Präpositionen**

Werfen Sie zunächst einmal zur Wiederholung einen Blick auf die unten stehende Deklinationstabelle des Relativpronomens „der – die – das". Merken Sie sich besonders die gelb unterlegten Formen.

	SINGULAR			PLURAL
	maskulin	feminin	neutral	
Nominativ	der	die	das	die
Akkusativ	den	die	das	die
Dativ	dem	der	dem	denen
Genitiv	dessen	deren	dessen	deren

Lesen Sie jetzt die Beispielsätze aus dem Text:

a) Ganz oben auf der Liste stehen meiner Meinung nach enge soziale Bindungen, also Partner, Verwandte oder Freunde, <u>zu denen</u> ich ein gutes Verhältnis habe.

b) Ich bin Lehrer, das ist ein Beruf, <u>in dem</u> man als Beamter nicht wirklich reich wird!

c) Ich möchte von Menschen umgeben sein, <u>mit denen</u> ich mich austauschen kann.

 Wir halten Folgendes fest:
- Wenn das Relativpronomen von einer Präposition begleitet wird, dann steht im Relativsatz zuerst die Präposition und danach das Reflexivpronomen.
- Die Präposition darf nicht mit dem Reflexivpronomen verschmelzt werden, wie es im Falle von „Präposition + Artikel" obligatorisch ist. (siehe Satz b: **in dem** man ..., nicht: ~~im~~ man ...)

Aufgabe 3: *Verbinden Sie die beiden Sätze, indem Sie einen Relativsatz bilden.*

1 Die schönen Dinge im Leben bedeuten mir Glück; ich konzentriere mich immer auf diese Dinge.

   Die schönen Dinge im Leben, _____ _____ ich mich immer konzentriere, bedeuten mir Glück.

2 Das ist in der Tat ein hoch interessantes Thema. Ich möchte mich später mal intensiver mit diesem Thema befassen.

   _____

   _____

3 Diese These wurde erst vor wenigen Jahren experimentell bewiesen. An ihrer Richtigkeit hatte man lange gezweifelt.

   _____

   _____

4 Erfreuliche Aspekte stärken das Glücksgefühl; auf diese Aspekte muss der Fokus konsequent gerichtet sein.

_____

5 Erst wohltätige Zwecke geben dem Leben einen Sinn; für diese Zwecke setzt man sich gern ein.

_____

6 Ich möchte von intelligenten Menschen umgeben sein. Klara und Petra gehören zu dieser Sorte Menschen.

_____

7 Lebenszufriedenheit ist das höchste Gut, und richtige Entscheidungen wirken sich positiv auf die Lebenszufriedenheit aus.

_____

8 Martha hat sich eine neue schicke Bluse gekauft. Zu der neuen Bluse passt ihr rotes Halstuch ganz wunderbar.

_____

9 Meiner Ansicht nach sind Kinder der wichtigste Glücksfaktor; man sorgt täglich für die Kinder.

_____

10 Zeit und Raum waren zwei wichtige Größen. Albert Einstein hat sich jahrelang damit beschäftigt.

_____

▶ **Über den Gebrauch von „ob"**

☝ Die Konjunktion **„ob"** leitet nur indirekte Fragesätze ein, die von direkten Fragen abgeleitet werden, welche mit einem Verb beginnen:

a) Außerdem ist für mich die Gesundheit, sowohl physisch als auch mental, von großer Bedeutung und natürlich die Frage, **ob** ich etwas Sinnvolles zu tun habe.

   (Direkte Frage: Habe ich etwas Sinnvolles zu tun?)

b) So ein Kauf löst zwar Glücksgefühle aus, aber **ob** dieses Glück von Dauer ist, bezweifle ich.

   (Direkte Frage: Ist dieses Glück von Dauer?)

c) Im Bekanntenkreis führt die Frage, **ob** Kinder wirklich glücklich machen oder **ob** man ohne Nachwuchs besser dran ist, zu hitzigen Diskussionen.

   (Direkte Fragen: Machen Kinder wirklich glücklich? Ist man ohne Nachwuchs besser dran?)

☝ Wir stellen fest: In indirekten Fragesätzen steht das Verb immer am Ende.
Vorsicht! Man darf **„ob"** nicht mit **„wenn"** verwechseln, das in Konditionalsätzen verwendet wird:

1 **Wenn** ich etwas Sinnvolles zu tun habe, bin ich ein glücklicher Mensch.

2 **Wenn** ich helfen kann, dann helfe ich gern.

3 Du wirst nur dann mit dir selbst zufrieden sein, **wenn** du deine Erwartungen nicht zu hoch schraubst.

✎ **Aufgabe 4:** *Ergänzen Sie „ob" oder „wenn".*

1 Christian wollte nicht sagen, _____ er mit seiner neuen Arbeit zufrieden ist.

2 _____ die Feuerwehr rechtzeitig eingetroffen wäre, dann hätten die Hausbewohner gerettet werden können.

3 _____ du die richtige Entscheidung getroffen hast, das wird sich später zeigen.

4 _____ Elsa den Sprung ins Gymnasium schafft, ist noch ungewiss.

5 Es wird dir sicher helfen, _____ du diesbezüglich einen Facharzt konsultierst.

6 _____ ich hier nichts finde, dann suche ich mein Glück woanders.

7 Ich weiß nicht, _____ es Sinn hat, noch länger zu warten. Komm, lass uns gehen!

8 Immer wieder wird heftig darüber gestritten, _____ Lehrer ein Beruf oder eine Berufung ist.

9 Jo und Marla würden sicher in eine größere Wohnung ziehen, _____ sie das nötige Geld hätten.

10 Linda war ja tagelang krank. Weißt du, _____ es ihr inzwischen wieder gut geht?

11 _____ man sein Leben nach den eigenen Vorstellungen gestalten kann, ist man zufrieden und glücklich.

12 Was ich tun würde, _____ ich einmal im Lotto gewinnen würde? Schwierige Frage!

LESEN, Teil 2: Dicke Muskeln, unfaire Methoden

✎ **Aufgabe 5:** *Wörter zu einem Thema sammeln*

Sehen Sie das folgende Assoziogramm an.

A. Ergänzen Sie das Assoziogramm mit Wörtern, die Ihnen spontan dazu einfallen.
B. Lesen Sie, nachdem Sie im Lehrbuch auf Seite 58 die fehlenden Sätze in den Text eingefügt haben, den Text einmal durch und vervollständigen Sie das Assoziogramm. Bilden Sie Beispielsätze.

✎ **Aufgabe 6:** *Notieren Sie zu jedem der folgenden Adjektive ein Antonym nach seiner Bedeutung Im Text.*

absurd		legal	
dick		leicht	
direkt		offiziell	
fair		perfekt	
kraftvoll		regelmäßig	

Grammatik

✎ **Aufgabe 7:** *Finalsätze mit „um … zu + Infinitiv" oder „damit … Verb"*

Formen Sie die markierten Finalsätze mithilfe von „damit" um. Es gibt manchmal zwei Möglichkeiten: Aktiv oder Passiv.

1 Bodybuilder nehmen Anabolika, um den Muskelaufbau zu fördern.

Bodybuilder …, damit sie den Muskelaufbau fördern / damit der Muskelaufbau gefördert wird.

2 Hobbyläufer nehmen Schmerzmittel, um den Marathon einfacher zu überstehen.

_____

3 Sie sind bereit nachzuhelfen, um ihr Schönheitsideal zu erreichen.

_____

4 Gesunde Menschen nehmen Medikamente, um ihren Körper auf Hochtouren zu bringen oder aber um ihre Denkleistung zu steigern.

_____

_____

5 Oder wenn ein Jugendlicher Medikamente nimmt, um sich bei einer Prüfung besser konzentrieren zu können.

_____

6 Hier muss man bei dieser oft sehr früh erlernten Denkweise ansetzen, um Doping wirksam zu bekämpfen.

_____

✎ **Aufgabe 8:** *Notieren Sie zu jedem der folgenden Verben das Nomen, aus dem es abgeleitet wird, und umgekehrt.*

Wortschatz

	das Doping	nachhelfen	
	der Forscher	schädigen	
gefährden			der Traum
sich konzentrieren			die Ursache
	der Missbrauch		das Verhalten

▷ **Relativsätze mit „wer"**

■ Wer in bestimmten Fitnessstudios nach Anabolika <u>fragt</u>, <u>erhält</u> schnell die Handynummer eines Verkäufers.

■ Wer Wirkstoffe zur Leistungssteigerung <u>nimmt</u>, <u>schädigt</u> seinen Körper.

👍 Ein **Relativsatz mit „wer"** bezieht sich **allgemein und unbestimmt auf eine Person**. Solche Sätze stehen in der Regel vor dem Hauptsatz, der zur Intensivierung der gesamten Aussage mit dem Demonstrativpronomen „der, die, das" eingeleitet werden kann. Wenn das Demonstrativpronomen sich im selben Kasus mit dem Relativpronomen befindet, kann man es auslassen:

■ Wer Wirkstoffe zur Leistungssteigerung nimmt, **(der)** schädigt seinen Körper.

■ Wer in bestimmten Fitnessstudios nach Anabolika fragt, **dem** gibt man schnell die Handy-nummer eines Verkäufers.

Grammatik

Hier zur Erinnerung die Deklinationstabelle:

	wer	der	die	das
Nominativ	wer	der	die	das
Akkusativ	wen	den	die	das
Dativ	wem	dem	der	dem

Aufgabe 9: *Ergänzen Sie die Lücken mit der passenden Form des Relativ- bzw. Demonstrativpronomens. Achten Sie auf die syntaktische Funktion dieser Pronomen im Satz!*

1 _____ seinem erkälteten Kind eine Tablette gibt, damit es in die Schule gehen kann, _____ handelt unverantwortlich.

2 _____ man vor einer Prüfung Medikamente gibt, _____ bekommt nicht immer eine bessere Note als die anderen.

3 _____ über die Folgen von Medikamentenmissbrauch aufgeklärt ist, _____ wird nie zu solchen Mitteln greifen.

4 _____ Anabolika sportlich ruiniert haben, _____ ist ein gutes Beispiel dafür, was man als Sportler nie tun darf.

5 _____ in einer Apotheke keine Aufputschmittel bekommt, _____ kann sie leider problemlos im Internet bestellen.

6 _____ bereit ist alles zu tun, um sein Schönheitsideal zu erreichen, _____ ist mit gutem Rat schwer zu helfen.

7 _____ das nicht gefällt, _____ muss natürlich nicht mitmachen.

8 _____ regelmäßig in einem Fitnessstudio trainiert, _____ sehen Verkäufer von Aufputschmitteln als potentiellen Kunden an.

LESEN, Teil 3: Ständiges Aufschieben kann schwere Folgen haben

Wortschatz zum Thema

- das Motiv, -e ▪ motivieren ▪ motivierend ▪ die Motivation

- aufschieben + Akk ▪ (sich) ablenken von + DAT ▪ umsetzen + AKK

- die Aufgabe, -n ▪ seine Aufgaben erledigen ▪ die Pflicht, -en ▪ seine Pflicht erfüllen

- die Charaktereigenschaft, -en ▪ der Typ ▪ gewissenhaft = verantwortungsbewusst sein/arbeiten

- krankhaft = pathologisch ▪ chronisch ▪ genetisch bedingt = vererbt ▪ erlernt

- das Verhalten ▪ die Folge, -n = die Konsequenz, -en ▪ Folgen haben

- das Selbstwertgefühl stärken ≠ schwächen ▪ positives Denken

- der Mut ▪ jmdm. Mut machen = ermutigen + AKK ≠ entmutigen + AKK

- das familiäre Umfeld ▪ die berufliche Umgebung ▪ der Erziehungsstil der Eltern ▪ die Lebenskrise, -n

- nachdenken über + AKK ▪ innehalten ▪ in sich gehen ▪ Abstand gewinnen ▪ Prioritäten setzen

- die Zeit ▪ der zeitliche Rahmen ▪ der Termin, -e ▪ feste Termine vereinbaren

- das Projekt, -e ▪ in einem Team arbeiten ▪ Teamgeist entwickeln ▪ der Fortschritt der Arbeit(en)

- organisieren ▪ die Organisation ▪ das Organisationstalent

- der Plan, "-e ▪ planen ▪ die Planung ▪ der Schritt, -e

- betreuen + AKK ▪ die Betreuung ▪ der Betreuer, - ▪ sich kümmern um + AKK ▪ sorgen für + AKK

- der Streit = der Konflikt, -e ▪ streiten mit + DAT über + AKK ▪ Konflikte offen austragen

- sich aussprechen mit + DAT ▪ offen reden über + AKK

 Aufgabe 10: *Über die eigenen Schwächen und Stärken berichten*

Leiden Sie womöglich auch unter „Aufschieberitis"? Erstellen Sie mit Hilfe der wichtigsten Informationen im Text und der Wörter in der vorangehenden Liste einen ehrlichen Bericht über sich selbst und tragen Sie ihn im Plenum vor.

Aufgabe 11:

Machen Sie eine Internet-Recherche zum Thema „Prokrastination: Ursachen, Formen, Folgen und Bekämpfung". Drucken Sie die interessantesten Informationen und Bilder aus und erstellen Sie gemeinsam im Kurs einen Lern-Poster.

> **Temporale Adverbien zum Ausdruck der Häufigkeit**

Fast jeder lenkt sich manchmal von unangenehmen Aufgaben ab.

Das liegt häufig daran, dass man mit der Umsetzung zu lange wartet.

Es gibt eine ganze Reihe von temporalen Adverbien, die uns helfen, die Häufigkeit eines Geschehens auszudrücken. Zu dieser Gruppe gehören:

immer / stets	häufig / oft	manchmal	kaum
ständig	gewöhlich	gelegentlich	nie(mals)
meistens	mehrmals	selten	

✎ **Aufgabe 12:**   *Die Stunde der Wahrheit*

Bilden Sie Sätze, indem Sie den vorgegebenen Ausdruck mit dem für Sie jeweils passenden temporalen Adverb verbinden. Begründen Sie Ihre Wahl und kommentieren Sie auch die Äußerungen der anderen Kursteilnehmer.

1   beim Deutschsprechen Fehler machen

   Ich mache beim Deutschsprechen _____ *Fehler.*

2   pünktlich zum Unterricht kommen

   _____

3   Mein Deutschlehrer / Meine Deutschlehrerin – streng sein

   _____

4   Der Unterricht – Spaß machen

   _____

5   Grammatik und Wortschatz – Schwierigkeiten machen

   _____

6   das Gelernte zu Hause wiederholen

   _____

7   sich auf Tests und Prüfungen gründlich vorbereiten

   _____

8   im Kino deutsche Filme sehen

   _____

▶   **Präpositionen mit Akkusativ: durch, für, gegen, ohne, um**

Diese Gruppe macht kaum Probleme:

... dreimal die Woche dreimal um <u>den Wohnblock</u> laufen ...

Wenn man sein Verhalten ohne <u>psychologische Beratung</u> nicht mehr kontrollieren kann ...

Gegen <u>das pathologische Aufschieben</u> empfehlen Psychologen eine Drei-Minuten-Regel: ...

Für <u>zeitaufwändige Projekte</u> sei es sinnvoll, ...

Statt die Erledigung einer Aufgabe von vornherein durch <u>unangenehme Gedanken</u> zu verhindern, ...

✎ **Aufgabe 13:**   *Setzen Sie die jeweils passende Präposition ein und ergänzen Sie den Artikel.*

1   Als ich Monika gestern sah, hatte sie dunkle Ringe _____ d___ Augen.

2   Der Fahrer verlor die Kontrolle und das Auto fuhr mit 120 _____ ein___ Baum.

3   Der Mafia-Boss wurde _____ zwei Schüsse ins Herz getötet.

4 Die Reise _____ dies___ schön___ Land hat uns alle fasziniert.

5 Die Wohnung kostet 760 Euro im Monat _____ Nebenkosten.

6 Ich würde sagen, _____ ein___ Nichtmuttersprachler spricht er perfekt Englisch.

7 _____ ihn tut sie alles.

8 Im Sommer fahren wir _____ zwei Wochen in die USA.

9 Komm, wir müssen uns beeilen, der Zug fährt _____ 17.32 Uhr ab!

10 Seine Frau hat Emil _____ ein___ Arbeitskollegen kennengelernt.

11 Seine schulischen Leistungen wurden Jahr _____ Jahr schlechter.

12 Tausende von empörten Bürgern protestierten gestern _____ d___ Kürzung der Renten.

13 Tja, liebe Freunde, da mache ich nicht mit, das müsst ihr _____ mich schaffen.

14 Walter blieb fast drei Stunden bei uns, erst _____ Abend verließ er unsere Wohnung.

15 Wir wollten die Rechnung _____ vier teilen, aber Herbert hat darauf bestanden, für alle zu zahlen.

LESEN, Teil 4: Buch oder E-Book?

Aufgabe 14:   *Eine halbformelle E-Mail verfassen*

Die öffentliche Bibliothek Ihrer Stadt bietet im Gegensatz zu anderen Stadtbibliotheken keine E-Books zur Ausleihe an. Sie sind Schüler/in (16) und möchten, dass sich das ändert. Deshalb schreiben Sie eine E-Mail an die Stadtverwaltung, in der Sie auf die folgenden Punkte eingehen:

- ✓ Welchen Beitrag würde die Bibliothek zum Umweltschutz leisten?
- ✓ Weshalb bleibt das klassische Buch weiterhin der Liebling der Leser?
- ✓ Welche Vorteile bieten E-Books gegenüber gedruckten Büchern?
- ✓ Wie nutzen Sie persönlich E-Books?

- △ Setzen Sie zuerst die vier Leitpunkte in eine sinnvolle Reihenfolge.
- △ Schreiben Sie nicht mehr als 100 - 120 Wörter.
- △ Sie können Ihre Sätze wie folgt einleiten:

- ▪ Natürlich behält das gedruckte Buch seine Fans, (denn …)
- ▪ Man muss aber heute praktisch denken: ...
- ▪ Davon würde auch die Umwelt profitieren, (weil …)
- ▪ Was mich betrifft, so (+ Verb).

LESEN, Teil 5: Informationen zum Mobilfunk-Vertrag

▶ **Temporalkonjunktionen und -sätze**

 Merken Sie sich Folgendes:

✓ Temporalsätze sind Nebensätze, d. h. das Verb steht immer am Ende des Satzes.

✓ Der Temporalsatz kann vor oder hinter dem Hauptsatz stehen; syntaktisch zählt der ganze Temporalsatz als ein Satzglied.

Wir unterscheiden die temporalen Konjunktionen in vier Gruppen:

A als – wenn

 Wir verwenden „als" nur um auszudrücken, dass etwas nur einmal in der Vergangenheit stattgefunden hat. In allen anderen Fällen verwenden wir „wenn":

Als die ersten Mobiltelefone auf den Markt kamen, waren die Gebühren ziemlich hoch.

Ab 2017 zahlt man keine Sondergebühren mehr, wenn man in EU-Länder reist.

B bevor/ehe – nachdem

 Temporalsätze mit „bevor / ehe" folgen zeitlich dem Hauptsatz:

Bevor die modernen Mobiltelefone entwickelt wurden, sah unser Leben ganz anders aus.

Temporalsätze mit „nachdem" liegen zeitlich vor dem Hauptsatz. In solchen Sätzen muss die Zeitenfolge eingehalten werden (s. auch Test 7 / LESEN / Teil 3 / S. 131):

Nachdem mein altes Handy kaputtgegangen war, kaufte ich mir ein hochmodernes Smartphone.

C solange – während

 Die Handlung im Temporalsatz mit „solange" ist von gleicher Dauer wie die Handlung des Nebensatzes:

Solange es keine Mobiltelefone gab, war Kommunikation nur auf dem Festnetz möglich.

Der Temporalsatz mit „während" ist zeitgleich mit dem Hauptsatz (s. auch Test 4 / LESEN / Teil 2 / S. 73):

Ich wartete geduldig vor dem Geschäft, während sich Tobias verschiedene Handy-Modelle zeigen ließ.

D bis – seit/seitdem – sobald

 Die Handlung des Temporalsatzes mit „bis" beginnt zum Zeitpunkt, wo die Handlung des Nebensatzes endet:

Mein Freund musste warten, bis das neue iPhone-Modell lieferbar war.

Temporalsätze mit „seit/seitdem" beginnen zeitgleich mit dem Hauptsatz:

Seitdem man mit dem Handy auch fotografieren kann, nehmen die meisten auf Reisen keinen Fotoapparat mit.

Der Temporalsatz mit „sobald" gibt den zeitlichen Beginn des Hauptsatzes an:

Sobald eine neue, interessante App zu haben ist, wird sie millionenfach heruntergeladen.

✎ **Aufgabe 15:** *Wie gut kennen Sie sich in der Geschichte der ersten Hälfte des 20. Jahrhunderts aus?*
Wählen Sie die jeweils passende temporale Konjunktion aus.

1 (Als – Bis – Ehe) Sie mit dieser Übung beginnen, lesen Sie am besten die Sätze
2 bis 10 in Ruhe durch, damit Sie sich einen geschichtlichen Überblick verschaffen.

2 (Als – Wenn – Solange) zu Beginn des Jahrhunderts der technische Fortschritt
durch die Eisenbahn und die ersten Autos die Kommunikationswege verkürzte,
erhöhte sich die Mobilität schlagartig.

3 (Bis – Seitdem – Während) In Großbritannien und Frankreich liberale Demokratien
entstanden, herrschte in Deutschland ein Regime, das sich vor allem auf das Militär stützte.

4 (Bis – Nachdem – Wenn) die sogenannte „Belle Époque" friedlich zu Ende gegangen war, brach bald
darauf der Erste Weltkrieg aus.

5 Der Erste Weltkrieg ging praktisch zu Ende, (sobald – solange – während) 1917 die USA in den Krieg
eingriffen und in Russland die Oktoberrevolution ausbrach.

6 In den „Goldenen Zwanziger Jahren" entwickelte sich in fast allen Ländern ein neues Leben,
(bis – nachdem – seitdem) die Weltwirtschaftskrise 1929 die sozialen Probleme verschärfte.

7 (Bevor – Sobald – Solange) diese Probleme in Deutschland die Unzufriedenheit unter der Bevölkerung wachsen ließen, wuchs auch der Einfluss von Adolf Hitlers Nationalsozialisten.

8 (Als – Bevor – Wenn) Hitler oder Mussolini zu den Massen sprachen, dachten viele nicht an die
Gefahren, welche die Zukunft bringen könnte.

9 (Bevor – Während – Sobald) 1939 der Zweite Weltkrieg ausbrach, hatte sich Deutschland militärisch
bereits aufgerüstet und suchte Revanche für die Niederlage von 1918.

10 (Als – Nachdem – Seitdem) der Zweite Weltkrieg zu Ende gegangen ist, hat es nur vereinzelt
auf der Welt Krieg gegeben – Gott sei Dank!

Aufgabe 16: *Formen Sie die blau markierten temporalen Angaben in Temporalsätze um.*

Überlegen Sie jedes Mal, welche Konjunktion am besten passt und welche Änderungen im Satz vorgenommen werden müssen.

1 Bei Abschluss des Vertrags entscheidet sich der Nutzer für eine Bezahlart.

_____ der Vertrag _____ , entscheidet sich der Nutzer für eine Bezahlart.

2 Ein Vertrag kann immer dann vor Ablauf der Frist beendigt werden, wenn Störungen oder Probleme im Vertragsverhältnis auftauchen.

_____

_____

3 Der Kunde ist nicht dazu verpflichtet, bis zum Ende der vertraglichen Laufzeit durchzuhalten.

_____

4 Wenn nicht spätestens drei Monate vor Ablauf des Vertrags gekündigt wird, verlängert sich die Gültigkeitsdauer jeweils um weitere 12 Monate.

_____

_____

5 Nach der offiziellen Beendigung des Vertrags müssen die Kundendaten entsprechend der GDPR-Verordnung vom 25.05.2018 gelöscht werden.

_____

_____

HÖREN, Teil 2: Lesen im digitalen Zeitalter

Aufgabe 17: *In diesem Hörtext ist von drei Arten des Bücherlesens die Rede:*

Konventionelles Lesen   E-Book-Reader   Hörbuch

Diskutieren Sie im Kurs über traditionelle und moderne Lesegewohnheiten. Sie können dabei die folgenden Redemittel verwenden:

- Ich persönlich ziehe … vor.
- Ich … lieber / am liebsten …
- Ich habe noch keine Erfahrung mit …
- Ich würde gern … ausprobieren.
- Ich finde … angenehmer/praktischer/umständlich/zu teuer.

Aufgabe 18: *Ergänzen Sie im folgenden Text die Lücken 1-10 mit der jeweils passenden Präposition aus dem Kasten. Zwei Präpositionen bleiben übrig.*

Lesen Sie zunächst einmal den ganzen Text in Ruhe durch. Lesen Sie dann Satz für Satz und überlegen Sie, welche Präposition jeweils passt.

auf	für	im	seit	um	von
durch	fürs	in	über	von	zufolge

Einer Studie (1) _____ haben die Menschen heute insgesamt mehr Zeit (2) _____ Freizeitaktivitäten. Diese ist (3) _____ den vergangenen Jahren (4) _____ etwa sechs Stunden täglich gestiegen, (5) _____ denen (6) _____ Schnitt 65 Minuten dem Lesen (7) _____ Zeitungen, Zeitschriften und auch Büchern gewidmet werden. Damit hat der Zeitaufwand (8) _____ Lesen (9) _____ der vorherigen Studie (10) _____ zwölf Prozent zugenommen.

Aufgabe 19: *Internet-Recherche*

Im Hörtext wird auf eine besondere Veranstaltung, die „Nacht der Bibliotheken", hingewiesen. Überlegen Sie zusammen mit den anderen Kursteilnehmern, was der Inhalt dieses Events sein könnte. Sammeln Sie anschließend diesbezügliche Informationen im Internet. Findet auch in Ihrem Heimatland eine solche Veranstaltung statt?

Aufgabe 20: *Über Erfahrungen und Vorlieben berichten*

Berichten Sie abschließend – mündlich oder auch schriftlich – über Ihre persönliche Einstellung zu Büchern und zum Lesen im Allgemeinen. Verwenden Sie dazu Redemittel aus dem Schlussteil des Hörtextes:

> Trotzdem blättert man immer noch gerne in gedruckten Zeitungen und Büchern. Wieso?

> Ganz einfach: Sie fühlen sich besser an. Und: Bücher duften einfach wunderbar. Außerdem sind sie oft liebevoll gestaltet. Einige Verlage machen aus dem Buchumschlag ein kleines Kunstwerk. Ebenfalls wurde festgestellt, dass die Lektüre auf Papier das Verständnis der Texte erleichtert.

> Und wie sieht die Zukunft für die Büchereien aus?

> In den USA gibt es seit einigen Jahren eine bücherlose Bibliothek. Statt Bücher stehen PCs, Laptops und Tablets in den Räumen bereit, darunter auch 50 spezielle e-Reader für Kinder. Ausleihen kann man dann 100 aufgeladene e-Reader. Man versucht also, die Bibliothek kundengeeignet und nicht die Kunden bibliothekgeeignet zu machen.

Sprechen Wortschatz

Sprechen - Schreiben

HÖREN, Teil 3: Konsumverhalten an Weihnachten

 Aufgabe 21: *Denken Sie in Ruhe nach und berichten Sie anschließend: Welches ist das schönste Geschenk, das Sie bisher an Weihnachten gemacht bzw. bekommen haben?*

 Aufgabe 22: *Was bedeuten die folgenden Ausdrücke? Sie kommen alle im Hörtext vor.*

Einkaufsstress	kaufsüchtig	Kaufzwang	Konsumterror

Tipp 1: Zusammengesetzte Wörter lassen sich leichter entschlüsseln, wenn man sie von rechts nach links liest:

Einkaufsstress ⋯⋯→ Unter „Einkaufsstress" versteht man den Stress,
der durch intensives Einkaufen entsteht.

Tipp 2: Hinweise auf ähnliche Wortkonstruktionen erleichtern ebenfalls das Verständnis:

Einkaufsstress   ist ähnlich wie „Schulstress" .

_____

_____

_____

 Aufgabe 23: *Meinungsäußerungen kommentieren*

Im Text sind folgende Aussagen zu hören:

Wählen Sie eine Aussage aus, die Sie besonders passend finden, und kommentieren Sie sie mündlich oder auch schriftlich aus eigener Sicht.

a. Die Begeisterung für das Schenken ist keine Sache des Vermögens.

b. Normalerweise schenke ich persönlich nie etwas, was mir nicht selbst ausgesprochnen gut gefällt.

c. Vielen ist es unangenehm, teure Geschenke zu bekommen, weil sich sich verpflichtet fühlen, ähnlich großzügig zu schenken.

HÖREN, Teil 4: Konflikte in der Familie

Aufgabe 24: *Vermutungen anstellen und begründen*

Sehen Sie sich die Bilder an; sie zeigen eine typische Familie. Überlegen Sie: Zwischen welchen Personen in so einer Familie ist Streit möglich? Aus welchem Grund? Belegen Sie Ihre Antwort mit Beispielen aus eigener Erfahrung.

Aufgabe 25: *Wichtige Aussagen in einem Text verstehen.*

Lesen Sie den folgenden Textabschnitt und überlegen Sie dann, ob die Aussagen 1-6 richtig oder falsch sind.

Alle, die schon ältere Kinder haben, wissen, dass das Familienleben zum großen Teil von den Entwicklungsschritten der Kinder geprägt ist. Jede Entwicklungsstufe birgt unterschiedliche Konfliktstoffe, denn Kinder testen immer, wie weit sie gehen können. Insbesondere die Pubertät, in der die Jugendlichen sich von den Eltern lösen und nicht selten über die Stränge schlagen, ist für beide Seiten, Eltern und Kinder, eine große Schule. Jugendliche reizen die Grenzen der Eltern oft bis zum Letzten aus.

Auch unter Geschwistern entbrennen nicht selten die heftigsten Konflikte. Die Familie ist der erste Platz im Leben, an dem Kinder lernen mit anderen Menschen umzugehen und mit ihnen auszukommen. Sie können im Streit miteinander viel erfahren: die eigenen Bedürfnisse durchzusetzen und sich abzugrenzen, aber auch die Wünsche anderer zu respektieren, mit Niederlagen klar zu kommen und Kompromisse zu schließen. Andererseits halten Geschwister oft zusammen wie Pech und Schwefel, vor allem, wenn es darum geht, eigene Interessen gegenüber den Eltern zu vertreten. Das Band, das Brüder und Schwestern miteinander verbindet, ist das stärkste, was es gibt, wie ja die antiken Dramen uns lehren.

Nicht zuletzt kommt es zu Streitereien der Eltern untereinander oder über unterschiedliche Erziehungsstile. Können Kinder vom Streit ihrer Eltern aber auch profitieren? Ihre Kinder können von Ihnen lernen, dass zwei Menschen, die sich gegenseitig wertschätzen, auch durchaus einmal richtig aneinandergeraten können und sich hinterher wieder gut vertragen. Das Beispiel, das Sie Ihren Kindern in Streitsituationen geben, kann für sie später eine Vorbildfunktion einnehmen.

		Richtig	Falsch
1	Konflikte zwischen Eltern und Kindern sind immer möglich.		
2	Der Eintritt in die Pubertät bedeutet auch das Ende jedes Streits.		
3	Streit unter Geschwistern ist so gut wie ausgeschlossen.		
4	Geschwister sind Verbündete bei der Verteidigung ihrer Interessen.		
5	Streit gibt es nur zwischen Eltern, die einander gar nicht mögen.		
6	Eltern sind auch im Konfliktfall Vorbild für ihre Kinder.		

SCHREIBEN, Teil 1: Erholung vom stressigen Alltag

Gründe, warum der Alltag heutzutage so stressig ist:
- der hektische Lebensrhythmus / die seelische Belastung / die körperliche Anspannung / der Lärm
- das ungesunde Arbeitsumfeld / das negative Arbeitsklima / finanzielle Probleme (Pl.)

Mögliche gesundheitliche Folgen von Stress:
- sich abarbeiten / das „Burn-out"-Syndrom / ausgebrannt sein
- die Folgeschäden (Pl.) / bleibende gesundheitliche Schäden / die Depression

Wie man sich vom belastenden Alltag erholen kann:
- bewusst und gezielt nach einer Lösung suchen / eine Therapie machen / Maßnahmen treffen
- die Entspannungsübung, -en / abschalten von + DAT / Kontakte knüpfen

Entwicklung der Situation in der Zukunft:
- sich verschlimmern / sich erhöhen / sich verringern
- das Risiko, an + DAT zu erkranken / keine sichere Prognose möglich
- positive/negative Aussichten / frühzeitige Arbeitsunfähigkeit

✎ **Aufgabe 26:** *Über ein Thema diskutieren*

> Sollte man auf die Karriere verzichten, um weniger Stress zu haben?

Verwenden Sie bei der Diskussion die folgenden sprachlichen Mittel:

- die ständige Erreichbarkeit / der Dauerstress / der Burnout
- Prioritäten setzen, die eigene Zukunft bewusst gestalten
- mehr Zeit für sich selbst, für Familie und Freunde
- die Karriereleiter hinauf-/hinuntersteigen
- die eigenen Kräfte (nicht) überschätzen
- sich gegen die Konkurrenz behaupten
- der Arbeitsmarkt / die Arbeitsmarktlage
- den Arbeitsplatz behalten/verlieren/wechseln
- die Arbeit wichtiger / weniger wichtig nehmen
- gesundes Gleichgewicht zwischen Arbeit und Privatleben

SCHREIBEN, Teil 2: Familienurlaub planen

- Bitten Sie um einen Termin für ein Beratungsgespräch: eine persönliche Beratung wäre sinnvoll und nützlich – individuelle Planung des Urlaubs – ein gemeinsames Gespräch – Möglichkeit, sich über alles Mögliche zu unterhalten – ein passendes Angebot bekommen
- Warum und wie lange wollen Sie Urlaub machen? ein paar Tage nur für die Familie investieren – Erholung mit der Familie – die Kinder haben Sommer-/Herbst-/Winterferien
- Wünsche zu Unterkunft und Verpflegung: ein All-Inklusive-Paket – Übernachtung mit Frühstück – billig, aber gut – ein luxuriöser Urlaub in einem teuren Hotel – ein günstiges Angebot – ein Hotel mit Blick aufs Meer / auf die Berge
- Beschreiben Sie besondere Interessen der Familienmitglieder: ein Abenteuerurlaub wäre besonders interessant für die Kinder – eine Wanderung in den Bergen, um an die frische Luft zu kommen – eine Stadtreise, um neue Kulturen kennenzulernen – Naturliebhaber – sportlich aktiv

Aufgabe 27: *Sie haben Ihrer Freundin Helen in einer E-Mail von Ihren Urlaubsplänen erzählt. Helen hat auf Ihre Nachricht geantwortet, aber in ihrer E-Mail gibt es einige Fehler. Finden und korrigieren Sie diese Fehler.*

Hallo Ben,	
ich freue mich **über**, dass ihr alle zusammen Ferien machen wollt.	0 *darüber*
Reisen mit Kinder ist eine wundervolle, aber manchmal auch	1 _____
anstrengend Angelegenheit. Ich kann euch gut verstehen. Bisher	2 _____
wir haben Urlaub in Zypern und in Istanbul gemacht und es ist	3 _____
wirklich schwer zu sagen, welche Urlaubsziel schöner und	4 _____
vieleicht auch für Kinder besser geeignet ist. Zypern ist ein	5 _____
äußerst kinderfreundliches Land und bittet auch ausreichend	6 _____
Möglichkeiten – vor allem in der freie Natur. Leider war unser Hotel	7 _____
damals nicht so toll, dafür waren die Ausflüge umso schönere.	8 _____
Istanbul ist zwar ein Großstadt, dafür sehr vielfältig und märchenhaft.	9 _____
Ich hoffe, ich konnte dir ein bisschen weiterhelfe.	10 _____
Liebe Grüße,	
Helen	

SPRECHEN, Teil 1

⊙ Großstadtverkehr

- der Verkehr nimmt zu/ab – der Stau – Verkehrsunfälle (Pl.) – schädliche Abgase – höhere Gesundheitsrisiken – der Lärm – die geringe Sicherheit der Fußgänger – hohe Benzinkosten
- Fahrverbot in der Innenstadt – mehr Fußgängerzonen einrichten – auf die öffentlichen Verkehrsmittel umsteigen – der Bus- und Bahnverkehr – kurze Strecken mit dem Fahrrad zurücklegen oder zu Fuß gehen
- billige Fahrkarten / Monatskarten – öffentliche Verkehrsmittel oft unpünktlich oder sehr voll – Taxis sind meistens teuer

Fragen zum Thema:
a. Wie finden Sie die Verkehrssituation in Ihrer Stadt?
b. Was kann getan werden, damit die Menschen wieder mehr öffentliche Verkehrsmittel benutzen?

⊙ Berufsausbildung statt Studium

- hohe Unkosten fürs Studium – die Wirtschaftskrise – weniger Handwerker – zu viele Hochgebildete – kaum Arbeitschancen für Akademiker
- oft lange Wartezeiten – der hohe Leistungsdruck – Wunsch, auf eigenen Beinen zu stehen / eigenes Geld zu verdienen
- baldiger Einstieg in den Arbeitsmarkt – Ausbildungsberufe besser bezahlt – geringer Verdienst – kaum Chancen auf Karriere – hohe Erwartungen – Druck von den Eltern

Fragen zum Thema:
a. Inwieweit beeinflusst die wirtschaftliche Situation die Wahl zwischen Berufsausbildung und Studium?
b. Welchen Stellenwert hat Berufsausbildung in Ihrem Heimatland?

⊙ Energie sparen

- Wärmedämmung beim Hausbau – Pfandflaschen benutzen – Plastiktüten vermeiden – kürzere Wege zu Fuß gehen / mit dem Fahrrad fahren – öffentliche Verkehrsmittel nutzen
- Alte Lampen durch moderne, energiesparende ersetzen – alte Fenster abdichten oder erneuern – energieeffiziente Haushaltsgeräte benutzen – die Heizung runterdrehen
- Energieressourcen schonen – längere Arbeitswege – notwendige Hausrenovierung oft sehr teuer

Fragen zum Thema:
a. Wie kann der Staat die Haushalte beim Energiesparen unterstützen?
b. Was tun Sie persönlich, um Energie zu sparen?

⊙ Fremdsprachen lernen

- eine Sprachschule besuchen – Privatunterricht nehmen – Online-Selbstlern-kurs ausprobieren – mit einer Sprachlern-App lernen
- Sprachlern-App bringt sofortigen Lernerfolg – ideal für das Erwerben von Grundkenntnissen – Vokabeltrainer – Aussprachehilfe
- Lernen mit digitalen Medien macht Spaß – Inhalte aktueller als im gedruck-ten Buch – sofortiges Feedback – soziale Kontakte kommen zu kurz – Privat-unterricht personalisiert, aber sehr teuer

Fragen zum Thema:
a. Würden Sie eine Fremdsprache per App lernen? Warum (nicht)?
b. Welche Fremdsprache(n) möchten SIe nach Deutsch lernen? Warum?

SPRECHEN, Teil 2: Sollte das Mindestalter für Renten erhöht werden?

Zusätzlich zur Rente noch arbeiten?

- Man verdient noch Geld dazu, um zusätzliche Sachen finanzieren zu können.
- Einerseits könnte man die Rente aufbessern, andererseits könnte es zu viel Arbeit im Alter werden.

Schadet das Arbeiten im Alter der Gesundheit?

- Körperlich könnte es für ältere Personen zu einer Belastung werden.
- Arbeiten schadet nie, man bleibt dadurch fit und gesund.
- Man muss alles in Maßen tun und immer an die Gesundheit denken.

Können vom Staat spezielle Projekte für Rentner/Rentnerinnen angeboten werden?

- Die Stadt könnte interessante Aktivitäten für Senioren (z. B. Ausflüge, Hobbykurse) anbieten.
- Das Arbeiten in staatlichen Institutionen (z. B. Krankenhaus, Kindergarten...) wäre interessant und nützlich.

Ist das Leben nach dem Renteneintritt langweilig?

- Die Förderung von Sport und Bewegung ist wichtig, damit den Rentnern nicht langweilig wird.
- Als Rentner kann man viele Hobbys haben.
- Rentner haben oft Probleme bei der Umstellung, eine neue Routine im Leben zu finden.

Weitere Diskussionspunkte:

- Welche Folgen gibt es für jüngere Arbeitnehmer, wenn das Rentenalter angehoben wird?
- Sollten Senioren WGs gründen, statt ins Altersheim zu gehen?

Sprachliche Mittel

Test 4

LESEN, Teil 1: Rauchen

Wortschatz zum Thema

- rauchen ▪ das Rauchen ▪ der Raucher, - ▪ die Raucherin, -nen ▪ der Nichtraucher, -

- mit dem Rauchen anfangen ≠ mit dem Rauchen aufhören ▪ sich das Rauchen abgewöhnen

- die Tabakwaren (Pl.) ▪ der Tabakkonsum

- die Zigarette, -n ▪ der Zigarettenrauch ▪ den Rauch inhalieren

- die Raucherentwöhnung ▪ der Rauchstopp-Versuch, -e

- die E-Zigarette, -n ▪ das Nikotinpflaster, - ▪ die Wasserpfeife, -n

- die Sucht ▪ süchtig ▪ süchtig werden ▪ süchtig machen ▪ der Weg aus der Sucht

- abhängig von + DAT sein ▪ die Abhängigkeit

- die Gefahr, -en ▪ gefährlich

- das Gift, -e ▪ giftig ▪ der Giftstoff, -e ▪ das Nikotin

- der Schaden ▪ schädigen + AKK ▪ schaden + DAT

- der Krebs ▪ der Lungenkrebs ▪ Krebs auslösen ▪ krebserregend

- die Atemwege (Pl.) ▪ das Herz-Kreislauf-System

- die Gewohnheit, -en ▪ die Folge, -n

- sterben an + DAT ▪ der Tod ▪ tot ▪ der Tote, -n

- das Gesetz, -e ▪ das Rauchverbot, -e ▪ die Altersgrenze ▪ der Raucherraum, "-e

- in der Öffentlichkeit / in geschlossenen Räumen / im Auto rauchen ▪ der Taschen-Aschenbecher, -

- zur Entspannung / aus Genuss / aus Geselligkeit / aus Langeweile rauchen

- das Rauchen / die Raucher eingrenzen ▪ die individuelle Freiheit

Aufgabe 1: *Ein Lern-Plakat erstellen*

Suchen Sie im Internet Bilder und sonstige Informationen zu Wörtern aus dem obigen Wortschatz. Lassen Sie diese im Kurs rumgehen und kommentieren Sie sie. Erstellen Sie dann mithilfe dieser Materialien ein Plakat. Hängen Sie das Plakat an die Wand und nehmen Sie gelegentlich Korrekturen bzw. Ergänzungen vor. Halten SIe ab und zu, wenn kurz vor Schluss fünf Minuten frei sind, einen spontanen Vortrag zum Thema „Rauchen".

> **Finalsätze mit „damit" und „um ... zu + Infinitiv"**

Finalsätze drücken das Ziel einer Handlung aus und werden mit der Konjunktion „damit" eingeleitet:

Damit <u>der Weg</u> aus der Sucht gelingen **kann**, würde <u>ich</u> als Apothekerin professionelle Hilfe anbieten.

👍 Finalsätze sind Nebensätze, d. h. das Verb steht am Satzende. Im obigen Beispiel haben Final- und Hauptsatz **verschiedene Subjekte**, es kann aber auch **Subjektgleichheit** bestehen:

Damit <u>Sie</u> aus der Sucht befreit **werden**, müssen <u>Sie</u> in einer Apotheke professionelle Hilfe suchen.

👍 Bei gleichem Subjekt kann man auch die Konstruktion „um ... zu + Infinitiv" verwenden:

Oft reicht <u>ein kleiner Funke</u>, **um** den dürren Unterwuchs in Brand **zu setzen** und wertvollen Wald **zu vernichten**, Tiere **zu gefährden** und andere Personen in Gefahr **zu bringen**.

✎ **Aufgabe 2:** *Verbinden Sie die beiden Sätze, indem Sie einen Finalsatz mit „damit" und/oder „um ... zu + Infinitiv" bilden. Überlegen Sie bei jedem Satz, ob Subjektgleichheit oder -ungleichheit besteht. Das Beispiel im ersten Satz hilft.*

1 Willi will sich endlich das Rauchen abgewöhnen und hat sich für die sogenannte „Schlusspunkt-methode" entschieden.

_____ *er sich endlich das Rauchen* _____*, hat sich Willi für die soge-nannte „Schlusspunktmethode" entschieden.*

_____ *sich endlich das Rauchen* _____*, hat sich Willi für die sogenannte „Schlusspunktmethode" entschieden.*

2 Wenn man von der Zigarette loskommen will, muss man zwei Dinge gleichzeitig schaffen.

_____

_____

3 Du willst bessere Lebensqualität genießen? Dazu kann ich dir viele gute Tipps geben.

_____

4 Wer der Versuchung des Rauchens erfolgreich widerstehen möchte, braucht sehr viel Selbstsicherheit.

_____

_____

5 Die Gesundheit darf nicht in Gefahr gebracht werden, die Atemwege und das Herz-Kreislauf-System müssen geschützt werden.

_____

_____

6 Die Zahl der Sterbefälle infolge Rauchens muss gesenkt werden. Dazu müssen die Verantwortlichen drastische Maßnahmen treffen.

_____

_____

Grammatik

7 In einem Hotel kann ein sogenannter „Raucherraum" freigegeben werden, vorher muss er aber durch die Behörde inspiziert werden.

_____

_____

8 Raucher dürfen keinen unbeabsichtigten Waldbrand verursachen, deswegen dürfen sie keine Zigarettenstummel achtlos wegwerfen.

_____

_____

> **Kausalsätze mit „weil, denn, da"**

 Kausalsätze geben den Grund einer Handlung an und werden meistens mit „weil" eingeleitet:

Ich rauche nicht, **weil** ich es für dumm und gefährlich **halte**.

Der „weil"-Satz steht meistens hinter dem Hauptsatz, kann aber auch davor stehen:

Weil ich es für dumm und gefährlich **halte**, rauche ich nicht.

Kausalsätze können auch mit der Konjunktion „denn" eingeleitet werden:

Tatsächlich ist es gar nicht so einfach, dauerhaft von der Zigarette loszukommen, **denn** man **muss** zwei Dinge gleichzeitig schaffen.

Sätze mit „denn" sind, wie wir sehen, Hauptsätze. Natürlich kann man denselben Inhalt mit einem „weil"-Satz ausdrücken:

Tatsächlich ist es gar nicht so einfach, dauerhaft von der Zigarette loszukommen, **weil** man dann zwei Dinge gleichzeitig schaffen **muss**.

Doch anders als bei „weil"-Sätzen können Kausalsätze mit „denn" nicht am Anfang einer Satzperiode stehen.

Kausalsätze können schließlich auch mit „da" eingeleitet werden, falls der Grund schon bekannt, offensichtlich und eher unbedeutend ist:

Da ich Biologe von Beruf **bin**, verbringe ich viel Zeit in der Natur.

Grammatisch korrekt wäre auch:

Weil ich Biologe von Beruf **bin**, verbringe ich viel Zeit in der Natur.

Ich verbringe viel Zeit in der Natur, **weil** ich Biologe von Beruf **bin**.

Ich verbringe viel Zeit in der Natur, **denn** ich **bin** Biologe von Beruf.

Aufgabe 3: *Verbinden Sie die beiden Sätze, indem Sie Kausalsätze mit „weil", „denn" oder „da"
bilden. Überlegen Sie jedes Mal, welcher Satz stilistisch besser passt.*

1 Österreich hält einen traurigen Rekord. Hierzulande rauchen laut Statistik die meisten Jugendlichen
der Welt.

Österreich hält einen traurigen Rekord, weil _____

Österreich hält einen traurigen Rekord, denn _____

2 Ich bin ein freiheitsliebender Mensch. Ich halte die vielen Vorschriften und Verbote für übertrieben.

Da _____

Weil _____

3 Rauchen schadet der Gesundheit; die Haut altert dadurch frühzeitig.

_____

_____

4 Die anderen rauchen am Stammtisch immer. Gloria und ihr Mann rauchen mit.

_____

_____

5 Ein Raucher hatte eine brennende Zigarette achtlos weggeworfen. Ein großer Waldbrand brach aus.

_____

_____

6 Raucher brauchen meiner Ansicht nach professionelle Hilfe. Rauchen ist keine schlechte Gewohnheit, sondern eine Sucht.

_____

_____

7 Viele fordern ein generelles Rauchverbot in geschlossenen Räumen. Man will die Gesundheit der
Nichtraucher schützen.

_____

_____

8 Nikotin ist bekanntlich ein Nervengift. Der Verkauf von nikotinhaltigen Produkten sollte verboten werden.

_____

_____

LESEN, Teil 2: Mozart statt Medikamente

 Aufgabe 4: *Diskutieren - argumentieren*

A. In diesem Text geht es um positive Auswirkungen von Musik auf Geist und Körper.
Dabei erhebt sich verständlicherweise folgende Frage:

> Welche weiteren Aktivitäten können das körperliche bzw. seelische Gleichgewicht des Men-
> schen positiv beeinflussen?

△ Überlegen Sie zuerst, welche Aktivitäten Sie für besonders geeignet halten, und notieren Sie ein
paar Stichpunkte.
△ Tragen Sie dann im Plenum Ihre Position vor und begründen Sie sie. Nehmen Sie zu den
Argumenten der anderen Kursteilnehmer Stellung.
△ Stimmen Sie abschließend im Kurs ab: Welche Meinung überwiegt?

Folgende Aktivitäten stehen zur Diskussion:

- ✓ Kreative Hobbys (z. B. Töpfern, Malen etc.)
- ✓ Lesen
- ✓ Kontakt mit der Natur, Spaziergänge etc.
- ✓ Yoga, Meditation
- ✓ ...

B. Wenn Sie Lust und Zeit haben, können Sie das Wichtigste in Form eines formlosen Diskussions-protokolls (mit Einleitung, Hauptteil und Schluss – ca. 150 Wörter) schriftlich zusammenfassen.

Aufgabe 5: *Stellen Sie das jeweils markierte Satzglied an den Satzanfang. Nehmen Sie gegebenenfalls leichte kosmetische Korrekturen vor.*

Dass Musik positive Auswirkung auf Geist und Körper haben kann, ist **unumstritten**. Überraschend ist, **dass die Einsatzbereiche ständig zunehmen**. In manchen Krankenhäusern der Vereinigten Staaten gehört Musik **mittlerweile** zur Standardtherapie. Doch nicht nur als Konsument kann man **von ihrer heilenden Wirkung** profitieren. Auch das Musizieren selbst kann **therapeutische Wirkung** erzielen.

Aufgabe 6: *Formen Sie die folgenden Sätze um, indem Sie die Ausdrücke in Klammern verwenden.*

1 Musiktherapie kann vielfältig eingesetzt werden und wird bei Patienten mit Essstörungen und Angststörungen ebenso angewendet wie bei Menschen, die unter Depressionen leiden.
(zum Einsatz kommen – Anwendung finden – unter Depressionen leidenden)

2 Hören Betroffene vor dem Einschlafen regelmäßig eine speziell dafür zusammengestellte Musik, liegen sie weniger lange wach und schlafen tiefer. (Wenn – bevor – dann)

3 Ein Beispiel dafür sind Kinderlieder, die als Ritual jeden Abend gespielt oder gesungen werden. (man)

4 Während Popmusik als Muntermacher gilt, der stimmungsaufhellend und motivationssteigernd wirkt, steigert klassische Musik die Konzentration und die Gedächtnisleistung und mobilisiert außerdem das Immunsystem. (Stimmung – Motivation – Steigerung – Mobilisierung)

5 Zu laute Musik kann schnell zur Gesundheitsgefährdung werden und Probleme mit dem Hören verursachen. (gefährden – Ursache)

Grammatik   Schreiben

Grammatik - Wortschatz

▶ **„während": einmal so, einmal so**

 „während" ist uns bereits als Präposition mit Genitiv (s. Seite 35) bekannt, es wird aber auch als Konjunktion verwendet, und zwar einmal temporal, um Gleichzeitigkeit auszudrücken (d. h. das Ereignis im Temporalsatz ist zeitgleich mit dem Ereignis im Hauptsatz),

Beispielsweise soll eine App mit spezieller Musik, die man hört, <u>während das Flugzeug auf die Start- und Landebahn rollt</u>, Flugangst lindern können.

und dann auch adversativ, um einen Kontrast / einen Gegensatz zwischen dem Temporal- und dem Hauptsatz auszudrücken:

<u>Während Popmusik als Muntermacher gilt</u>, der stimmungsaufhellend und motivationssteigernd wirkt, steigert klassische Musik die Konzentration und die Gedächtnisleistung und mobilisiert außerdem das Immunsystem.

Aufgabe 7: *Verbinden Sie die beiden Sätze mithilfe von „während".*

1 Bei angemessener Lautstärke erzielt Musik eine heilende Wirkung. Zu laute Musik kann schnell zur Gesundheitsgefährdung werden und Probleme mit dem Hören verursachen.
_____
_____

2 Die Musik im Konzertsaal wurde immer lauter. Das junge Publikum tanzte immer frenetischer.
_____

3 Kinderlieder animieren zum Mitsingen. Rockmusik regt zum Tanzen an.
_____

4 Kinder schlafen in der Regel schnell ein. Erwachsene leiden oft unter Schlafstörungen.
_____

5 Das Smartphone wird an der Steckdose geladen. Ein grünes Lämpchen leuchtet auf.
_____

6 Instrumentalmusik wirkt nachweislich besonders beruhigend. Es spielt überhaupt keine Rolle, ob man die Musik mag oder nicht.
_____
_____

7 Alzheimer-Patienten zeigen oft keine Reaktionen. Beim Hören von Liedern ihrer Jugend können sie sich oft wieder an Ereignisse erinnern.
_____
_____

8 Die Probanden, die an der Studie teilnahmen, hörten eine bestimmte Musik. Ihr Blutdruck sank messbar.
_____
_____

Grammatik

WERKSTATT B2

LESEN, Teil 3: Klinikclowns – Spaßmacher im Krankenhaus

Wortschatz zum Thema

- der Patient, -en / die Patientin, -nen ▪ pflegen ▪ die Pflege ▪ behandeln ▪ die Behandlung

- das Krankenhaus, "-er ▪ im Krankenhaus liegen ▪ die Klinik, -en ▪ das Kinderkrankenhaus, "-er

- das Seniorenheim, -e ▪ körperlich/geistig behindert ▪ die Einrichtung für behinderte Menschen

- der Arzt, "-e ▪ die Ärztin, -nen ▪ Ärzte ohne Grenzen ▪ ehrenamtlich arbeiten

- das Klinikpersonal ▪ der Krankenpfleger, - / die Krankenpflegerin, -nen ▪ die Krankenschwester, -n

- leiden an + DAT / an einer unheilbaren Krankheit ▪ leiden unter + DAT / unter dem feuchten Klima

- (sich) fühlen ▪ die Stimmung ▪ gute / schlechte Stimmung ▪ die Depression ▪ depressiv werden

- sich wohl fühlen ▪ die Besserung ▪ heilen ▪ die Heilung / Genesung

- der Geist ▪ der Körper ▪ der Organismus ▪ das Immunsystem (stärken) ▪ das Herz ▪ der Kreislauf

- atmen ▪ die Atmung (verbessern) ▪ der Schmerz, -en ▪ Schmerzen empfinden/lindern

- das Krisengebiet, -e ▪ der Krieg, -e ▪ die Naturkatastrophe, -n ▪ die Armut ▪ das Elend

- die Situation (verbessern) ▪ das Krankheitsbild (verfolgen) ▪ die Untersuchung (durchführen)

- die Medizin ▪ das Medikament, -e ▪ Medikamente verschreiben/einnehmen

- operieren ▪ die Operation, -en ▪ die Nachuntersuchung ▪ die Entlassung (aus dem Krankenhaus)

- flexibel ▪ die Flexibilität ▪ sich anpassen an + AKK ▪ eingehen auf + AKK

- sensibel ▪ die Sensibilität ▪ die Emotion, -en ▪ emotional ▪ emotionalen Abstand wahren

- die Kraft ▪ kräftigen ▪ improvisieren ▪ das Improvisationstalent

- belasten ▪ die (psychische) Belastung ▪ entlasten ▪ die Entlastung

✎ Aufgabe 8:

Gibt es auch in Ihrem Land Klinikclowns oder Ähnliches? Fragen Sie in Ihrem Bekanntenkreis nach und recherchieren Sie im Internet. Berichten Sie anschließend im Plenum.

▶ **Relativpronomen im Genitiv**

	SINGULAR			PLURAL
	maskulin	feminin	neutral	
Nominativ	der	die	das	die
Akkusativ	den	die	das	die
Dativ	dem	der	dem	denen
Genitiv	dessen	deren	dessen	deren

Sehen Sie sich die folgenden Sätze genau an und ergänzen Sie dann die Regel.

> Ihr geistiger Vater ist der Arzt Patch Adams, **dessen Geschichte** in Hollywood mit Robin Williams in der Hauptrolle verfilmt wurde.
>
> Noch vor 20 Jahren gab es Ärzte, **deren Einstellung** zur Arbeit der Klinikclowns eher zurückhaltend war.

Das Relativpronomen im Genitiv bezieht sich nach _____ und Numerus auf ein Nomen im vorhergehenden Satz.

Das Nomen hinter dem Relativpronomen im Genitiv steht _____ Artikel.

✎ **Aufgabe 9:** *Verbinden Sie die beiden Sätze, indem Sie einen Relativsatz mit dem Pronomen im Genitiv bilden.*

1 Die „Spaßmacher vom Dienst" sind überall besonders beliebt. Das Einsatzgebiet der Spaßmacher beschränkt sich nicht auf feste Einrichtungen.

Die „Spaßmacher vom Dienst", _____ Einsatzgebiet sich nicht auf feste Einrich-tungen beschränkt, sind überall besonders beliebt.

2 ‚Clowns ohne Grenzen' reisen ehrenamtlich in Krisengebiete überall auf der Welt. Ihr Aufgaben-bereich ist dem von ‚Ärzte ohne Grenzen' ähnlich.

‚Clowns ohne Grenzen', _____ Aufgabenbereich dem von ‚Ärzte ohne Grenzen' ähnlich ist, reisen …

3 Ein Klinikclown arbeitet nur ganz selten ausschließlich als solcher. Die psychische Belastung wäre sonst einfach zu groß für den Klinikclown.

_____

4 Klinikclowns sind wertvolle Mitarbeiter. Ihre medizinische Aufgabe ist die Kräftigung des Organismus.

_____

5 Auf diese Weise wird das Klinikpersonal entlastet. Die Zusammenarbeit des Personals mit den Klinikclowns basiert auf gegenseitigem Vertrauen.

_____

6 Jeder Clown ist nun mal anders. Der Stil des Clowns passt zu seinem Charakter.

_____

7 Clowns passen sich problemlos an die jeweilige Situation an. Flexibilität und Sensibilität sind ihre wichtigsten Eigenschaften.

_____

8. Herr Rentsch freute sich immer auf den Besuch seines Lieblingsclowns. Sein langer Krankenhaus-aufenthalt hatte ihn depressiv werden lassen.

_____

Grammatik

▶ **„sogenannt-" – ein häufig gebrauchtes nützliches Adjektiv**

Dieses Adjektiv drückt eine besondere, allgemein gebräuchliche Bezeichnung aus. Ob sie auch stimmt, das sei dahingestellt:

Genau deswegen gibt es die **sogenannten** Klinikclowns. (= Clowns, die man Klinikclowns nennt)

In Kinderkrankenhäusern, Seniorenheimen und Einrichtungen für behinderte Menschen sorgen die **sogenannten** „Spaßmacher vom Dienst" für gute Stimmung. (= Personen, die man als „Spaßmacher vom Dienst" bezeichnet)

Aufgabe 10: *Ergänzen Sie sinngemäß mithilfe von „sogenannt-". Achten Sie auf die Endung!*

1 Als Entwicklungsland, das sich allmählich dem Stand eines Industriestaates nähert, gehört Bigonien nunmehr zu den _____ „Schwellenländern".

2 Der _____ „saure Regen" war damals die größte Gefahr für die Wälder in Deutschland.

3 Lange Zeit stand das Land unter der Aufsicht seiner Gläubiger, der _____ „Troika ".

4 In der Zeit des Kalten Krieges trennte der _____ „Eiserne Vorhang" den Westen vom Ostblock.

5 Bei der _____ „Jamaikakoalition" handelt es sich um ein Bündnis der CDU/CSU, der FDP und der Grünen.

6 Für 2020 war der Austritt Großbritanniens aus der EU geplant, der _____ „Brexit".

7 Deutsch, Mathe, Physik und Geschichte zählen zu den _____ Pflichtfächern.

8 Otto von Bismarck, der _____ „Eiserne Kanzler", führte mehrere soziale Reformen ein.

Aufgabe 11: *Erklären Sie die folgenden zusammengesetzten Nomen.*

1	das Einsatzgebiet	
2	die Hauptrolle	
3	das Immunsystem	
4	das Improvisationstalent	
5	das Klinikpersonal	
6	das Krisengebiet	
7	die Naturkatastrophe	
8	das Seniorenheim	
9	der Spaßmacher	
10	der Störenfried	

LESEN, Teil 4: Ordnung am Arbeitsplatz

 Aufgabe 12: *Einen Forumsbeitrag verfassen*

Nutzen Sie die Meinungsäußerungen a-h auf Seite 81 im Lehrbuch als Grundlage für einen Forumsbeitrag zum Thema „Ordnung am Arbeitsplatz: Muss das sein?". Sie sollen dabei folgende Aspekte behandeln:

- ✓ Warum ist Ordnung am Arbeitsplatz wichtig?
- ✓ Wie wirkt ein unordentlicher Arbeitsplatz auf Mitarbeiter?
- ✓ (Warum) Kann Chaos am Arbeitsplatz manchmal positiv sein?
- ✓ Wie ist Ihre persönliche Einstellung zu diesem Thema?

Lesen Sie zuerst die acht Meinungsäußerungen und markieren Sie die Ihrer Ansicht nach interessantesten Punkte. Ordnen Sie die Punkte in zwei Kategorien ein: Positives – Negatives.
Fassen Sie sich kurz: Mit Einleitung und Schluss sollte Ihre Arbeit die 150 Wörter nicht überschreiten.
Verwenden Sie unbedingt die folgenden Verbindungselemente:

- △ Ein aufgeräumter Arbeitsplatz ist wichtig, (denn …)
- △ Stellen Sie sich vor, Ihr(e) Mitarbeiter(in) ist ein chaotischer Typ:
- △ Allerdings brauchen manche ein kreatives Durcheinander, (wenn …)
- △ Ich persönlich (+Verb)

LESEN, Teil 5: Volkshochschule – Teilnahmebedingungen

> **Das Perfekt – Bildung und Gebrauch**

 Was die Bildung der Perfekt-Formen betrifft, so ist Folgendes zu beachten:

1 Das Perfekt mit „sein" bilden Verben, die eine Ortsveränderung signalisieren (z. B. gehen, ankommen), Verben, die eine Zustandsveränderung ausdrücken (z. B. wachsen, aufwachen), sowie die Verben „sein, werden, bleiben". Alle anderen Verben bilden das Perfekt mit „haben".

2 Sätze mit „Modalverb + Infinitiv" bilden das Perfekt mit „haben + Infinitiv + Infinitiv des Modalverbs":

Thomas **will** an der Volkshochschule Portugiesisch <u>lernen</u>.
Thomas **hat** an der Volkshochschule Portugiesisch <u>lernen</u> **wollen**.

Beachten Sie besonders die Verbstellung im Falle eines Nebensatzes:

Sicher ist, dass Thomas an der Volkshochschule Portugiesisch **hat** <u>lernen</u> **wollen**.
(oder einfacher: … Portugiesisch lernen wollte)

 In Bezug auf den Gebrauch des Perfekts muss Folgendes festgehalten werden:

1 Grundsätzlich gebraucht man das Perfekt, um in der Gegenwart über eine Handlung zu sprechen, die in der Vergangenheit stattgefunden hat und deren Auswirkungen bis in die Gegenwart reichen:

Haben Sie einen unserer Kurse regelmäßig **besucht** und möchten darüber einen Nachweis erhalten, können Sie sich gerne eine Bescheinigung über Ihre Teilnahme ausstellen lassen. Voraussetzung ist, dass Sie mindestens 80% der Veranstaltungstermine **besucht haben**.

2 Um Vergangenes auszudrücken, kann man im Deutschen (bei alltäglichen Dialogen bzw. einer mündlichen Erzählung) das Perfekt sowie auch (in schriftlichen Erzählungen) das Präteritum verwenden:

Hast du die Kursgebühr bereits eingezahlt? -Mist, das habe ich total vergessen!

Gestern bin ich spät aufgestanden und habe den Bus um 10.23 Uhr verpasst. So bin ich mit einer halben Stunde Verspätung zum Unterricht gekommen.

Der Keramik-Kurs **begann** mit den besten Voraussetzungen: nicht zu viele Kursteilnehmer, die alle sehr interessiert **wirkten**, und eine Referentin, die uns von der ersten Stunde an zu motivieren **verstand**. So **gingen** am Ende des Unterrichts alle zufrieden nach Hause.

👍 Beachten Sie bitte auch, dass in der Umgangssprache die Hilfs- und die Modalverben in der Regel im Präteritum und nicht im Perfekt verwendet werden:

Sag mal, hat dein Keramik-Kurs an der Volkshochschule angefangen?

-Ja, vorgestern **war** die erste Stunde, hoch interessant.

Echt? Was hat dir denn so besonders gefallen?

-Die Referentin **war** super freundlich und **konnte** alles gut erklären. Die Zeit ist wie im Flug vergangen.

✎ **Aufgabe 13:**   *Bilden Sie Sätze im Präsens, Präteritum und Perfekt, wo möglich.*

1 (letzten Freitag – der Kurs – nicht stattfinden)

Letzten Freitag _____ der Kurs nicht _____.

Letzten Freitag _____ der Kurs nicht _____.

2 (Florian – können – gerade noch – einen Platz im Informatikseminar für Anfänger – buchen)

_____

_____

3 (Britta – müssen – aus beruflichen Gründen – vom Ikebana-Kurs – sich abmelden)

_____

_____

4 (vor der Einschreibung – Olaf – lassen [!] – ausführlich – über alles – sich beraten)

_____

_____

5 (viele Teilnehmer – testen – ihre Kompetenz – von zu Hause aus online)

_____

_____

6 (zum Glück – die Anmeldung – können – ganz einfach per E-Mail – erfolgen)

_____

_____

7 (Johanna hat mir erzählt, dass – sie – wollen – viel früher – mit dem Seminarbesuch aufhören)

_____

_____

8 (Sie hat hinzugefügt, dass – die eingezahlte Kursgebühr – noch nicht – zurückerstattet werden)

_____

> **Die syntaktische Funktion der Nomen im Satz**

1 Im Nominativ steht in der Regel das Subjekt des Satzes.

2 Das Objekt steht im Akkusativ, manchmal auch im Dativ.

3 In präpositionalen Angaben wird Akkusativ, Dativ und manchmal auch der Genitiv gebraucht.

4 Der Genitiv findet vor allem in Genitivattributen Verwendung.

Aufgabe 14: *Sehen Sie sich die folgenden Abschnitte an und überlegen Sie, welche Funktion die markierten Nomen jeweils haben.*

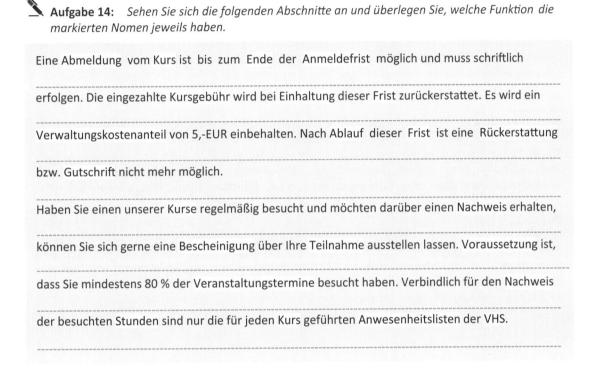

Eine Abmeldung vom Kurs ist bis zum Ende der Anmeldefrist möglich und muss schriftlich

erfolgen. Die eingezahlte Kursgebühr wird bei Einhaltung dieser Frist zurückerstattet. Es wird ein

Verwaltungskostenanteil von 5,-EUR einbehalten. Nach Ablauf dieser Frist ist eine Rückerstattung

bzw. Gutschrift nicht mehr möglich.

Haben Sie einen unserer Kurse regelmäßig besucht und möchten darüber einen Nachweis erhalten,

können Sie sich gerne eine Bescheinigung über Ihre Teilnahme ausstellen lassen. Voraussetzung ist,

dass Sie mindestens 80 % der Veranstaltungstermine besucht haben. Verbindlich für den Nachweis

der besuchten Stunden sind nur die für jeden Kurs geführten Anwesenheitslisten der VHS.

HÖREN, Teil 2: Gerecht teilen lernen

 Aufgabe 15: *Über ein Thema diskutieren*

Sind Sie eher ein Mensch, der seine Sachen problemlos mit anderen teilt, oder ist Ihnen Ihr Eigentum heilig? Diskutieren Sie darüber mit den anderen Kursteilnehmern. Sie können dabei auf die folgenden sprachlichen Mittel zurückgreifen:

- Ich persönlich ...
- Ich kenne aber auch Leute, die ...
- Was ich ungern mit anderen teilen würde: ...
- Als Kind habe ich ...
- Ein wichtiger Faktor beim Teilen ist, ...

Grammatik

Sprechen

Aufgabe 16: *Fügen Sie im folgenden Text die Fragen a-h in die jeweils richtige Position 1-6 ein. Zwei Fragen bleiben übrig.*

(1) _____

„Teilen" ist ein Thema, denn während Erwachsene gerecht teilen können, wollen kleine Kinder meist das Beste für sich. Dieses Verhalten ist angeboren. Gegen diesen Instinkt zu handeln und anderen freiwillig von seinem Besitz abzugeben, ist dagegen ein soziales Verhalten, das erst mühsam erlernt werden muss.

(2) _____

Kinder zwischen einem und drei Jahren identifizieren sich stark über Dinge, an denen sie hängen, etwa über ihr Kuscheltier oder ihr Spielzeug. Sie glauben, Dinge gehörten ihnen nicht nur, sondern sie seien ein Teil ihrer Persönlichkeit. So ist ein Kleinkind der Meinung, der Teddy in seinem Arm gehöre untrennbar zu ihm. Nimmt ihm jemand den Teddy weg, fühlt sich das Kind selbst bedroht.

(3) _____

Um freiwillig einem anderen etwas von seinem Besitz abzugeben, muss sich das Kind vorstellen können, wie sich sein Gegenüber fühlt. Ist es traurig, weil es das Spielzeug nicht haben kann? Erst wenn Kinder ein Gespür dafür entwickeln, was in einem anderen vorgeht, können sie mitfühlend handeln und z. B. freiwillig etwas abgeben. Das zum Teilen nötige Einfühlungsvermögen entwickelt sich jedoch frühestens ab einem Alter von drei Jahren. Mit dem Charakter des Kindes an sich hat es nur wenig zu tun.

(4) _____

Zugegeben, freigiebig zu teilen oder Dinge zu verleihen, ist nicht nur eine Frage des sozialen Trainings, sondern auch der Persönlichkeit – der eine ist eben großzügiger, während der andere sein Eigentum gar nicht gern teilt. Ich stelle aber immer wieder fest, es kommt auch auf die frühkindlichen Erfahrungen an. So sind diejenigen Kinder meist großzügiger, die von ihren Eltern immer das bekamen, was sie gerade brauchten. Wer immer genug hatte, tut sich mit dem Teilen später meist leichter.

(5) _____

Ganz klar: Wenn sich zwei kleine Kinder um ein Spielzeug streiten, ist es die denkbar schlechteste Lösung, wenn Sie Ihr Kind zum Teilen zwingen wollen. Dann wird es seinen Besitz zukünftig nur umso stärker verteidigen. Auch gilt es als erwiesen, dass die Aussicht auf eine Belohnung Kinder nicht nachhaltig zum Abgeben und Verleihen motiviert. Sobald die Belohnung mal ausbleibt, ist die Bereitschaft zum Teilen auch schnell wieder verschwunden.

(6) _____

Sie sollten erst einmal abwarten, ob die Kinder nicht selbst zu einer Lösung kommen. Will Ihr Kind mit einem Spielzeug eines anderen Kindes spielen, so muss es vorher fragen, ob es dieses Spielzeug haben darf. Und es muss gegebenenfalls ein Nein akzeptieren, wenn der Besitzer es nicht teilen will – auch wenn es schwerfällt. Doch das ist Übungssache.

a Aber auch als Erwachsene teilen wir nicht gleich gern. Welche anderen Faktoren spielen denn eine Rolle?
b Also müssen die Kinder Teilen erst lernen. Welches sind denn die Voraussetzungen?
c Etwa Geschwister?
d Ist „Teilen" wirklich ein Thema?
e Kann man denn ein Kind zum Teilen zwingen?
f Spielt das Geschlecht eine Rolle, teilen Männer großzügiger als Frauen oder umgekehrt?
g Warum fällt Kleinkindern das Teilen denn so schwer?
h Welchen Ratschlag geben Sie in diesem Falle den Eltern?

Sprechen

Grammatik

HÖREN, Teil 3: Der Weg zur Arbeit

 Aufgabe 17: *Thema „Pendler "*

Leute, die innerhalb eines Tages zwischen zwei Orten pendeln, nennt man Pendler.

Überlegen Sie:
a) Der eine Punkt ist sicher der Wohnort.
   Was kann nun der zweite Punkt sein?
b) Aus welchem Grund kann man gezwungen
   sein jeden Tag zwischen A und B zu pendeln?
c) Welche Verkehrsmittel kommen für einen
   Pendler in Frage? Wie lange kann die Fahrt
   dauern?
d) Welche Vorteile und welche Nachteile sehen
   Sie? Diskutieren Sie im Kurs.

Aufgabe 18: *Wichtige Aussagen in einem Text verstehen*

Bringen Sie die folgenden Sätze in eine sinnvolle Reihenfolge. Setzen Sie die erforderlichen Satzzeichen.

Satz 1: (a) Früher bin ich auch mit dem Auto gefahren
        (b) so dass es keine Alternative zum Auto gab
        (c) aber das lag eher daran
        (d) und die Busverbindungen in die Stadt sehr schlecht waren
        (e) dass wir auf dem Land gewohnt haben
        ...(a).. / .... / .... / .... / ....

Satz 2: (a) Eigentlich wollte ich schon seit Jahren nach Freiburg ziehen
        (b) und so dachte ich mir
        (c) denn dann spare ich darüber hinaus die Kosten für die Wohngemeinschaft
        (d) aber in der Innenstadt lässt sich nichts Passendes finden
        (e) und gebe mein Geld für andere Dinge aus
        (f) wenn ich schon nichts Bezahlbares in den zentral gelegenen Stadtteilen Freiburgs finde
        (g) kann ich genauso gut in Offenburg bei meinen Eltern bleiben
        ...(a).. / .... / .... / .... / .... / .... / ....

Satz 3: (a) Fragt man Pendler
        (b) auf dem Laptop Texte schreiben
        (c) dann antworten die meisten
        (d) dass sie Zeitung lesen
        (e) in einem Buch schmökern
        (f) oder vielleicht sogar eine Fremdsprache lernen
        (g) womit sie sich während ihrer täglichen Hin- und Rückfahrten die Zeit vertreiben
        ...(a).. / .... / .... / .... / .... / .... / ....

Sprechen

HÖREN, Teil 4: Gesundheit und bessere Lebensqualität im Alter

✎ **Aufgabe 19:** *Standpunkte austauschen*

Sehen Sie sich die beiden Bilder an und diskutieren Sie über die folgende These:

> „Ältere Menschen müssen, wenn sie sich sportlich betätigen, vorsichtig sein; ihr Körper darf nicht belastet werden."

Sie können bei der Diskussion wie folgt argumentieren:
- Ich meine / Ich bin der Ansicht / Ich glaube, dass …
- Ich bin fest davon überzeugt, dass …
- Da muss ich widersprechen: …
- Das meine ich / Der Meinung bin ich auch.
- Ein Beispiel aus eigener Erfahrung: …

Die folgenden Stichpunkte können auch helfen:
- Ab 60 geht die Muskelkraft kontinuierlich zurück.
- Der Körper muss ständig stimuliert und sinnvoll genutzt werden.
- Regelmäßiges Training ist auch in höherem Alter möglich.
- Bessere Durchblutung des Gehirns beugt Depressionen vor.
- Entspannung und Stressbewältigung erhöhen die Lebensqualität.
- Muskeltraining ist erst dann ratsam, wenn gesundheitliche Probleme auftreten.

SCHREIBEN, Teil 1: Erfolg im Beruf und die sogenannte „große Karriere"

Sprachliche Mittel

Ihre Meinung zur Bedeutung des Erfolgs im Beruf:
- Erfolg im Beruf haben / jede Chance nutzen / Karriere machen / (nicht) für die Arbeit leben / Opfer für die Karriere bringen / gut verdienen / der Arbeitnehmer / der Arbeitgeber

Faktoren, die den beruflichen Aufstieg beeinflussen:
- sich fortbilden – passende Vorbilder suchen – berufliche Sicherheit anstreben – einen starken Willen haben – ein Ziel / Ziele vor Augen haben – fleißig sein – sich in jeder Situation durchsetzen – Teamgeist entwickeln

Möglichkeiten, wie der Erfolg im Beruf sichergestellt werden kann:
- ein anerkanntes Studium absolvieren – die Persönlichkeit des Arbeitnehmers – über Sozial-kompetenzen verfügen – seine Meinung durchsetzen können – der Schlüssel zum Erfolg ist … – nicht nachlassen

Welche Rolle spielt die Konkurrenz zwischen Mitarbeitern?
- der Kampf um eine bessere Position in der Firma – jemandem / sich selbst etwas beweisen (wollen) – der Streit / die Zusammenarbeit / die Kooperation unter Kollegen – die Belohnung für harte Arbeit

Aufgabe 20: *Über ein Thema diskutieren*

> „Sollte man der Heimat den Rücken kehren, um Karriere zu machen?"

Bei der Diskussion können Sie die folgenden sprachlichen Mittel verwenden:

- Die Misere/Finanzkrise des Heimatlandes veranlasst viele, ihr Glück im Ausland zu suchen – niemand verlässt die Heimat ohne Grund
- viele Akademiker arbeiten nur für einige Jahre im Ausland und kehren wieder zurück in die Heimat – bessere Möglichkeiten zur Weiterbildung – Berufserfahrung sammeln
- keine Lust auf Karriere im Ausland, wenn die allgemeine Lebensqualität stimmt
- es kommt nicht in Frage, die Heimat zu verlassen – die eigene Wirtschaft unterstützen
- zuhause fühlt man sich auch ohne „große Karriere" wohl
- andere Prioritäten setzen – eine Familie gründen
- im Lebenslauf macht sich ein Auslandsaufenthalt gut / ist von Vorteil
- kulturelle Differenzen sollten nicht außer Acht gelassen werden
- nicht einfach, im Ausland eine neue Existenz aufzubauen

SCHREIBEN, Teil 2: Verabschiedung einer Mitarbeiterin in den Ruhestand

- Gemeinsame Zusammenarbeit: eine sehr produktive Zeit – sie war immer kooperativ – eine unvergessliche Zeit – gemeinsam Vieles erlebt – jahrelang im selben Büro
- Planungsgespräch: Nach dem Feierabend eine kurze Versammlung – im Konferenzraum – während der Mittagspause – in der Mitarbeiterküche – in der Cafeteria – nicht von langer Dauer
- Vorschläge zur Verabschiedung: den Chef einladen – etwas vortragen/präsentieren – ein Lied vorsingen – ein Gruppenspiel / eine Gruppenaktivität durchführen – ein passendes Abschiedsgeschenk
- Warum eine besondere Abschiedsfeier: sehr wichtige Person im Unternehmen – hat Vieles in ihrem Bereich / in der Abteilung bewirkt – war eine sehr angenehme Kollegin

Aufgabe 21: *Ihre langjährige Mitarbeiterin hat für die Abschiedsfeier eine kleine Rede geschrieben und bittet Sie darum, diese durchzulesen und eventuelle Fehler zu korrigieren. Finden und korrigieren Sie diese Fehler.*

Liebe **Kolleginnen** und Kollegen,

Nun ist es soweit: Ich gehe in Pension, ab morgen ich bin Rentnerin.

Mit diesem neuen Abschnitt in mein Leben kommen viele Dinge auf

mich zu, die sehr neu für mich sind und auf denen ich mich auch freue.

Das Arbeitsleben würde ich hoffentlich nicht vermissen, ihr werdet mir

dafür umso sehr fehlen. Egal ob Probleme oder Erfolge, wir haben

immer als Team zusammen gearbeiten, und ich werde mich immer

gerne an die Arbeit mit euch erinnern. Ich danke euch alle für die

schönen Jahre, aus der die eine oder andere tiefe Freundschaft

hervorgegangen ist. Auch in Namen meiner Familie möchte ich mich

bei euch allen für die gelungen Abschiedsfeier bedanken.

Nochmals vielen Dank!

0	Kolleginnen
1	_____
2	_____
3	_____
4	_____
5	_____
6	_____
7	_____
8	_____
9	_____
10	_____

Sprachliche Mittel

SPRECHEN, Teil 1

◉ Getrennte Schulen für Jungen und Mädchen

- geschlechtergerechte Erziehung – in gemischten Klassen keine gleichen Bildungschancen – bessere/schlechtere Zusammenarbeit – Konflikte vermeiden – Kinder fühlen sich freier
- in meinem Heimatland ist die Situation anders/gleich – das Bildungsministerium – das Bildungssystem – die Erziehung – die Eltern
- Meiner Meinung nach – Ich tendiere eher zur Ansicht, dass ... – Aus eigener Erfahrung kann ich sagen – Ich plädiere für ...

Fragen zum Thema:

   a. Wie wird die Situation in Zukunft sein?

   b. Sind getrennte Schulen wirklich altmodisch? Begründen Sie.

◉ „YouTuber" als Beruf

- Videos drehen – verschiedene Produkte testen – viel am Computer arbeiten – Filme bearbeiten/schneiden – „Tutorials" anfertigen
- keine Garantie für den Erfolg – sehr hohe Einnahmen – hohe Anzahl von Fans – Zusammenarbeit mit Unternehmen – Werbeverträge für Produkte
- Filmproduzent/in – Marketingmanager/in: in der Lage sein, das Umfeld in den sozialen Netzwerken zu beeinflussen – insbesondere jüngere Zielgruppen erreichen – Modetrends vorstellen – für Produkte (direkt oder indirekt) werben

Fragen zum Thema:

   a. Wie sicher ist der Beruf eines YouTubers / einer YouTuberin?

   b. Welche zukünftigen Perspektiven hat dieser Beruf?

◉ Erneuerbare Energie

- Stromerzeugung aus erneuerbaren Energien auf dem Vormarsch – die Solarenergie / Sonnenenergie – die Wasserenergie – die Windenergie – die Kernenergie – das Erdgas – die Biomasse – die Photovoltaik
- „grüne" Energieformen – die Windmühlen – die Turbinen – importierte Rohstoffe – der Müll – die Verbrennung – Sonnenenergie ist wetterabhängig – der Kollektor, -en – große Flächen benötigen
- teure Investition – umweltfreundlich – aufwändige Installation – Wind lässt sich nicht speichern / muss sofort in Strom umgewandelt werden

Fragen zum Thema:

   a. Warum ist erneuerbare Energie oft mit hohen Kosten verbunden?

   b. Welche Energieform ist die umweltfreundlichste und warum?

◉ Musik und Filme online genießen

- Filme zu Hause sehen – online „streamen" – sich bei einem Anbieter / auf einer Plattform registrieren – ein Abonnement abschließen – Filme runterladen/downloaden
- eine schnelle Internetverbindung benötigen – nicht alle Streaming-Seiten sind legal – umfangreiches Angebot nutzen
- ohne Internet keine Wiedergabe möglich – Anmeldung beim Anbieter ist erforderlich – Musik kann auch offline gehört werden – gemütlicher als ... – bessere Qualität – online überall abrufbar

Fragen zum Thema:

   a. Welcher Streaming-Anbieter ist der bekannteste/beliebteste?

   b. Kann diese Art von Unterhaltung auch zur Isolation führen?

SPRECHEN, Teil 2: Sollten Haustiere von Zoohandlungen gekauft oder aus dem Tierheim adoptiert werden?

Sind Haustiere von Großhändlern oft krank und nicht geimpft?

- Herkunft der Tiere oft nicht sicher / ungewiss
- Tiere oft nicht tierärztlich betreut / nicht geimpft
- Tiere als Massenware gezüchtet

Sind Tierheime geeigneter? Warum (nicht)?

- Man gibt dem Tier die Chance auf ein gutes Zuhause
- weniger Nachfrage bei Tiergeschäften / Handel mit Tieren schrumpft
- Tierheime bieten große Auswahl / unterschiedliche Charaktere / jeder findet „sein" Tier
- Möglichkeit, sich vor dem Kauf ausgiebig mit einem Tier zu beschäftigen
- Gute Beratung notwendig, um sicher zu sein

Was muss man bei der Anschaffung beachten?

- physische und psychische Verfassung des Tieres
- Gesundheit des Tieres ist intakt
- Ein Impfausweis soll vorhanden sein
- Familie und Wohnumstände geeignet für das Tier?

Unterschiede bei der Beratung und Ehrlichkeit?

- Kleine Zoogeschäfte bürgen mit ihrem Namen / scheinen zuverlässiger zu sein
- Große Tierhandlungen: zu wenig Personal / ungenügende Beratung
- „Ladenhüter" / schlecht verkäufliche Tiere werden zuerst angeboten
- Tierheim benutzt Fragebogen zur Tiervermittlung

Weitere Diskussionspunkte:

- „Sich Kleintiere zu halten ist Tierquälerei": Richtig oder falsch?
- Vermieter sollten das Halten von Haustieren nicht verbieten dürfen.

Test **5**

LESEN, Teil 1: Haustiere

Wortschatz zum Thema

- das Tier, -e ▪ das Haustier, -e ▪ ein Haustier halten ▪ sich ein Haustier anschaffen ▪ der Tierhalter, -
- das Tierheim, -e ▪ adoptieren ▪ der Tierarzt
- die Pflege ▪ pflegen ▪ das Futter ▪ füttern
- sich kümmern um + AKK ▪ sich beschäftigen mit + DAT ▪ die Beschäftigung
- die Katze, -n ▪ der Hund, -e ▪ der Kanarienvogel, "- ▪ die Schildkröte, -n ▪ der Papagei, -en
- das Aquarium ▪ der Fisch, -e
- der Park ▪ der Garten ▪ der Wald ▪ die Bewegung
- belasten ▪ die Belastung, -en ▪ die Pflicht, -en ▪ verpflichtet sein zu + Infinitiv
- Zeit brauchen ▪ keine Zeit haben für + AKK
- ein Tier misshandeln ▪ die Tierquälerei ▪ ein Haustier aussetzen
- berufstätig sein ▪ der Berufstätige, -n ▪ stressiger Arbeitstag
- Kinder und Senioren (Pl.) ▪ der Partner ▪ der Begleiter ▪ begleiten
- jmdm. Gesellschaft leisten ▪ Gesellschaft haben ▪ entspannen ▪ die Entspannung
- krank werden ▪ launisch sein ▪ einen schlechten Charakter haben ▪ unerwünschte Verhaltensweisen zeigen
- das Lebewesen, - ▪ das Familienmitglied, -er ▪ die Bindung zum Tier
- der Trost ▪ trösten ▪ Linderung verschaffen
- sich allein/einsam fühlen ▪ die Einsamkeit / das Alleinsein ▪ die Depression
- der Verlust = der Tod ▪ jmdn. hart treffen

Aufgabe 1: *Ergänzen Sie den folgenden Lückentext mit Wörtern aus der Liste oben.*

Wer sich ein (1) _____ anschafft, muss dafür sorgen, dass es (2) _____ und gefüttert wird. Wenn das Tier krank wird, muss es zum (3) _____ gebracht werden. Für Kinder und (4) _____ ist ein Haustier der ideale Begleiter, es (5) _____ ihnen Gesellschaft und wird mit der Zeit zum festen (6) _____. Wie kommt man aber zu einem Haustier? Am besten (7) _____ man ein Tier aus dem (8) _____, dort leben Tiere, die vielleicht (9) _____ oder einfach ausgesetzt wurden, weil man keine (10) _____ mehr für sie hatte.

Aufgabe 2: *Einen Steckbrief anfertigen*

Haben oder hatten Sie vielleicht ein Haustier? Dann fertigen Sie einen Steckbrief an, mit Foto, Namen, typischen Merkmalen und ein paar Sätzen zu Ihrem Verhältnis zu diesem Haustier. Heften Sie die Steckbriefe im Klassenzimmer an die Wand. Am Ende des Unterrichts präsentiert dann jedes Mal ein Kursteilnehmer sein Haustier.

Wortschatz

Projekt

© Praxis

▶ Infinitivsätze

Eine Freundin gab mir den Ratschlag, mir ein Haustier anzuschaffen.

👎 Wenn ein Infinitiv von einem Objekt oder einer Ergänzung begleitet wird, spricht man von einem „Infinitivsatz". Der Infinitivsatz kann (muss aber nicht) durch ein Komma vom Hauptsatz getrennt werden.

👎 Achtung! Ein Infinitivsatz enthält kein Subjekt. Es gibt folgende zwei Möglichkeiten:

✓ Das Subjekt des Hauptsatzes ist zugleich Subjekt des Infinitivs:

Spontan fasste ich den Entschluss, mir ein Haustier anzuschaffen.

✓ Das Objekt des Hauptsatzes ist zugleich Subjekt des Infinitivs:

Eine Freundin gab mir den Ratschlag, mir ein Haustier anzuschaffen.

👎 Einige Verben brauchen ein sogenanntes „Korrelat" (z. B. das Pronomen „es" oder ein Pronominaladverb „da(r)+Präposition", um mit einem Infinitivsatz verbunden werden zu können:

Ich liebe Tiere über alles und habe oft daran gedacht, mir einen Hund zu besorgen.

✎ **Aufgabe 3:** *Bilden Sie Infinitivsätze mit Hilfe der Wörter in Klammern.*

1 (Katze – füttern – zweimal pro Tag) Luisa vergisst nie, …
   Luisa vergisst nie, ihre Katze zweimal pro Tag _____.

2 (Kanarienvogel – aufpassen – während seiner Abwesenheit) Samuel hatte mich gebeten, …
   _____

3 (Tier aus dem Tierheim – adoptieren) Leider ziehen es nur wenige vor, …
   _____

4 (Haustier für meine Tochter – zu ihrem Geburtstag – auswählen) Ich überlasse es dir, …
   _____

5 (Depression – mit Hilfe eines Haustiers – bekämpfen) Doktor Berg riet Frau Debel, …
   _____

6 (mit einem Haustier in der Wohnung – sich einsam fühlen – nicht mehr) Ella hoffte, …
   _____

7 (Haus am Stadtrand – gefallen – Wohnung in der Stadtmitte – besser) Unserem Hund scheint …
   _____

8 (Fische im Aquarium – sorgen können – nicht richtig) Sebastian hatte Angst, …
   _____

9 (Hund – morgens und abends – zehn Minuten lang – Gassi führen) Du kannst dich doch nicht bloß
   darauf beschränken, …
   _____

10 (kranke alte Tiere – ein Zuhause bieten) Unser Verein bemüht sich, …
   _____

▶ **Die Doppelkonjunktionen „sowohl ... als auch" und „weder ... noch"**

Beide Doppelkonjunktionen verbinden Satzteile miteinander.

👍 Die Doppelkonjunktion „sowohl ... als auch" verbindet zwei existierende Möglichkeiten miteinander, drückt also aus, dass beides richtig ist:

Ein Tier ist ein Lebewesen, es kann sowohl **krank werden** als auch **launisch sein**.

👍 Die Doppelkonjunktion „weder ... noch" schließt dagegen beide Möglichkeiten aus, drückt also aus, dass beides falsch ist:

Weder **dem Menschen** noch **dem Tier** ist nämlich geholfen, wenn man nach kurzer Zeit feststellt, dass man der Aufgabe nicht gewachsen ist.

✏️ **Aufgabe 4:** *Überlegen Sie, welche Doppelkonjunktion jeweils sinngemäß besser passt und bilden Sie Sätze mit „sowohl ... als auch" bzw. „weder ... noch".*

1 Arbeitsalltag – Familienleben – oft anstrengend genug sein können

_____ der Arbeitsalltag _____ das Familienleben können oft anstrengend genug sein.

2 Mit der Haltung eines Tieres – frohe Momente – konkrete Pflichten – verbunden sein

_____

3 Alle Mitarbeiter mögen Simon – weil – launisch – egoistisch sein

_____

4 Ein Haustier kann – Trost in der Einsamkeit – treuer Begleiter durchs Leben sein

_____

5 Katzen – Hunde – so alt wie wir Menschen werden

_____

6 Obwohl Paulina einsam sein – wollen – sich ein Haustier anschaffen – Mitglied in einem Freizeit-verein werden

_____

_____

7 Meiner Ansicht nach – alleinlebende Berufstätige – Vielreisende – geeignete Haustierbesitzer

_____

8 Für mich in Frage kommen – bezahlte Hundebetreuung – Gassi-Dienst – ich möchte für mein Haus-tier selber sorgen können

_____

_____

LESEN, Teil 2: Wie Sie Lügner entlarven können

 Aufgabe 5: *Körpersprache richtig deuten*

Wie gut können Sie die Körpersprache Ihres Chefs/Vorgesetzten deuten? Lesen Sie die Beschreibung der folgenden Situationen genau durch und entscheiden Sie dann, ob es sich jeweils um ein positives oder negatives Zeichen handelt. Diskutieren Sie mit den anderen Kursteilnehmern

		🙂	🙁
1	Er bleibt stehen, wenn Sie sitzen.		
2	Er spielt mit dem Stift, der Brille, dem Handy.		
3	Er zeigt seine offenen Hände, womöglich sogar seine Handflächen.		
4	Er breitet Papiere, seine Unterlagen vor Ihnen aus.		
5	Er kratzt sich am Kopf oder der Nase, während Sie reden.		
6	Er blickt zu Ihnen über seine Schulter.		
7	Er hält den Kopf schräg, wenn er mit Ihnen spricht.		
8	Er verschränkt im Gespräch seine Arme oder stützt sie in seine Hüften.		

Aufgabe 6: *Zusammengesetzte Nomen*

Bilden Sie mit Hilfe der Wörter im Kasten sechs zusammengesetzte Nomen. Vergessen Sie den Artikel nicht! Zwei Wörter bleiben übrig.

das Auge	die Bewegung	die Gabe	das Leben	der Sinn
der Ausdruck	blinzeln	das Gesicht	die Rede	zusammen
die Beobachtung	durch	der Körper	scharf	

_____   _____

_____   _____

_____   _____

Aufgabe 7: *Welches Substantiv steckt in jedem der folgenden Verben? Mit Artikel bitte!*

aufdecken		gestikulieren	
benachteiligen		signalisieren	
beschuldigen		steuern	

Grammatik

✎ **Aufgabe 8:** *Formen Sie die unterstrichenen Adjektive auf „-bar" wie im Beispiel um.*

0 Vergiss es, das ist einfach nicht machbar!

Vergiss es, das ist einfach nicht zu machen!

1 Ein Allroundspieler ist auf verschiedenen Posten einsetzbar, daher besonders wertvoll.

2 Der Schuss ins obere Eck war unhaltbar, 1:0 für Gladbach!

3 Diese spontanen Bewegungen sind für das bloße Auge kaum sichtbar.

4 Selbst für geübte Lügner sind sie nämlich nur schwer steuerbar.

5 Manchmal ist es nur ein Augenblinzeln, kaum wahrnehmbar.

> **Konsekutivsätze mit „so dass"**

👍 Konsekutivsätze werden mit „so dass" eingeleitet und drücken die Konsequenz / das Ergebnis einer Handlung aus, die im Hauptsatz steht:

27 Muskeln steuern unsere Mimik, so dass wir zu rund 7.000 verschiedenen Gesichtsausdrücken fähig sind.

Bezieht sich „so" auf ein Adjektiv / ein Adverb im Hauptsatz, so steht es in der Regel genau davor:

Dabei ist Schwindeln so **schwer**, dass es Scharfsinn und Beobachtungsgabe, viel Fantasie und ein gutes Gedächtnis verlangt, um anderen etwas vorzuspielen.

✎ **Aufgabe 9:** *Verbinden Sie die beiden Sätze miteinander, indem Sie einen Konsekutivsatz bilden.*

1 Beim Verhör der Verdächtigen setzte Kommissar Schlau einen raffinierten Trick ein. Der Täter konnte bald entlarvt werden.

2 Jeden Tag erzählt Knut allen Leuten Lügen. Man kann kein Vertrauen zu ihm haben.

3 Manfred ist karrieresüchtig. Er macht seine Kollegen und Kolleginnen ständig schlecht.

4 Als ich das hörte, wurde ich nervös. Ich zitterte am ganzen Körper.

5 Birgit wich ihrem Blick aus. Irma konnte nicht erkennen, ob sie die Wahrheit sagte oder log.

6 Die Reaktion kommt manchmal unglaublich schnell. Man kann ihr mit bloßem Auge nicht folgen.

_____

7 Herr Saucke arbeitet immer mit höchster Konzentration. Seine Arbeit ist in der Regel fehlerlos.

_____

8 Lilly hatte große Angst vor der Prüfung. Sie ließ sich vom Arzt Beruhigungspillen verschreiben.

_____

LESEN, Teil 3: Schätze aus Speichern und Kellern

Wortschatz zum Thema

- der Markt, "-e ▪ der Flohmarkt, "-e / der Trödelmarkt, "-e ▪ der virtuelle Flohmarkt = eBay

- kaufen = erwerben/ersteigern/erstehen

- der Käufer, - ≠ der Verkäufer, - ▪ der Jäger, - ▪ der Sammler, - ▪ der Besitzer, -

- der Preis, -e ▪ preisgünstig ▪ der Wert

- die Ware, -n ▪ der Gegenstand, "-e ▪ das Schnäppchen, - ▪ der Schatz, "-e

- der Altwarenhändler, - / der Trödler, - ▪ die Antiquität, -en

- der Konsum ▪ die Kaufhauskultur ▪ der Lifestyle

- individuell ▪ originell ▪ beliebt ▪ bequem

- der Tante-Emma-Laden, "- ▪ der (kleine) Laden um die Ecke ▪ der Delikatessenladen, "-

- der Supermarkt, "-e ▪ das Kaufhaus, "-er ▪ das Fachgeschäft, -e

- der Wochenmarkt, "-e ▪ der Gemüsemarkt

- die Einkaufsliste ▪ der Einkaufswagen ▪ die Einkaufstasche, -n

- die Tragetasche, -n (aus Papier/Stoff/Kunststoff)

- die Kasse, -n ▪ die Abteilung, -en ▪ der Gang, "-e ▪
  das Preisschild, -er

- die Werbung ▪ die Werbetafel, -n / das Werbeposter, -

- bar / mit (Kredit)Karte / per Online-Überweisung bezahlen

Aufgabe 10: *Machen Sie sich Notizen und erzählen Sie kurz über Ihr Kaufverhalten. Die folgenden Leitpunkte können helfen:*

✓ Was und wo kaufen Sie regelmäßig ein?
✓ Wie bezahlen Sie für Ihre Einkäufe?
✓ Besuchen Sie gern Flohmärkte?
✓ Gibt es solche Märkte an dem Ort, wo Sie wohnen?

▶ **Ausdruck einer Vermutung mithilfe des Futur I und II**

Lesen Sie die folgenden Sätze aufmerksam durch:

Was für die einen eine romantische Zeitreise ist, **werden** andere wohl als ein Fest der Sinne **empfinden**.

Der Satz in Futur I drückt hier keine zukünftige Handlung aus, sondern eine Vermutung, die sich auf die Gegenwart bezieht.

Doch so manch einer **wird** sich schon **gefragt haben**, was eigentlich den Reiz des Trödelns ausmacht.

Hier drückt der Satz in Futur II keine Handlung aus, die in der Zukunft abgeschlossen sein wird, sondern eine Vermutung, die sich auf die Gegenwart oder Vergangenheit bezieht.

Aufgabe 11: *Wandeln Sie die folgenden Aussagen unter Gebrauch von Futur I/II in Vermutungen um.*

1 Auf Flohmärkten suchen viele nach verborgenen Schätzen.

   Auf Flohmärkten _____ viele nach verborgenen Schätzen _____.

2 Ein bisschen Geld hat der Trödler am Ende des Tages verdient.

   Ein bisschen Geld _____ der Trödler am Ende des Tages _____
   _____.

3 Auf einem Flohmarkt genießt man die Atmosphäre und trifft auf nette Menschen.

   _____

4 Alice ist stundenlang über den Trödelmarkt spazieren gegangen.

   _____

5 Neben dem Vergnügen gibt es auch andere Gründe für einen Besuch auf dem Flohmarkt.

   _____

6 Die „Jäger und Sammler" haben bereits um 5 Uhr morgens auf die ersten Verkäufer gewartet.

   _____

7 Auf dem Flohmarkt gekaufte Dinge sind nicht nur preisgünstiger, sondern auch ökologisch gut vertretbar.

   _____

8 Viele Flohmarkt-Objekte stammen aus Speichern, Kellern und Haushaltsauflösungen.

   _____

Aufgabe 12: *Erklären Sie die markierten Ausdrücke mit eigenen Worten.*

1 Hier wird Nötiges und Ausgefallenes für kleines Geld ersteigert.

_____

2 Über zwei Millionen Menschen leben mittlerweile vom Geschäft mit alten Gegenständen.

_____

3 Viele Flohmarktfans grenzen sich bewusst von der allgemeinen Konsumkultur ab und erteilen der Wegwerfkultur kategorisch eine Absage.

_____

4 Ihr Motto lautet: „Der frühe Vogel fängt den Wurm."

_____

5 Die besten Schnäppchen haben noch vor Sonnenaufgang ihren Besitzer gewechselt.

_____

6 Seit der Gründung von eBay und Co. erfreuen sich auch virtuelle Flohmärkte im Internet steigender Beliebtheit.

_____

7 Hier kann man bequem rund um die Uhr stöbern und einkaufen, ohne auch nur einen Fuß vor die Tür setzen zu müssen.

_____

8 Obwohl die Online-Branche boomt, stehen sich die traditionellen und die virtuellen Märkte nicht im Wege.

_____

Aufgabe 13: *Nennen Sie das Gegenteil der unterstrichenen Adjektive nach ihrer Bedeutung im Satz.*

1 mit fremden Menschen	
2 Tendenz steigend	
3 nach ermüdenden Stunden	
4 echte Antiquitäten	
5 viele schöne Dinge	
6 eine individuelle Note	
7 einen originellen Lifestyle	
8 ihr spezielles Publikum	
9 die ersten Verkäufer	
10 nette Menschen	
11 virtuelle Flohmärkte	
12 eine spannende Geschichte	

Schreiben

LESEN, Teil 4: Mobbing in der Schule

 Aufgabe 14: *Eine halbformelle E-Mail schreiben*

An der Schule Ihrer Tochter kommt es immer wieder zu Mobbing-Attacken, die unerkannt und unbestraft bleiben. Deshalb schreiben Sie eine E-Mail an die Direktion der Schule, in der Sie auf die folgenden Punkte eingehen:

- ✓ Was muss die Schule zur Bekämpfung des Mobbings tun?
- ✓ Warum bleibt Mobbing oft unerkannt?
- ✓ Wie können Eltern und Schule zusammenarbeiten?
- ✓ Wozu haben Sie Ihrer Tochter geraten?

Setzen Sie zuerst die vier Leitpunkte in eine sinnvolle Reihenfolge. Schreiben Sie nicht mehr als 100-120 Wörter. Sie können Ihre Sätze wie folgt einleiten:

- △ Lehrer merken oft nicht, dass Mobbing stattfindet, (denn ...)
- △ Die Schule hat die Pflicht, ... (zu + Infinitiv).
- △ Eltern und Schule sollten gemeinsam handeln, indem ...
- △ Meiner Tochter habe ich den Ratschlag gegeben, (dass ...)

LESEN, Teil 5: Praktikumsvertrag

▶ **Die Adjektivdeklination**

Die Endung, die das Adjektiv bei der Deklination bekommt, hängt von der Art des Artikelwortes vor dem Adjektiv ab und hat entsprechend „schmückenden" oder „funktionalen" Charakter.

 Man unterscheidet folgende drei Fälle: Adjektive mit bestimmtem Artikel, Adjektive mit unbestimmtem Artikel und Adjektive ohne Artikelwort / mit Null-Artikel.

Wenn ein (bestimmter oder unbestimmter) Artikel vor dem Adjektiv steht, dann weiß man sofort, welche Endung passt. Schwieriger ist es jedoch, wenn ein Pronomen vor dem Adjektiv steht. Eine der größten Schwierigkeiten für Deutschlernende besteht darin, dass sie die Deklination der Adjektive mit der Deklination der Artikel bzw. Pronomen verwechseln und dann falsche Endungen verwenden.

Die folgende Tabelle präsentiert alles in einem, d. h. die Deklination der Artikel, der Nomen, der Pronomen und der Adjektive parallel zueinander:

Bestimmter Artikel oder „dies-, jed-, manch-, welch-, all-"					+		Adjektiv			
SINGULAR									**PLURAL**	
	maskulin			feminin			neutral			
Nominativ	der	-e		die	-e		das	-e		die	-en
Akkusativ	den	-en		die	-e		das	-e		die	-en
Dativ	dem	-en		der	-en		dem	-en		den	-en	-n
Genitiv	des	-en	-(e)s	der	-en		des	-en	-(e)s	der	-en

Unbestimmter Artikel oder „kein-, mein-" usw.			+	Adjektiv		
SINGULAR						
	maskulin		feminin		neutral	

	maskulin			feminin		neutral			PLURAL		
Nominativ	ein	-er		eine	-e	ein	-es		keine	-en	
Akkusativ	einen	-en		eine	-e	ein	-es		keine	-en	
Dativ	einem	-en		einer	-en	einem	-en		keinen	-en	-n
Genitiv	eines	-en	-(e)s	einer	-en	eines	-en	-(e)s	keiner	-en	

Null-Artikel			+	Adjektiv		
SINGULAR						
	maskulin		feminin		neutral	

	maskulin		feminin	neutral		PLURAL	
Nominativ	-er		-e	-es		-e	
Akkusativ	-en		-e	-es		-e	
Dativ	-em		-er	-em		-en	-n
Genitiv	-en	-(e)s	-er	-en	-(e)s	-er	

Aufgabe 15: *Markieren Sie im Text „Praktikumsvertrag" (Lehrbuch, S. 100) alle Ausdrücke vom Typ „Artikelwort – Adjektiv – Nomen" und überprüfen Sie anhand der vorangehenden Tabelle, ob alles (Endung des Artikelwortes, Endung des Adjektivs und Endung des Nomens) richtig ist.*

_____

_____

_____

_____

Aufgabe 16: *Ergänzen Sie im folgenden Text die fehlenden Endungen. Vorsicht: Vier Lücken bleiben leer. Erklären Sie, warum.*

(1) Du gehst noch zur Schule, möchtest dich aber schon jetzt in der real___ Berufswelt orientieren und den Arbeitsmarkt etwas kennenlernen? Super! Denn je früher du dich in verschieden___ Berufen und Unternehmen umsiehst, desto leichter wird es dir später fallen, dich für den passend___ Beruf zu entscheiden. International___ Unternehmen und Berufszweige zu erkunden und die vorhanden___ Sprachkenntnisse unter Beweis zu stellen kann dich auf ganz neu___ Berufsideen bringen.

(2) Als Schüler stehen dir sehr viel___ Türen offen. Zahlreich___ Unternehmen bieten Schülerpraktika an und freuen sich, dir einen Einblick in ihren Fachbereich zu geben. Möglich___ Praktikumsbereiche können sein: Tourismus, Medien, Ingenieurwesen, Gastronomie, Grafik und Design. Von den meist___ ausländisch___ Unternehmen werden jedoch gut___ Schulkenntnisse in Englisch vorausgesetzt.

(3) Schüler absolvieren sehr oft zwischen der 9. und 11. Klasse ein kurz___ Praktikum im Rahmen der Schule. Dieses dauert normalerweise nicht so lange wie ein später___ freiwillig___ Praktikum. Häufig werden zwei bis drei Wochen vorgeschrieben, welche für dich ausreichen, um festzustellen, ob ein solch___ Beruf in der Zukunft interessant___ für dich sein könnte.

(4) Hast du dich einmal für einen Bereich entschieden, dann solltest du in deinen Bewerbungsunter-lagen ein personifiziert___ Anschreiben an dein Wunschunternehmen verfassen und zusammen mit einem aussagekräftig___ Lebenslauf, mit Foto natürlich, einsenden.

(5) Für die schön___ Zeit im Ausland benötigst du natürlich einen gültig___ Reisepass, eine Auslands-krankenversicherung und je nach Reiseziel auch bestimmt___ Impfungen. Für die meist___ Länder benötigst du ausschließlich ein Touristenvisum, für ander___ Länder gelten jedoch speziell___ Regelungen.

(6) Die Kosten für dein Auslandspraktikum sind variabel___ und hängen von unterschiedlich___ Punkten ab. Grundsätzlich solltest du wissen, dass groß___ Metropolen wie London, Paris oder New York deutlich kostspieliger___ sind als kleiner___ Städte. Da es sich in deinem Fall voraussichtlich nicht um ein „normal___" Praktikum handelt, kannst du weder mit einer Bezahlung noch mit der finanziell___ Unterstützung durch den Staat rechnen. Stipendien gibt es jedoch manchmal auch für kurz___ Schülerpraktika.

(7) Es ist noch Folgend___ zu beachten: Ein schriftlich___ Vertrag ist in der Regel nicht vorgesehen und auch ein qualifiziert___ Zeugnis ist nicht vorgeschrieben, aber hilfreich___ für später___ Bewer-bungen. Über alles dich Interessierend___ kannst du dich auch bei deiner Schule informieren, denn häufig haben Schulen langjährig___ Erfahrung mit dem Vermitteln von Praktikanten.

HÖREN, Teil 2: Wahl des Studienfachs

Aufgabe 17: *Aus eigener Erfahrung bzw. über die eigenen Pläne berichten*

Diskutieren Sie im Kurs über die folgende Frage:

> Anhand welcher Kriterien haben Sie Ihr Studienfach ausgewählt bzw. werden Sie es wählen?

Sie können dabei auf die folgenden sprachlichen Mittel zurückgreifen:

- Das Wichtigste war/ist für mich …
- Ebenso wichtig war/ist …
- Keine große Rolle spielte/spielt dabei …
- Man darf nicht vergessen, …
- Man muss (auch) bedenken, dass…

Aufgabe 18: *Der folgende Text-Block enthält sechs Fragen und die entsprechenden Antworten in der richtigen Reihenfolge. Trennen Sie Fragen und Antworten und lesen Sie dann den Text mit verteilten Rollen.*

Sollte man bei der Wahl des Studiums vor allem auf gute Jobaussichten achten? Es wird häufig der Eindruck erweckt, man müsse vor allem etwas studieren, was Zukunft hat und einen sicheren Job bringt. An erster Stelle sollten jedoch immer die eigenen Interessen und Neigungen stehen. Danach ist es natürlich sinnvoll, von Anfang an die tatsächlichen beruflichen Anforderungen und – so weit möglich – auch die künftigen Berufsaussichten in seine Überlegungen mit einzubeziehen. Ist es nicht vernünftiger, sich zuerst den Arbeitsmarkt anzuschauen? Nein, denn in einem Beruf, der gute Chancen bietet, einem aber nicht liegt, ist man weniger bereit, sich weiterzubilden, flexibel zu sein – das sind aber alles wichtige Faktoren, die über den Erfolg am Arbeitsmarkt mitentscheiden. Ich empfehle daher, einen Beruf zu wählen, bei dem man auch mit dem Herzen dabei ist. In jeder Branche werden Fachkräfte gebraucht, in jedem Beruf gibt es Nachwuchsbedarf, man hat also überall Chancen. Aber die sind ungleich verteilt. Es gibt zum Beispiel kaum Arbeitsplätze für Literaturwissen-schaftler oder Kulturwissenschaftler. Sind die Absolventen dann arbeitslos? Nein, das ist selten der

Fall. Sie brauchen aber oft länger, um einen Job zu finden, und nur bei zwei von drei Absolventen hat die Arbeit inhaltlich etwas mit dem zu tun, was sie studiert haben. Das muss aber nicht unbedingt schlecht sein, wenn die Stelle anspruchsvoll ist und entsprechend bezahlt wird. Die meisten schaffen es im Laufe der Zeit, dieses Ziel zu erreichen. Welche Fächer werden besonders gefragt sein, wenn die Studienanfänger von heute fertig sind? Welche Berufe künftig begehrt sein werden ist kaum vorauszusehen. Deshalb geben wir von der Bundesagentur für Arbeit keine Prognosen ab. Aber natürlich können wir sagen, wo im Moment Leute gesucht werden. Wir sehen zurzeit überdurchschnittlich gute Arbeitsmarktchancen für Informatiker und Ingenieure. Auch Ärzte, Wirtschaftsfachleute und Sozialarbeiter und -pädagogen werden stark nachgefragt. Lohnt sich ein Studium eigentlich finanziell? Hochschulabsolventen verdienen im Laufe ihres Berufslebens wesentlich mehr als Facharbeiter mit Berufsabschluss. Aber nur im Schnitt! Man kann nicht pauschal sagen: Wer studiert, verdient automatisch gut. Es gibt Akademiker, die weniger bekommen als Fachkräfte mit einer Berufsausbildung. Aber wenn man fragt, ob das Studium die richtige Entscheidung war, sagen die meisten: Ja, das würde ich wieder machen. Eine letzte Frage: Muss man nach dem Abi unbedingt studieren? Nein, es gibt genügend Alternativen. Wenn man sein Abitur in der Tasche, aber keine Lust auf ein klassisches Studium hat, dann könnte beispielsweise eine Abiturientenausbildung die richtige Wahl sein. Es handelt sich dabei um eine Mischung aus Theorie und Praxis in einem Betrieb. Diese Sonderausbildung für Abiturienten dauert zwischen zwei und vier Jahren und bietet gute berufliche Perspektiven.

HÖREN, Teil 3: Wie notwendig sind Praktika?

 Aufgabe 19: *Was bedeuten die markierten Ausdrücke?*

1   Praktika gehören zu einer erfolgreichen Berufs- und Karriereplanung wie das Salz zur Suppe.
    a   Praktika sind unbedingt erforderlich.
    b   Praktika sind ziemlich teuer.

2   Handwerksberufe sind ja nun nicht die erste Wahl bei Abiturienten.
    a   relativ gewöhnlich
    b   nicht besonders beliebt

3   Und da kam die Gelegenheit ganz gut, in 44 verschiedene Berufe reinzugucken.
    a   mich um 44 verschiedene Stellen zu bewerben
    b   44 verschiedene Berufe kennenzulernen

4   Aber man findet schnell heraus, wenn einem etwas nicht liegt.
    a   einem das Geld dazu fehlt
    b   etwas nicht zu einem passt

5   Jetzt kann ich vor allem meine kreative Seite zur Geltung bringen.
    a   verstecken
    b   wirksam werden lassen

6   Ältere Praktikanten haben Schwierigkeiten, sich in ihre neue Rolle einzufügen.
    a   genauso wie früher zu reagieren
    b   ihre neue Rolle zu akzeptieren

7   Außerdem hatte ich die Gelegenheit, selbst von dem Wissen der Anderen zu profitieren.
    a   Nutzen zu ziehen
    b   beeindruckt zu werden

8   Wenn wir lernen, mit einem missglückten Praktikum umzugehen, dann ist das auch ein Gewinn für uns.
    a   ein erfolgloses Praktikum zu meiden
    b   ein erfolgloses Praktikum nicht als Katastrophe zu sehen

Wortschatz

Lesen

HÖREN, Teil 4: Jugendgewalt in Deutschland

 Aufgabe 20: *Einen Text sinnvoll ergänzen*

Fügen Sie die Sätze a-h in die Lücken 1-6 ein. Zwei Sätze bleiben übrig.

Um es vorwegzunehmen: Dass Jugendliche Grenzen übertreten, ist normal: (1) Jugendliche werden viel häufiger in kriminelle Handlungen verwickelt als irgendeine andere Altersgruppe, insbesondere wenn Gewalt im Spiel ist. (2) Nicht nur für die Opfer, meist ebenfalls Jugendliche, sondern für die gesamte Gesellschaft.

Aber warum werden Jugendliche überhaupt gewalttätig? Fest steht: (3) Klar ist auch: Eine biologische Störung ist selten der Grund, wenn ein Jugendlicher gewalttätig wird.

Ein Risikofaktor ist mit Sicherheit das Elternhaus. (4) Gewalt wird von Generation zu Generation weitergegeben. Auch eine problematische Wohnsituation kann ein Risikofaktor sein. (5)

Die Gewaltspitze liegt bei circa 16 bis 21 Jahren, danach geht die Gewalt zurück. (6) Aus den meisten Jugendlichen, die eine aggressive Phase durchlaufen, werden später friedliche Erwachsene, die nie wieder auffällig werden.

a   Das Ende der Gewaltbereitschaft kommt meist von alleine.
b   Dass die Täter immer jünger und immer brutaler werden, ist jedoch ein Problem.
c   Es gehört einfach zum Erwachsenwerden dazu.
d   Es ist nicht ein bestimmter Grund, sondern eine ganze Reihe von Ursachen, von Risikofaktoren, die zur jugendlichen Gewalt beitragen.
e   In den Jahren nach der Wiedervereinigung Deutschlands stieg die Zahl krimineller Jugendlicher in Deutschland rasant an.
f   Konflikten mit Gewalt zu begegnen, ist eine Strategie, die Kinder oft von ihren Eltern erlernen.
g   Mangelnde Sprachkenntnisse, brutale Filme oder Computerspiele, sozialer Neid und sogar Langeweile, all das kann eine negative Wirkung haben.
h   Viele Opfer wollen leider nicht über ihre Erlebnisse reden.

1	2	3	4	5	6

Sprechen

 Aufgabe 21: *Gegensätzliche Aussagen kommentieren*

Sind Ihnen Mahatma Gandhi und Malcolm X bekannt? Wenn nicht, sammeln Sie Informationen über diese Personen im Internet. Diskutieren Sie anschließend im Kurs über die beiden untenstehenden kontroversen Aussagen.

Auge um Auge – und die ganze Welt wird blind sein.

Mahatma Gandhi

Ich halte es für ein Verbrechen, wenn jemand, der brutaler Gewalt ausgesetzt ist, sich diese Gewalt gefallen lässt, ohne irgendetwas für seine eigene Verteidigung zu tun. Und wenn die „christliche" Lehre so auszulegen ist, wenn Gandhis Philosophie uns das lehrt, dann nenne ich diese Philosophie kriminell.

Malcolm X

© Praxis

SCHREIBEN, Teil 1: Die Nutzung von sozialen Medien heute

Die Rolle der sozialen Medien in der heutigen Gesellschaft:
- Verschiedene Plattformen / soziale Medien gehören zur Normalität – weit verbreitet sein – das beliebteste Kommunikationsmittel – die Internetpräsenz / die Aktivität im Internet wird immer wichtiger – viel Zeit damit verbringen – Bedürfnisse befriedigen

Die Situation in der Vergangenheit:
- der Vorgänger – einfache Einträge – keine Videos / keine Selfies zu Beginn des Internets – rasche Verbreitung finden – enorme technische Fortschritte – Menschen zusammenbringen

Die Vor- und Nachteile:
- man will immer auf dem neuesten Stand sein – ermöglicht direkte und schnelle Kommunikation – schnelles Feedback erhalten – die Datensicherung / unangemessene Inhalte / die Kontrolle – man wird eventuell ausspioniert – „Fake News" / falsche Inhalte veröffentlichen

Die Entwicklung von sozialen Medien in der Zukunft:
- die Nutzung nimmt zu / immer wichtiger werden / die Werbung / untrennbarer Teil des Lebens – man braucht soziale Medien wie die Luft zum Atmen / Daten sind frei zugänglich / der Informationsfluss / die Nutzergruppe, -n / ständig vernetzt sein – Smartphones und Apps

 Aufgabe 22: *Über ein Thema diskutieren*

> „Sollte anonymes Surfen überall erlaubt sein?"

Bei der Diskussion können Sie die folgenden Argumentationshilfen verwenden:

- Anonymität im Internet wichtig – Privatsphäre muss geschützt werden
- Kommunikation im Internet hinterlässt digitale Spuren, die Suchmaschinen (z. B. Google) speichern das Surfverhalten / geben Informationen weiter an Dritte
- Persönlichkeitsprofile werden erstellt und oft verkauft – Surfverhalten kann viel über Leben, Interessen, Beziehungen und Probleme offenbaren
- anhand der IP-Adresse kann der aktuelle Standort bestimmt werden
- viele Blogger schreiben anonym
- anonymes Surfen für soziale Netzwerke kontrollieren/verbieten
- vollkommen anonymer Zugriff auf soziale Netzwerke unmöglich / allerdings sind Pseudo-Profile möglich

Sprachliche Mittel

Grammatik - Wortschatz

SCHREIBEN, Teil 2: Mitarbeiterversammlung

- Was Sie organisieren können: die Planung durchführen / das Konzept entwickeln / das Programm entwerfen / die Einladungen verschicken / Erfahrung in solchen Sachen haben
- Mitarbeiterversammlung wichtig, denn: der Vorstand / der Präsident anwesend sein – neue Ideen präsentieren / wichtige Beschlüsse treffen – interessante Neuigkeiten verkünden – Sachen, die alle interessieren, mit allen Beteiligten besprechen
- Was muss organisiert werden: der Projektor / der Computer / die Präsentation, -en / eine geeignete Räumlichkeit finden und einrichten / ein kaltes Büfett / Getränke / Kaffepausen / Snacks
- konkrete Vorschläge: auf der Tagesordnung / auf dem Programm stehen – der Jahresbericht / die finanzielle Situation der Firma / das Kundenmanagement – Einrichtung einer Kindertagesstätte / eines Fitnessraums in der Firma

Aufgabe 23: *Ihre Cousine hat eine neue Arbeit gefunden. Dort ist das Verhältnis unter den Kollegen anders als in ihrem früheren Job, deshalb bittet sie Sie um Rat. In ihrer E-Mail gibt es einige Fehler. Finden und korrigieren Sie diese Fehler.*

Hallo **lieber** Christine,	0 *liebe*
heute brauche ich deine Rat. Du weißt, ich arbeite seit diesem Monat bei	1 _____
einer neuen Firma. Hier es ist üblich, dass sich die Kollegen öfter privat	2 _____
treffen. Also mal am abends gemeinsam etwas trinken gehen oder	3 _____
im Wochenende zusammen einen Ausflug machen.	4 _____
Ich finde die Leute eigentlich zu nett, aber ich möchte auch Arbeit und	5 _____
Privatleben klar voneinander trenen. Ich möchte mich am Wochenende	6 _____
auch besser mit meinen Freundinnen verabreden als mit den	7 _____
Arbeitskollegen. Ich wurde schon gefragt, wenn ich dieses Wochenende mit	8 _____
zum Wanderung gehe und da wusste ich wirklich nicht, was ich	9 _____
beantworten soll. Wie ist das bei euch? Trefft ihr euch in der Freizeit mit Kollegen?	10 _____
Liebe Grüße, bitte antworte mir recht bald,	
Maria	

© Praxis

SPRECHEN, Teil 1

⊙ Siezen oder Duzen bei der Arbeit

- Im Unternehmen üblich /nicht üblich / nicht gern gesehen – Hierarchie erfordert Siezen – mit älteren/jüngeren Mitarbeitern anders umgehen
- angenehmes Arbeitsklima fördert Duzen – eine persönliche Beziehung schaffen – die Vertrautheit / die Nähe – (in)formell – die Bürokommunikation erleichtern/komplizieren
- es hängt ab von + DAT – ein Zeichen von Respekt – es vorziehen, zu + Infinitiv – die Höflichkeitsform bevorzugen – sich mit gleichgestellten Kollegen duzen

Fragen zum Thema:
- a. Welche besondere Wirkung hat die Höflichkeitsform bei der Arbeit?
- b. Wieso duzen Chefs oft ihre Mitarbeiter, statt sie zu siezen?

⊙ Ein Musikinstrument lernen

- das Blasinstrument, -e (die Trompete) – das Streichinstrument, -e (die Geige) – das Schlagzeug – das Klavier – die Flöte – das Saiteninstrument, -e (die Gitarre)
- aus Holz / aus Metall – der helle/warme Klang – die Spielweise / die Art, ein Instrument zu spielen – die Akustik – unterschiedlich – klassisch/modern – leicht zu spielen
- von Kindheit an ein Instrument lernen – der Schwierigkeitsgrad – die Lernfähigkeit – das musikalische Talent – dem Wunsch der Eltern folgen – braucht Zeit und Geld – eigenes Instrument kann teuer sein

Fragen zum Thema:
- a. Welches Musikinstrument würden Sie jetzt / noch gerne lernen? Warum?
- b. „Kinder lernen schneller als Erwachsene." Stimmen Sie dieser Behauptung zu?

⊙ Ernährungstypen

- der/die Vegetarier/in verzichtet auf Fleisch – der/die Veganer/in meidet Nahrungsmittel tierischen Ursprungs – der/die Fleischesser/in – der/die Allesesser/in
- kein Fleisch essen – nur Obst essen – sich nur von + DAT ernähren – Bio-Produkte – pflanzliche Produkte – genmanipulierte Produkte meiden
- (un)gesunde Ernährungsweise – voll im Trend liegen – ausgewogene Ernährung – die Ernährungsumstellung – dauerhaft – die Belastung – die Kohlehydrate – die Fette – die Proteine

Fragen zum Thema:
- a. Welcher Ernährungstyp isst Ihrer Meinung nach am gesündesten?
- b. Es gibt immer mehr Veganer, wie erklärt sich das?

⊙ Schönheitsoperationen

- eine Nasenkorrektur vornehmen – eine Brust-OP durchführen – der Chirurg/ die Chirurgin – nach dem Abnehmen – die Bauchstraffung – möglicherweise zweifelhafte Ergebnisse
- medizinisch notwendig/unnötig – sich operieren lassen – ein Körperteil vergrößern/verkleinern lassen – Problemzonen behandeln – sich unwohl mit dem eigenen Körper fühlen
- mehrere Komplikationen – postoperativ – das Ergebnis – zufrieden sein mit + DAT – die Folge, -n – die Nachbehandlung

Fragen zum Thema:
- a. Haben Sie eine ungefähre Vorstellung davon, wie viel eine Schönheitsoperation kostet?
- b. Welche Schönheitsoperationen sind noch tolerierbar und welche absolut nicht?

SPRECHEN, Teil 2: E-Book: Ist das unsere Zukunft?

Vorteile von E-Books?

- Sie sind klein und praktisch zum Mitnehmen.
- Man kann viele Bücher mitnehmen und spart Platz.
- Jederzeit und überall sind Bücher erhältlich.

E-Books und die Umwelt

- E-Book-Reader verbrauchen kein Papier, benötigen jedoch Rohstoffe und Energie zur Herstellung.
- E-Book-Reader sind immer wieder neu aufladbar.
- In der Produktion sind Bücher ökologischer.
- Viele Papierbücher werden heutzutage wiederverwertet (recycelt).

Gesundheitsschäden durch das Lesen von E-Books

- Die Helligkeit des Bildschirms könnte zu Sehschwäche führen.
- Die Strahlung der Antenne ist gesundheitsschädlich.
- Gefahr im Falle eines technischen Defekts (z. B. bei einer Explosion des Akkus).

Werden in der Zukunft nur E-Books statt gedruckter Bücher produziert?

- Gedruckte Bücher sind immer noch beliebter als E-Books.
- Möglicherweise werden E-Books künftig in Schulen verwendet.
- Im digitalen Zeitalter wird vielleicht bald alles nur elektronisch sein.

Weitere Diskussionspunkte:

- Illegale Downloads von E-Books wachsen, legale Angebote müssen verbessert werden.
- E-Books verändern unsere Lesegewohnheiten.

Test 6

LESEN, Teil 1: Wie Studenten wohnen.

Wortschatz zum Thema

- studieren ▪ der Student, -en / die Studentin, -nen ▪ das Studium ▪ das Studentenleben

- die Heimatstadt ▪ eine fremde Stadt

- die Wohnform, -en ▪ die eigene Wohnung ▪ das Einzelzimmer

- sich eignen / geeignet sein für + AKK ▪ die erste Wahl sein ▪ vorziehen + AKK

- die finanziellen Möglichkeiten (Pl.) ▪ finanzieren ▪ der Job, -s ▪ jobben

- die Wohngemeinschaft, -en / die WG, -s ▪ eine WG gründen ▪ der WG-Bewohner, -

- jmdn. zum Vorstellungsgespräch einladen ▪ überprüfen, ob man zueinander passt

- die Kosten (Pl.) für Strom, Wasser, Internet und Telefonanschluss / die Miete teilen

- unterhaltsam ▪ abwechslungsreich ▪ chaotisch

- kontaktfreudig ▪ Menschen kennenlernen ▪ Freundschaften schließen ▪ leicht ≠ schwer Anschluss finden

- die Ruhe ▪ unruhig ▪ die soziale Kontrolle ▪ Küche,
Badezimmer, Waschmaschine und Couch teilen

- das Zusammenleben ▪ der Mitbewohner, -

- sich gut verstehen mit + DAT ▪ Rücksicht nehmen auf + AKK

- die Regel, -n ▪ sich an die (Gemeinschafts-)Regeln halten ▪ die Streitigkeiten (Pl.)

- das (Studenten-)Wohnheim, -e ▪ staatlich ≠ privat ▪ in der Nähe des Uni-Campus

- sich einsam fühlen ▪ Partys feiern ▪ gemeinsam kochen

Aufgabe 1: *Ergänzen Sie im folgenden Lückentext die fehlenden Endungen. Achten Sie auf die Position der Wörter und ihre syntaktische Funktion im Satz.*

Ein___ WG bietet sowohl Vor- als auch Nachteil___, jeder muss selbst entscheiden, ob diese Form d___ Zusammenlebens die richtig___ Wahl ist. Der erste Vorteil ein___ WG ist der finanziell___: Gemeinsam mit mehrer___ Leuten kann man sich nicht nur die Miete teil___, sondern auch die anfallend___ Kaution, die Stromrechnung und d___ Wasserrechnung. Doch man sollt___ sich genauso im Klaren darüber sein, dass man zwar in sein___ eigenen Zimmer Privatsphäre hat, diese aber in d___ Gemeinschaftsräumen wie Badezimmer, Küche oder Wohnbereich nicht zu jed___ Zeit gegeben ist. Als Nachteil gilt oft, dass man zum einen auf d___ anderen Mitbewohner Rücksicht nehmen und zum anderen gewiss___ Regeln einhalten muss. In ein___ WG nur selten allein zu sein, kann aber auch ein Vorteil sein. WG-Partys, gemütlich___ Abende vor d___ Fernseher oder d___ gemeinsame Kochen können schöne Moment___ sein, die man sein ganz___ Leben lang nicht vergess___ wird.

Aufgabe 2: *Diskutieren Sie im Kurs: Wie wohnen Studenten in Ihrem Heimatland? Wie verbreitet sind WGs? Wie viele ziehen das „Hotel Mama" vor und warum? Jobben Studenten oft und als was?*

Grammatik

Sprechen

▶ **Das (Vorgangs-)Passiv**

Werfen Sie zuerst zur Wiederholung einen Blick auf die folgende Tabelle; sie zeigt, wie das Passiv gebildet wird:

Präsens		Präteritum		Perfekt	
ich	werde gestört	ich	wurde gestört	ich	bin gestört worden
du	wirst gestört	du	wurdest gestört	...	
er/sie/es	wird gestört	er/sie/es	wurde gestört		
wir	werden gestört	wir	wurden gestört	**Plusquamperfekt**	
ihr	werdet gestört	ihr	wurdet gestört	ich	war gestört worden
sie, Sie	werden gestört	sie, Sie	wurden gestört	...	

👍 Mit dem Passiv drückt man eine Handlung aus, die das Subjekt erleidet:

Die bestehenden WG-Bewohner luden mich zum Vorstellen ein, denn man wird erst einmal überprüft, ob man einander überhaupt sympathisch findet.

👍 Oft verwendet man statt „Passiv" den Begriff **„Vorgangspassiv"**, um anzuzeigen, dass ein Vorgang, eine Handlung im Mittelpunkt der Aussage steht. Das Passiv wird also benutzt, wenn die Handlung wichtiger ist als die Person, welche die Handlung ausführt:

Fast alle Studentenwohnheime besitzen einen Freizeitraum, in dem Partys gefeiert und Filmabende oder die berühmten Stammtische organisiert werden.

👍 Wenn man in einem Passiv-Satz die handelnde Person / die Ursache angeben möchte, kann man das mithilfe der sogenannten **„Agensergänzung"** (= von + Dativ) tun:

Wer gerne mit vielen Leuten zu tun hat und <u>von einem höheren Geräuschpegel nicht gestört wird</u>, für den ist das Zusammenleben mit anderen Studenten in einer WG eine gute Lösung.

🖊 **Aufgabe 3:** *Übertragen Sie die folgenden Sätze aus dem Aktiv ins Passiv und umgekehrt. Achten Sie auf die Zeit und nennen Sie, wo es sinnvoll erscheint, auch den Täter.*

1 Die ersten WGs in Deutschland wurden Ende der 1960er-Jahre gegründet.

   Die ersten WGs in Deutschland _____ man Ende der 1960er-Jahre.

2 Studenten aus dem Ruhrgebiet gründeten in München eine WG namens „Schalke".

   _____ Studenten aus dem Ruhrgebiet _____ in München eine WG namens „Schalke" _____.

3 Im Parlament verabschiedet man in der kommenden Woche ein neues Steuergesetz.

   _____

4 Auf diese Weise wird sehr viel Geld gespart, das man für andere wichtige Projekte braucht.

   _____

5 In einer WG teilt man die Ausgaben für Miete, Strom, Wasser etc. untereinander.

   _____

6 Es wurde also ohne langes Überlegen der Entschluss gefasst, die alte Villa abzureißen.

   _____

Grammatik

7   Von meinem Freund wurde ein Platz im Studentenwohnheim beantragt, man hat jedoch seinen Antrag abgelehnt.

_____

8   Meine Mitbewohner räumen das benutzte Geschirr nie weg!

_____

9   Wann zahlst du denn die Rechnung für die Reparatur deines Wagens?

_____

10   Regeln werden vereinbart, damit man sie auch einhält.

_____

> **Die Kausaladverbien „daher, darum, deshalb, deswegen"**

👍 Diese vier Adverbien sind synonym; sie weisen auf eine Ursache hin, die bereits besteht, und bezeichnen deren Folgen. Lesen Sie dazu die Beispielsätze aus dem Text:

a) Ich wollte allerdings dann und wann meine Ruhe haben und die soziale Kontrolle in einer WG konnte ich nicht ertragen, **deshalb** habe ich den Entschluss gefasst, eine eigene kleine Wohnung zu beziehen.

b) Ich bin Einzelkind von gut verdienenden Eltern, **daher** kam ein Studentenwohnheim für mich nach dem Abitur nicht in Frage, denn da ist oft eine soziale Bedürftigkeit vorzuweisen.

c) Schulfreunde von mir begannen zum gleichen Zeitpunkt in der gleichen Stadt wie ich ihr Studium, **deshalb** lohnte es sich, doch über die Gründung einer neuen WG nachzudenken.

👍 Merken Sie sich: Die Adverbien „daher, darum, deshalb, deswegen" stehen auf Platz 1 im Satz, direkt danach folgt das Verb!

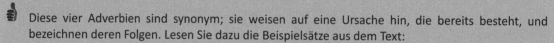 **Aufgabe 4:** _Verbinden Sie die beiden Sätze mithilfe von „daher, darum, deshalb, deswegen"._

1   In der WG fand Ferdinand vor Prüfungen keine Ruhe; er zog aus und suchte sich ein Apartment mit Balkon.
In der WG fand ... Ruhe, deshalb _____

2   Rebecca war tagelang krank; sie konnte die Semesterklausur nicht mitschreiben.

_____

3   Immer mehr Ärzte und Ingenieure aus Mittelmeerländern wollen sich Arbeit in deutschsprachigen Ländern suchen; sie lernen intensiv Deutsch.

_____

4   Man lernt neue Länder und Völker kennen; Erasmus-Programme sind unter Studenten aus allen Ländern besonders beliebt.

_____

5   Fabio hat sich nie um die Strom- oder Wasserrechnung gekümmert; es gab immer wieder Streit mit den anderen Mitbewohnern.

_____

6   Als ein Zimmer in der WG frei wurde, wollten die bestehenden WG-Bewohner nichts riskieren; sie luden alle Interessenten zu einem ausführlichen Vorstellungsinterview ein.

_____

LESEN, Teil 2: Kontaktloses Bezahlen mit der Chipkarte

Aufgabe 5: *Das Für und Wider verschiedener Alternativen diskutieren*

Im Familien-, Freundes- und Kollegenkreis wird gelegentlich darüber diskutiert, manchmal sogar gestritten, welche Zahlungsmöglichkeit vorzuziehen ist: Barzahlung, Kartenzahlung, Online-Überweisung – es gibt so viele Möglichkeiten.

> Nach welchen Kriterien entscheiden Sie, wie Sie Ihre Rechnungen bezahlen?

△ Überlegen Sie zuerst, welchen Standpunkt Sie vertreten, und notieren Sie schnell ein paar Stichpunkte.

△ Tragen Sie dann im Plenum Ihre Position vor und begründen Sie sie. Reagieren Sie auf die Argumente der anderen Kursteilnehmer.

△ Stimmen Sie abschließend im Kurs ab: Welche Meinung überwiegt?

Folgende Stichpunkte können Ihnen helfen:

✓ Was ist preisgünstiger?
✓ Was geht schneller?
✓ Was ist bequemer?
✓ Was ist sicherer?
✓ ...

Aufgabe 6: *Ergänzen Sie die Lücken mit der jeweils passenden Präposition und dem richtigen Artikel. Ein kleiner Tipp: Es sind 10 verschiedene Präpositionen einzusetzen.*

1 Viele, besonders junge Leute bezahlen heute lieber _____ d___ Smartphone.

2 Sehr viele Unternehmen missbrauchen die sozialen Medien verstärkt _____ Werbezwecken.

3 Die defekte Geldkarte konnte nicht _____ d___ Kassenterminal aktiviert werden.

4 _____ mein___ Portemonnaie trage ich nur noch ein bisschen Kleingeld _____ mir.

5 _____ Samstagnachmittag warteten viele Leute geduldig _____ d___ Kasse.

6 Der dreistellige Zahlencode steht _____ d___ Rückseite der Kreditkarte.

7 Geldkarten akzeptiert inzwischen auch der kleine Laden _____ d___ Ecke sehr gern.

8 _____ kleiner___ Beträge _____ 25 Euro ist keine PIN-Eingabe erforderlich.

Grammatik - Wortschatz

✎ **Aufgabe 7:** *Formen Sie die folgenden Sätze entsprechend dem Beispiel um.*

0 Der Grund dafür liegt nahe: vermutlich, um den Vorgang des Bezahlens so einfach wie möglich zu gestalten ⟷ …, um den Vorgang des Bezahlens möglichst einfach zu gestalten.

1 Man hält die Karte so nah wie möglich an das Lesegerät der Kasse.

_____

2 Die Funktionsweise des Kartenlesegeräts muss möglichst genau beschrieben werden.

_____

3 Der Abstand zwischen den Platten ist so klein wie möglich zu halten.

_____

4 Die Pausen sollten möglichst kurz sein, damit das Ganze nicht zu lange dauert.

_____

5 Während der schriftlichen Prüfung sitzen die Teilnehmer möglichst weit voneinander.

_____

6 Der Media-Player, der bei der Prüfung verwendet wird, muss so modern und leistungsstark wie möglich sein.

_____

7 Apps für Smartphones sind in der Regel so einfach wie möglich gestaltet.

_____

8 Bargeldloses Bezahlen muss möglichst bequem, einfach und sicher ablaufen.

_____

▶ **„(nicht) müssen" – „(nicht) brauchen zu + Infinitiv"**

👍 Eine **allgemeine Notwendigkeit** wird im positiven Sinne mithilfe des Modalverbs **„müssen"** ausgedrückt:

An der Kasse muss man die Chipkarte bis auf drei oder vier Zentimeter an das Lesegerät **heranhalten**, nur dann funktioniert sie.

👍 Im negativen Sinne verwendet man die Konstruktion **„(nicht) brauchen zu + Infinitiv"**:

Kostet der Einkauf bis zu 25 Euro, dann ist damit der Bezahlvorgang für den Kunden erledigt. Dazu braucht man **nicht zu unterschreiben** und auch **keine** Geheimnummer **einzugeben**.

👍 Eine (fehlende) **Verpflichtung** wird dagegen, je nachdem, mit **„(nicht) müssen"** ausgedrückt:

Müssen wir auch Heiko zur Party **einladen**? -Nein, wir müssen ihn **nicht einladen**. Zu seiner Geburtstagsfeier hat er uns ja auch nicht eingeladen.

✎ **Aufgabe 8:** *Formulieren Sie eine negative Antwort auf die folgenden Fragen mithilfe von „(nicht) brauchen zu + Infinitiv".*

1 Muss man die Geheimnummer auswendig lernen? -Nein, man _____ sie nicht auswendig _____ _____.

2 Muss man diese App aufs Smartphone installieren?

_____

3 Muss man zusätzliche Software besorgen?

_____

4 Müssen wir die Rechnung bar bezahlen?

_____

5 Muss man die Chipkarte so nah ans Lesegerät heranhalten?

_____

6 Müssen wir die Sicherheitsvorkehrungen weiter verschärfen?

_____

7 Muss man seine Kreditkarte immer bei sich haben?

_____

8 Müsst ihr beim Verlassen des Raumes die Tür abschließen?

_____

LESEN, Teil 3: Positiv denken! Wie Optimismus die Einstellung zur Arbeit verändert

Wortschatz zum Thema

- der Optimist, -en ▪ der Optimismus ▪ optimistisch

- der Pessimist, -en ▪ der Pessimismus ▪ pessimistisch

- die positive/negative Einstellung zu + DAT ▪ eingestellt sein ▪ glauben an + AKK ▪ der Glaube(n)

- die Stimmung ▪ gut/schlecht gelaunt sein ▪ das Gemüt, -er ▪ der Gemütszustand

- sich positiv/negativ auswirken auf + AKK ▪ die Auswirkung, -en ▪ Wunder bewirken

- gut/schlecht gelaunt ▪ motiviert/demotiviert sein ▪ neigen zu + DAT ▪ eine Situation bewerten

- die Krisensituation, -en ▪ einer Situation entgegentreten ▪ eine Situation bewältigen

- etw. überschätzen ≠ etw. unterschätzen ▪ sich unterscheiden von + DAT in + DAT

- das Schicksal ▪ sich dem Schicksal ergeben ▪ den Kopf in den Sand stecken

- das Gefühl, -e ▪ ein/das Gefühl vermitteln ▪ den Geist / den Körper beeinflussen ▪ das Immunsystem

- der Charakter, -e ▪ die Charaktereigenschaft, -en ▪ die Fähigkeit, -en ▪ die persönlichen Fähigkeiten (Pl.)

- die Herausforderung, -en ▪ sich einer Herausforderung stellen ▪ sich weiterentwickeln

- entscheiden + AKK ▪ die Entscheidung, -en ▪ eine grundlegende/schwerwiegende Entscheidung treffen

- im Vorteil ≠ im Nachteil sein ▪ die Angst, "-e ▪ (keine) Angst haben vor + DAT

- der Fehler, - ▪ (einen) Fehler begehen ▪ lernen aus + DAT ▪ auf dem richtigen/falschen Weg sein

- etw. schaffen ▪ etw. erreichen ▪ das Ziel, -e ▪ (sich) Ziele setzen ▪ das Ziel benennen

- gelingen + DAT ▪ über sich hinauswachsen ▪ jmdn. überzeugen von + DAT ▪ die Überzeugung

Aufgabe 9: *Gehören Sie persönlich zu den Optimisten oder zu den Pessimisten?*

Schildern Sie Ihre Einstellung zum Thema und verwenden Sie dabei Wörter aus dem vorangehenden Wortschatz.

Aufgabe 10: *Etwas definieren*

Der erste Satz im Text lautet: „Optimismus ist, wenn das Glas nicht halbleer, sondern immer halbvoll ist." Überlegen Sie ähnliche lustig-hintersinnige Definitionen zu verschiedenen Begriffen, wie z. B.:

Humor ist …

Liebe ist …

Politik ist …

Mode ist …

Eifersucht ist …

Rauchen ist …

Deutsch ist …

Diskutieren Sie im Plenum über die Definitionsentwürfe, wählen Sie die drei coolsten und hängen Sie sie ans Schwarze Brett im Klassenzimmer. Fügen Sie gelegentlich weitere Definitionen hinzu.

▶ **„sich lassen + Infinitiv" = „können + Aktiv/Passiv"**

Der Satz

> Nur selten lassen sich die Auswirkungen einer Entscheidung präzise vorhersagen.

ist gleichbedeutend mit:

> Nur selten können die Auswirkungen einer Entscheidung präzise vorhergesagt werden.
>
> Nur selten kann man die Auswirkungen einer Entscheidung präzise vorhersagen.

Sprechen

Sprechen

Aufgabe 11: *Formen Sie die folgenden Sätze mit Hilfe von „sich lassen + Infinitiv" um.*

1 Man kann Optimisten leicht von Pessimisten unterscheiden.
_____

2 Schwerwiegende Entscheidungen können erst nach reiflicher Überlegung getroffen werden.
_____

3 Das Ziel der Aktion konnte man mit wenigen Worten beschreiben.
_____

4 Durch positive Gefühle kann nicht nur der Geist, sondern auch der Körper beeinflusst werden.
_____

5 Durch eine positive Einstellung kann man wahre Wunder bewirken.
_____

6 Sein depressiver Gemütszustand konnte nicht verborgen bleiben.
_____

7 Optimismus kann leicht überschätzt oder unterschätzt werden.
_____

8 Diese Situation kann man nur positiv bewerten.
_____

Aufgabe 12: *Pronominaladverbien als Korrelate im Satz*

Ergänzen Sie in den folgenden Sätzen das Pronominaladverb und unterstreichen Sie den Satz, auf den es sich bezieht.

1 Die permanent negative Einstellung zu allem wirkt sich meist schnell auf den allgemeinen Gemütszustand aus und sorgt da____, dass Pessimisten häufig demotiviert und schlecht gelaunt sind.
2 Optimisten neigen viel eher da____, eine Situation positiv zu bewerten und ihr ohne schlimme Befürchtungen entgegenzutreten.
3 Ganz besonders, wenn es da____ geht, eine Krisensituation zu bewältigen.
4 Eine positive Einstellung kann durchaus da____ helfen, sich persönlich und auch fachlich weiterzu-entwickeln und dadurch die eigenen Karrierechancen zu verbessern.
5 Optimisten sind hier im Vorteil, denn sie haben keine Angst da____, Fehler zu begehen.
6 Durch ihren eigenen positiven Glauben gelingt es, andere zu begeistern und diese da____ zu über-zeugen, über sich hinauszuwachsen.

Grammatik

Grammatik

> **„scheinen" + Infinitivsatz**

Oft **scheint** sie nämlich die persönlichen Fähigkeiten im ersten Moment klar **zu übertreffen**.

Merken Sie sich: Hinter „scheinen" (und „brauchen") steht **nie ein Komma**!

Aufgabe 13:   *Bilden Sie Infinitivsätze mit „scheinen".*

1   Ein pessimistischer Mensch sieht in den meisten Situationen nur das Schlechte.

Ein pessimistischer Mensch _____ in den meisten Situationen nur das Schlechte zu _____ .

2   Der Chef ist mit der neuen Mitarbeiterin sehr zufrieden.

_____

3   Seine positive Einstellung motiviert nicht nur ihn, sondern das ganze Team.

_____

4   Optimisten neigen viel eher dazu, eine Situation positiv zu bewerten.

_____

5   Die Unternehmensleitung konnte die Krisensituation offenbar nicht bewältigen.

_____

6   Pessimisten ergeben sich häufig widerstandslos ihrem Schicksal.

_____

7   Optimisten haben in der Regel keine Angst davor, Fehler zu machen.

_____

8   Wir sind auf dem richtigen Weg zum Zertifikat B2.

_____

Schreiben

LESEN, Teil 4: Second-Hand-Mode

Aufgabe 14:   *Einen Forumsbeitrag verfassen*

Nutzen Sie die Meinungsäußerungen a – h auf Seite 117 im Lehrbuch als Grundlage für einen Forumsbeitrag zum Thema „Gegen den Wegwerfkonsum: Second-Hand ist im Trend". Sie sollen dabei folgende Aspekte behandeln:

✓ Warum liegt Second-Hand-Kleidung derzeit im Trend?
✓ Welchen Beitrag leistet Second-Hand-Mode zum Umweltschutz?
✓ Welche Vorteile bietet Babykleidung aus zweiter Hand?
✓ Wie denken Sie persönlich über Second-Hand-Mode?

Lesen Sie zuerst die acht Meinungsäußerungen und markieren Sie die Ihrer Ansicht nach interessantesten Punkte. Ordnen Sie die Punkte in zwei Kategorien ein: Positives – Trend/Mode. Fassen Sie sich kurz: Mit Einleitung und Schluss sollte Ihre Arbeit die 150 Wörter nicht überschreiten.
Verwenden Sie unbedingt die folgenden Verbindungselemente:

△ Second Hand liegt voll im Trend, und das aus gutem Grund:
△ Darüber hinaus tut man etwas Gutes für die Umwelt, (denn…)
△ Gerade für Kleinkinder ist gebrauchte Kleidung ideal, (weil…)
△ Ich persönlich (+Verb)

LESEN, Teil 5: Allgemeine Geschäftsbedingungen

▶ **Passiv mit Modalverben**

👍 Ein Modalverb kann, statt von einem Infinitiv Aktiv, auch von einem Infinitiv Passiv begleitet werden:

Aktiv:
> Rechnungen kann man per Überweisung, Lastschrift, Kreditkarte oder PayPal **begleichen**.
>
> Infinitiv Aktiv

Passiv:
> Rechnungen **können** per Überweisung, Lastschrift, Kreditkarte oder PayPal **beglichen werden**.
>
> Infinitiv Passiv

Aktiv:
> Muss man den Artikel bestellen, erfolgt die Zustellung ... innerhalb von 2 – 4 Werktagen.

Passiv:
> **Muss** der Artikel **bestellt werden**, erfolgt die Zustellung ... innerhalb von 2 – 4 Werktagen.

👍 Das Passiv mit Modalverben wird häufig in der Schriftsprache verwendet, besonders zur Beschreibung von Abläufen, Vorschriften etc. Eigentlich kommen nur die folgenden beiden Zeiten in Frage:

Präsens:
> Die Wohnung **muss** neu **gestrichen werden**.

Präteritum:
> Die Wohnung **musste** neu **gestrichen werden**.

Die restlichen Zeiten (Perfekt, Plusquamperfekt, Futur I und II) werden ganz selten gebraucht, weil sie nicht so praktisch sind.

✎ **Aufgabe 15:** *Formen Sie den Satz um und bilden Sie auch das Präteritum.*

1 Wir dürfen bestimmte Produkte nicht an Minderjährige verkaufen.

   Bestimmte Produkte _____ nicht an Minderjährige _____ _____

   Bestimmte Produkte _____ nicht an Minderjährige _____ _____

2 Man kann das Bücherregal dank der genauen Montage-Anleitung leicht selber zusammenbauen.

   _____

   _____

3 Die Versandkosten muss die Firma auf dem Angebot separat angeben.

   _____

4 Man darf die persönlichen Daten von registrierten Kunden auf keinen Fall missbrauchen.

   _____

   _____

5 Wir können diese Ware sofort liefern.

   _____

6 Der Kunde muss die Rechnung innerhalb von einer Woche nach Erhalt der Ware begleichen.

   _____

   _____

Grammatik

Grammatik

▶ **Wie drückt man eine Vorbedingung/ Voraussetzung/ Eventualität aus?**

In den folgenden Textabschnitten wird eine Eventualität ausgedrückt, jedes Mal anders. Achten Sie darauf, wie die Voraussetzung und die sich ergebende Konsequenz jeweils ausgedrückt werden, und natürlich auch auf die Stellung der Verben in beiden Sätzen.

Falls Sie unter 18 <u>sind</u>, <u>dürfen</u> Sie unsere Produkte und Dienstleistungen nur unter Mitwirkung eines Elternteils oder Erziehungsberechtigten nutzen.

Sofern die Artikel in unserem Lager vorrätig **sind**, <u>erhalten</u> Sie die bestellte Ware innerhalb von 1 - 3 Werktagen. **Muss** der Artikel bestellt werden, <u>erfolgt</u> die Zustellung nach Eingang der Ware bei ausreichender Verfügbarkeit innerhalb von 2 - 4 Werktagen.

👍 Alternative 1: Nebensatz mit „wenn / sofern / falls / im Falle dass" + Hauptsatz

Alternative 2: Hauptsatz mit dem Verb auf Position 1 + Hauptsatz

Der Hauptsatz, welcher die Konsequenz ausdrückt, beginnt mit dem Verb, weil der Nebensatz bzw. der Hauptsatz, welcher die Voraussetzung ausdrückt, syntaktisch als ein Satzglied (auf Position 1) gilt.

🖊 **Aufgabe 16:** *Bilden Sie Sätze nach beiden Alternativen wie im Beispiel.*

1 Rechnung nicht rechtzeitig beglichen – Besteller erhält eine Zahlungserinnerung

Alternative 1: _____ *die Rechnung nicht rechtzeitig beglichen wird, _____ der Besteller eine Zahlungserinnerung.*

Alternative 2: _____ *die Rechnung nicht rechtzeitig beglichen, _____ der Besteller eine Zahlungserinnerung.*

2 Rechnung bleibt auch nach erfolgter Zahlungserinnerung offen – Firma schickt dem Besteller eine erste Mahnung

_____

_____

3 Kunde zahlt trotz allem nicht – Er bekommt eine zweite Mahnung

_____

_____

4 Kunde reagiert auch auf die letzte Mahnung nicht – Firma kann ein Inkasso-Unternehmen einschalten

_____

_____

5 Einsatz des Inkasso-Unternehmens bleibt ohne Erfolg – Firma muss den Fall einem Anwalt übergeben

_____

_____

Sprechen

HÖREN, Teil 2: Frauen in Technikberufen

🖊 **Aufgabe 17:** *Über bestehende Klischees diskutieren*

Der Titel „Frauen in Technikberufen" deutet auf das bekannte Klischee „Männerberufe – Frauenberufe" hin. Was meinen Sie? Wird dieses Klischee im Berufsalltag bestätigt oder gehört es der Vergangenheit an?

Aufgabe 18: *Einen Text ergänzen*

Ergänzen Sie die Lücken 1-8 mit dem jeweils passenden Adjektiv aus dem Kasten. Ergänzen Sie auch die jeweilige Endung, wo erforderlich. Lesen Sie zuerst den Text einmal in Ruhe durch.

einzig	hartnäckig	jung	kommunikativ	kreativ	schmutzig	schwer	viel

Dieses (1) _____ Klischee führt dazu, dass Berufsbilder wie diese kaum Anziehungskraft auf (2) _____ Frauen haben. Noch immer verbinden sie Technikberufe mit körperlich (3) _____ , (4) _____ Arbeit, die wenig (5) _____ und schon gar nicht (6) _____ ist. Und sie haben nicht zuletzt Angst, die (7) _____ Frau unter (8) _____ Männern zu sein.

Aufgabe 19: *Eine Idee umdrehen*

Im Text ist vom „Girls' Day" die Rede. Am Mädchen-Zukunftstag können Schülerinnen ab Klasse Fünf technische, handwerkliche und naturwissenschaftliche Berufe kennenlernen. Das ermutigt viele Mädchen und junge Frauen sich zu trauen und etwas Neues auszuprobieren. Das entsprechende Projekt „Boys' Day – Jungen-Zukunftstag" gibt Jungen die Möglichkeit, Berufe kennenzulernen, in denen Männer immer noch unterrepräsentiert sind. Verfassen Sie einen kurzen Text (100-120 Wörter) zum Thema „Boys' Day". Schreiben Sie, wie Sie sich so einen Zukunftstag für Jugendliche und junge Männer vorstellen, damit er Erfolg hätte. Sie können dabei folgende Ausdrücke verwenden:

- eine geniale/interessante/absurde Idee
- im Zuge der Gleichberechtigung der Geschlechter
- sich beruflich umorientieren
- im Mittelpunkt der Veranstaltung stehen
- typische Frauenberufe

Aufgabe 20: *Das Gedächtnis prüfen*

Die letzte Frage der Moderatorin lautet:

Frauen in Technik und Naturwissenschaft sind also gefragt. Aber was passiert, wenn diese dann in den Beruf einsteigen?

Können Sie sich noch an die Antwort von Dr. Brandes erinnern? Erzählen Sie!

Wir wissen aus Statistiken, dass die Frauen, die tatsächlich in einen naturwissenschaftlich-technischen Beruf gehen, immer noch viel seltener Karriere machen als Männer. Eine wesentliche Hürde stellt das Problem dar, Familie und Job unter einen Hut zu bekommen.

HÖREN, Teil 3: Fremdsprachen lernen bringt Vorteile

Aufgabe 21: *Ein Thema von mehreren Seiten betrachten*

Bereiten Sie einen schriftlichen oder mündlichen Beitrag zum Thema „Fremdsprachen lernen" mit Hilfe der folgenden Aussagen vor:

- Nicht nur für die Karriere sind Fremdsprachen förderlich, die Sprache der Einheimischen zu sprechen macht die Kommunikation viel persönlicher.
- Man kann von klein auf mehrere Sprachen erlernen, der Mensch ist mehrsprachig veranlagt.
- Das Lernen einer Fremdsprache im Alter gilt als ausgezeichnetes Gehirntraining.

Im Text ist folgender Satz zu hören:

„Na ja, klassische Sprachen wie Latein sind auch <u>nicht</u> <u>unwichtig</u> für ein Studium, aber auf dem weltweiten Arbeitsmarkt erhoffe ich mir größere Chancen mit meinen Chinesisch-Kenntnissen."

👍 Die Kombination aus dem Negationswort „nicht" und einem Wort mit negativer Bedeutung – wie
„unwichtig" – ist ein rhetorisches Stilmittel, auch „Litotes" genannt, und drückt eine nicht hundertprozentig sichere Bejahung aus:

„Na ja, klassische Sprechen wie Latein sind eigentlich auch **wichtig** für ein Studium, aber ..."

 Aufgabe 22: *Doppelte Negation als stilistisches Mittel im Satz*

Formulieren Sie Sätze mit Doppelnegation, z. B. „nicht uninteressant", „nicht schlecht", „nicht ungewöhnlich", „nicht sinnlos", „nicht dumm".

_____

_____

HÖREN, Teil 4: Gute Vorsätze

 Aufgabe 23: *Positive Pläne schmieden*

Drei Personen sind gerade dabei, positive Änderungen in ihrem Leben herbeizuführen. Sehen Sie die
Bilder an, beschreiben sie die guten Vorsätze von Mina, Dave und Philipp und überlegen sie, wie sie ihre
guten Vorsätze realisieren können und worauf sie achten müssen.

Sonja 32, Moskau

Philipp 25, Frankfurt

Dave 50, San Francisco

Grammatik

Sprechen

✎ Aufgabe 24: *Sätze zuordnen*

Verbinden Sie die Sätze 1-8 links mit den Sätzen a-h rechts. Jeder Satz wird nur einmal verwendet.

1 Am besten auf einem oder mehreren Zetteln schriftlich festhalten,	**a** desto unwahrscheinlicher ist deren Gelingen.
2 Je undeutlicher unsere Vorsätze,	**b** die für das kommende Jahr gefasst werden
3 Manch einer versucht,	**c** die man entweder in der Wohnung verteilt oder als „Post-it" an den Monitor klebt.
4 So freut man sich darauf,	**d** die man leicht umsetzen kann.
5 Viele Vorsätze, …, wiederholen sich Jahr für Jahr.	**e** kann uns ein kurzer Blick wieder auf den richtigen Weg bringen.
6 Wählen Sie positive Formulierungen,	**f** mit einer langen Liste an Vorsätzen sein ganzes Leben auf einmal zu ändern.
7 Wenn uns der Mut verlässt,	**g** seine Pläne in die Tat umzusetzen.
8 Wer endlich joggen gehen möchte,	**h** wird im Februar nicht gleich einen Marathon bestreiten können.

1	2	3	4	5	6	7	8

SCHREIBEN, Teil 1: Eine neue Arbeitsstelle

Merkmale einer guten Bewerbung:
- schlichter Lebenslauf – übersichtlich sein – wichtige Daten beinhalten – kurz und knapp – professionelles Design benutzen – eine Bewerbungsmappe erstellen – das Bewerbungsfoto / den Motivationsbrief / die Zeugnisse beilegen

Tipps für ein gelungenes Vorstellungsgespräch:
- souveränes Auftreten – Augenkontakt halten – sich kurz fassen – Gespräch über persönliche/ private Dinge vermeiden – für lockere Atmosphäre sorgen – freundlich lächeln

Neue Kollegen und Kolleginnen kennenlernen:
- offen zu den Kolleginnen und Kollegen sein – Kontakte knüpfen – das Ganze langsam angehen – eine Vertrauensperson finden – eine Begrüßungsmail an alle schreiben – kein Gefühl der Konkurrenz entstehen lassen

Verhalten am ersten Arbeitstag:
- zurückhaltend sein – die Vorstellung – der Aufgabenbereich – die Flut von neuen Namen – nicht wegen jeder Kleinigkeit nachfragen – nur dringende Fragen stellen – die Kaffeepause für Gespräche nutzen

Sprechen

Sprachliche Mittel

Grammatik - Wortschatz

 Aufgabe 25: *Über ein Thema diskutieren*

> „Sollten Vorstellungsgespräche künftig nur über Videochat geführt werden?"

Bei der Diskussion können Sie die folgenden Argumentationshilfen verwenden:

- die Sicherheit der Wohnung / die vertraute Umgebung / die Privatsphäre / Ruhe im Raum
- die passende Kleidung / formell angezogen sein
- die technische Ausstattung / gute Internet-Verbindung ist Voraussetzung / Chatroom vorher testen / technische Pannen sind störend
- die Belichtung / kein Schatten / die Tageszeit berücksichtigen
- sich vorher gründlich über den Arbeitgeber informieren / eine Vorrecherche machen
- die Möglichkeit, Rückfragen zu stellen / die Bewerbungsunterlagen griffbereit halten
- Bewerbungsgespräche sind zum persönlichen Kennenlernen da / Videochats sind nicht so persönlich

---

SCHREIBEN, Teil 2: Tag der offenen Tür im Krankenhaus zum Thema Organspende

- Ihre Arbeit am Universitätsklinikum: verantwortlich für Organspenden – Leiter der Abteilung – viel Zeit für Organspende-Projekte investiert – vielen Patienten das Leben gerettet
- Wichtig für den Tag der offenen Tür: das gesamte Personal anwesend sein – der Bürgermeister wird eingeladen – ein Vorbild für andere Krankenhäuser – möglichst viele Leute rechtzeitig informieren/einladen
- Vorschläge zur Sensibilisierung der Bürger: mit ehemaligen Patienten sprechen – ein Organspender werden – einen Organspenderausweis erhalten – Informationsstand bezüglich Organspende – Präsentation einer Statistik – auch andere Menschen motivieren, Organe zu spenden
- Warum schreiben Sie Herrn Seidel: geeignete Person – der Vorsitzende – eine Idee weiterreichen – persönlicher Bezug – hat immer ein offenes Ohr für solche Sachen

 Aufgabe 26:

In einem Forum lesen Sie einen Kommentar zum Thema „Organspende". Darin gibt es einige Fehler. Finden und korrigieren Sie diese Fehler.

Hallo,		
ich rate grundsätzlich jedem dazu, sich **ein** Organspender-Ausweis	0	*einen*
ausstellen zu lassen. Erstens sollte man sich rechzeitig mit dem	1	_____
Thema auseinandersetzen, weil es kann jederzeit zu Ende sein, das	2	_____
ist nun mal so in Leben. Zweitens hilft man nicht nur demjenigen,	3	_____
der durch ein Organ vielleicht gerettet wird, aber auch den eigenen	4	_____
Angehörigen, da sie dann in der größte Trauer nicht darüber	5	_____
entscheiden müssen, wenn die Organe gespendet werden oder nicht.	6	_____
Es genügt, dass ein Artzt den Tod feststellt, dann kann die Suche	7	_____
nach möglichen Organempfängern beginnen. Als ich überlege, dass	8	_____
durch die Spende ein Leben gerettet wird, denn ist die Entscheidung	9	_____
für mich recht einfache.	10	_____
Was meint ihr dazu?		

SPRECHEN, Teil 1

⊙ Eine WG gründen oder alleine wohnen?

- Zeit lieber allein mit Lesen, Musikhören oder einfach Nichtstun verbringen – im Alltag gemeinsam mit Freunden etwas unternehmen – eine Wohnung / ein Apartment mieten
- einzelnes, festes Zimmer, gemeinsame Räume (WC, Bad, Wohnzimmer, …), die Einrichtung ist vorhanden – möbliert – weniger eigene Möbel brauchen
- WG: man ist nicht einsam – Kosten werden geteilt – gemeinsam den Abend verbringen – Hilfe bekommen – sich an Gemeinschaftsregeln halten – Ärger/Probleme haben – Kompromisse schließen
- Alleine wohnen: mehr Entscheidungsfreiheit – keine Rücksicht nehmen – sich um alles kümmern – keiner stört – die Ruhe – nichts teilen müssen

Fragen zum Thema:
- a. Kann man auch im Alter von über 50 in einer WG wohnen?
- b. Was könnte man in einer WG an einem Wochenende gemeinsam unternehmen?

⊙ Sich alleine auf eine Prüfung vorbereiten

- ein Übungsbuch kaufen – einen Vorbereitungskurs besuchen – Privatunterricht nehmen – der Modelltest – sich im Internet informieren
- gezielt – die Fertigkeit, -en – das Angebot – konkrete Planung – an den eigenen Schwächen arbeiten – trainieren – Online-Vorbereitung – mit System arbeiten
- alleinige Vorbereitung genügt nicht – ein Lehrer ist immer erforderlich – die Korrektur, -en – korrigieren/verbessern – keine volle Motivation – keine Disziplin beim Lernen

Fragen zum Thema:
- a. Wer kann einem gute Ratschläge zur Prüfungsvorbereitung geben?
- b. Gibt es ein konkretes Erfolgsrezept für das Bestehen einer Prüfung?

⊙ Alkoholkonsum

- Alkohol konsumieren – bei Feiern – zu einem besonderen Anlass – das beliebteste Genussmittel – die Anhebung der Mehrwertsteuer könnte zu weniger Konsum führen
- sich entspannen – die Nerven beruhigen – schadet der Gesundheit – kann süchtig machen – gefährlich wie eine Droge
- in Maßen – nicht mehr als ein Glas – es ist wissenschaftlich erwiesen, dass … – der Alkoholrausch ist bedenklich – die Grenze vom Alkoholkonsum zum Alkoholmissbrauch ist fließend

Fragen zum Thema:
- a. Ab welchem Alter könnte man Ihrer Meinung nach mit dem Alkoholkonsum beginnen?
- b. Sollte Alkohol für ältere Menschen auch komplett verboten werden?

⊙ Literaturgenuss mit Buch und Hörbuch

- In der Hand halten – der Geruch des Papiers – den Text sehen/hören/lesen – der Hörtext – etwas herunterladen – die Bedienungsanleitung verstehen
- sich mit dem Internet verbinden – Bücher abrufen – im Geschäft einkaufen – online kaufen
- (nicht) gut lesbar – die Tonqualität – der Leserhythmus – klein und handlich – lesen ist besser als hören – Training für den Kopf – hohe/mehr Konzentration erforderlich

Fragen zum Thema:
- a. Wie wichtig ist der Sprecher im Hörbuch?
- b. Wird man in Zukunft das Lesen verlernen?

Sprachliche Mittel

SPRECHEN, Teil 2: Wohnen auf Miete oder lieber ein Haus kaufen?

Ist ein Hauskauf eine gute Investition?

- Man muss für die Zukunft sorgen. Eine Immobilie kann man wieder verkaufen oder vermieten.
- Wer ein Haus mietet, hat nichts Eigenes. Im Eigenheim zu leben ist der Traum vieler Menschen.
- Eine Immobilie zu kaufen ist eng mit dem Arbeitsplatz verbunden.
- Eine Wohnung zu kaufen lohnt sich längst nicht mehr – zu hohe Grundstückspreise.

Welche Vor- bzw. Nachteile bringt das Wohnen auf Miete mit sich?

- hohe Flexibilität / persönliche Unabhängigkeit
- geringe Verantwortung für Pflege und Instandhaltung
- steigende Mietpreise
- eingeschränkte Gestaltungsfreiheit der Räume – Abhängigkeit vom Vermieter

Ist ein Wochenend- oder Ferienhaus, das man besitzt oder mietet, eine gute Idee?

- Zunächst einmal eine Geldfrage
- Ruhe finden – Freunde einladen – Feste feiern
- Macht viel Arbeit, z. B. im Garten, bei Reparaturen etc.
- Wahrscheinlich ist ein Auto erforderlich.

Die finanzielle Situation und ihre Rolle bei der Entscheidung

- Vielleicht ist es sinnvoller, eine Immobilie zu bauen statt zu kaufen.
- Raten/Zinsen müssen über viele Jahre abbezahlt werden – die finanzielle Situation kann sich ändern.

Weitere Diskussionspunkte:

- Auf Miete wohnen: allein oder in einer WG?
- Sollte man, statt ein Haus oder eine Wohnung zu kaufen, sein Geld lieber dafür ausgeben, sein Leben zu genießen, z. B. schöne Sachen kaufen, viel reisen, lange Urlaub machen?

mieten oder kaufen?

Test 7

LESEN, Teil 1: Nachbarschaftliche Beziehungen

Wortschatz zum Thema

- das Apartment, -s ▪ die Wohnung, -en ▪ das Einfamilienhaus, -"er ▪ das Mehrfamilienhaus, -"er
- auf dem Land / in der Stadt aufwachsen / wohnen
- die Generation, -en ▪ unter einem Dach leben/wohnen
- das Baby, -s ▪ das Kleinkind, -er ▪ das (junge) Ehepaar ▪ das Senioren-/Rentnerehepaar
- der Nachbar, -n ▪ nachbarschaftlich ▪ die Nachbarschaftshilfe ▪ sich gegenseitig helfen
- kennen ▪ jeder kennt jeden ▪ jmdn. täglich sehen
- jmdn. regelmäßig / zufällig im Treppenhaus / im Aufzug / beim Verlassen des Hauses / am Eingang treffen
- die Freundschaft ▪ freundschaftlich ▪ die Beziehung, -en ▪ das Verhältnis
- anonym ▪ die Anonymität ▪ distanziert ▪ Distanz wahren zu + DAT
- der Lebensrhythmus ▪ die Lebensweise ▪ das Bedürfnis nach + DAT
- die Ruhe ▪ ruhig ≠ unruhig ▪ Ruhe brauchen
- das Geräusch, -e ▪ der Lärm ▪ der Krach ▪ Lärm/Krach machen
- stören ▪ störend ▪ etw. als störend empfinden ▪ die Störung, -en
- die Situation ist peinlich/ärgerlich/nervig/unerträglich
- der Streit ▪ streiten mit + DAT
- der Kompromiss, -e ▪ einen Kompromiss schließen ▪ sich abfinden mit + DAT
- neugierig ▪ der Klatsch ▪ klatschen über + AKK ▪ diskret ≠ indiskret sein
- die Kneipe, -n ▪ zusammenkommen mit + DAT ▪ reden mit + DAT
- spontan ▪ die Spontaneität ▪ zusammen etw. feiern

Aufgabe 1: *Nennen Sie Synonyme (=) bzw. Antonyme (≠) der folgenden Wörter.*

sich abfinden =		der Lärm =	
auf dem Land ≠		nervig =	
die Beziehung =		zufällig ≠	
diskret ≠		zusammen =	

Aufgabe 2: *Aus eigener Erfahrung berichten*

Wie ist es bei Ihnen? Beschreiben Sie Ihr Verhältnis zu den Leuten in Ihrer Nachbarschaft.

Wortschatz

Sprechen

▶ **Das unbestimmte Pronomen „man"**

Lesen Sie die folgenden Sätze aufmerksam durch:

a) Dort traf sich früher die ganze Straße, **man** fühlte sich wie zuhause: **man** trank und redete mit guten Freunden.

b) Ist doch irgendwie seltsam, dass **man** auf Facebook zwar jeden Schritt der ehemaligen Schulkollegin verfolgt, mit der **man** sonst nichts mehr zu tun hat, aber nicht weiß, was die Frau mit der höflichen Tochter, die unter **einem** wohnt und die **man** beinahe täglich sieht, macht, wenn sie das Haus verlässt.

Die Deklination:

Nominativ	man
Akkusativ	einen
Dativ	einem

 Die Regeln:

✓ Das unbestimmte Pronomen „man" bezieht sich immer auf eine oder mehrere Personen, die nicht näher definiert sind.

✓ Das Verb hinter „man" steht immer in der 3. Person Singular.

✓ „man" darf nicht durch „er" oder ein anderes Pronomen ersetzt werden.

✓ Dem Pronomen „man" entspricht das Possessivpronomen „sein".

Aufgabe 3: *Ergänzen Sie die Lücken mit der jeweils passenden Form von „man".*

1 Einen Vortrag beginnt _____ immer mit der Begrüßung des Publikums.

2 Die Gedanken an die Familie in der Heimat belasten _____ sehr, wenn _____ allein im Ausland lebt.

3 Bei einer Einladung zum Essen bringt _____ der Dame des Hauses meistens Blumen mit.

4 Ein Dosenöffner dient _____ zum Öffnen von Konservendosen.

5 Zu einer Hochzeitsfeier lädt _____ Verwandte, Freunde und gute Bekannte ein.

6 Es ist immer ein unangenehmes Problem, wenn es _____ an Geld fehlt.

7 Es freut _____ natürlich sehr, wenn die Kinder gute Noten nach Hause bringen.

8 Gute Ideen gefallen _____ immer sehr, besonders wenn _____ das nötige Geld für deren Umsetzung hat.

9 Was _____ nicht gehört, das kann _____ niemandem schenken.

10 Nachrichten aus der Welt der Technik interessieren _____ schon.

11 Das Wort „Schifffahrt" schreibt _____ jetzt mit drei „f".

12 _____ trennt sich nur ungern von guten Freunden.

13 Der Chef überlässt _____ oft die langweiligsten Arbeiten.

14 _____ wartet darauf, dass die Grundstückspreise endlich fallen.

15 Oft tun _____ nach einer langen Wanderung die Füße weh.

Temporalsätze mit „als, wenn"

Wir verwenden „als" nur, wenn es sich um ein Ereignis handelt, das einmal in der Vergangenheit stattgefunden hat:

Vor ein paar Monaten, **als** jemand seinen 50. Geburtstag feierte, kam dann ganz spontan die Idee auf, gemeinsam zu verreisen.

Vorsicht: „einmaliges Ereignis" bedeutet nicht zwangsläufig „Ereignis von momentaner Dauer"!
Im folgenden Satz wird das deutlich:

Allerdings haben wir auch in unmittelbarer Nähe einen Spielplatz, wo unsere Kinder sich austobten, **als** sie noch klein waren.

 Falls es sich um eine wiederholte Handlung handelt, verwenden wir „wenn":

Wenn das Kind in der Wohnung herumrannte oder sein Spielzeug auf den harten Boden fallen ließ, konnte ich alles durch die Decke hören.

Im folgenden Textabschnitt werden beide Konjunktionen folgerichtig verwendet:

Als ich vor zwei Jahren zum Studium nach Frankfurt in mein eigenes Apartment zog, wollte ich möglichst wenig oder gar nichts mit den Menschen unter demselben Dach zu tun haben. **Wenn** ich morgens aus dem Haus ging, lief ich die Treppen hinunter, statt den Aufzug zu nehmen, um ja nicht in ein Gespräch verwickelt zu werden.

Bei Ereignissen, die sich auf die Gegenwart oder Zukunft beziehen, verwenden wir immer „wenn", unabhängig davon, ob es sich um ein einmaliges oder wiederholtes Ereignis handelt, wie die folgende Übersicht zeigt:

	einmaliges Ereignis	wiederholtes Ereignis
Vergangenheit	als	wenn
Gegenwart	wenn	wenn
Zukunft	wenn	wenn

Aufgabe 4: *Setzen Sie sinngemäß „als" oder „wenn" in die Lücken ein.*

1 _____ ich in der Universitätsklinik arbeitete, hatte ich Schichtdienst.

2 Es ist klar, dass man tagsüber seine Ruhe braucht, _____ man nachts arbeitet.

3 _____ neue Mieter in die Wohnung über mir einzogen, war ich anfangs immer skeptisch.

4 Wir waren alle schön braun, _____ wir letztes Jahr von der Reise in die Karibik zurückkehrten.

5 _____ man früher seine Freunde treffen wollte, ging man einfach in die Kneipe um die Ecke.

6 _____ ihr Vater in Rente ging, übernahmen die beiden Söhne das Geschäft.

7 Ich war jedes Mal ziemlich aufgeregt, _____ am nächsten Tag eine Klausur zu schreiben war.

8 _____ Max aus dem Aufzug kam, sah er einen Polizisten, der vor der Haustür wartete.

9 Renate hatte anfangs große Schwierigkeiten, _____ sie von ihrer Kleinstadt in die Großstadt zog.

Grammatik

© Praxis

10 Ganz einfach: _____ ich meine Ruhe haben wollte, verließ ich den Gemeinschaftsraum und ging auf mein Zimmer.

11 Ist doch klar, dass die Kinder Krach machen werden, _____ sie in ihrem Zimmer spielen, aber das ist wirklich nicht schlimm.

12 _____ der Vortrag von Professor Ungerer begann, waren nicht mehr als 20 Studenten im Saal.

LESEN, Teil 2: Handschrift – Schreiben statt Tippen

Aufgabe 5: *Begriffe unterscheiden*

Die Art, wie man schreibt, wie man schreiben soll, bietet in Deutschland immer wieder Anlass für heftige Debatten. Können Sie nun, als Nichtmuttersprachler, nachdem Sie den Text „Handschrift - Schreiben statt Tippen" gelesen haben, zwischen Druckschrift, Grundschrift, Handschrift und Schreibschrift unterscheiden? Tragen Sie den Ihrer Ansicht nach passenden Begriff links ein:

_____ : eine Variante der Druckschrift, welche die persönliche Handschrift der Kinder direkt aus den Druckbuchstaben entwickelt.

_____ : die Schrift, die durch Schreiben mit der Hand erzeugt wird.

_____ : eine Schrift, die durch eine fortlaufende bzw. wenig unterbrochene Linienführung auf dem Papier charakterisiert ist.

_____ : eine Schrift, in der die einzelnen Buchstaben nicht wie in der Schreibschrift verbunden sind, sondern unverbunden stehen.

Aufgabe 6: *Notieren Sie zu jedem der folgenden Wörter ein Wort mit gegensätzlicher Bedeutung.*

der Hintergrund		häufig	
grundlegend		handgeschrieben	
abschaffen		leserlich	
löschen		zunehmend	
effizient		der Experte	

Aufgabe 7: *Formen Sie die blau markierten Satzteile sinngemäß um.*

1 Infolge der zunehmenden Digitalisierung gerät das Schreiben mit der Hand immer mehr in den Hintergrund – auch bei Kindern.

_____ *die Digitalisierung* _____, *gerät das Schreiben mit der Hand …*

2 Sollten sie nicht vielmehr den Umgang mit Computerprogrammen und Tastatur lernen?

Sollten sie nicht vielmehr lernen, _____ *sie mit Computerprogrammen und Tastatur* _____ *können?*

3 Erkenntnissen der Neurowissenschaft zufolge trägt das Schreiben mit der Hand zur Entwicklung des Gehirns bei.

_____ die Neurowissenschaft _____ hat, trägt das Schreiben mit der Hand dazu bei, _____ sich das Gehirn entwickelt.

4 Nicht zuletzt ist die Handschrift ein Ausdruck der Individualität des Menschen.

_Nicht zuletzt _____ die Handschrift die Individualität des Menschen aus._

5 Auch in Deutschland liefen häufige Diskussionen darüber, wie sinnvoll das Erlernen der Handschrift noch ist.

_Auch in Deutschland _____ häufig darüber _____, wie sinnvoll ..._

▶ **Bildung und Gebrauch des Komparativs**

👍 Um den Komparativ zu bilden, hängt man dem Adjektiv das Suffix „-er" an:

Mit der Hand schreibt man also **bewusster** und **effizienter**.

👍 Viele einsilbige Adjektive mit „a, o, u" im Stamm erhalten im Komparativ einen Umlaut:

Und abgesehen davon ist die Handschrift auch **persönlicher, wärmer** und **lebendiger**.

👍 Einige Adjektive bilden den Komparativ unregelmäßig:

Wenn Kinder per Hand schreiben, kann ihr Gehirn das Gelernte viel **besser** abspeichern. Doch immer **mehr** Kinder in Deutschland haben Schwierigkeiten, mit der Hand zu schreiben.

Merken Sie sich besonders:

Positiv	Komparativ	Superlativ
gut	besser	am besten
viel	mehr	am meisten
gern	lieber	am liebsten

👍 Mit „Komparativ + als" drückt man die Überlegenheit von A im Vergleich zu B aus:

Auf diese Weise lernen sie auch **schneller** lesen und können den Unterrichtsstoff viel **besser** behalten **als** diejenigen, die mit ihrem PC arbeiten.

🖊 **Aufgabe 8:** _Bilden Sie Vergleiche wie im Beispiel._

1 schnell – antworten (Perfekt) – Friedrich – Leandro

_Friedrich hat _____ _____ Leandro geantwortet._

2 sinnvoll – sein – Freizeitaktivität – Lesen – Faulenzen

_Lesen ist eine _____ Freizeitaktivität _____ Faulenzen._

3 gern – sollen (Konjunktiv II) – sich konzentrieren – Elisa – ihre Stärken – ihre Schwächen

_____

4 genau – arbeiten (Präteritum) – immer – Lana – Lucia

_____

Grammatik

5 häufig – machen (Passiv) – Fehler in der Grammatik – Fehler im Ausdruck

_____

6 gut – haben – Charakter – Hugo – Konrad

_____

7 groß – Tabea – einen Kopf – Celine

_____

8 kalt – sein – es – auf dem Berg – am See davor

_____

9 klug – sein (Präteritum) – nicht viel – Fabio – Martin

_____

10 viel – verdienen – 500 Euro – Leana – Ariana

_____

LESEN, Teil 3: Privatschulen in Deutschland

Wortschatz zum Thema

- eine öffentliche/staatliche Schule ▪ eine private Schule / Privatschule ▪ der Unterschied, -e

- die Allgemeinbildung ▪ die Ausbildung ▪ die Qualität ▪ der Vorteil, -e ‡ der Nachteil, -e

- eine allgemeinbildende Schule ▪ die Bildungseinrichtung, -en ▪ eine Schule gründen

- das Bildungssystem ▪ das Schulwesen ▪ die Schullandschaft ▪ an Zulauf gewinnen

- die Grundschule, -n ▪ die Hauptschule, -n ▪ die Realschule, -n ▪ das Gymnasium, Gymnasien

- die Gesamtschule, -n ▪ der Schulabschluss, "-e ▪ das Abitur (machen)

- die Schulpflicht ▪ das schulpflichtige Alter ▪ schulpflichtige Kinder (Pl.)

- die Anmeldung, -en ▪ die Einschreibung ▪ jmdn. einschreiben in + AKK

- das Schulfach, "-er ▪ der Unterricht ▪ die Unterrichtsstunde, -n ▪ der Stundenplan, "-e

- zur Verfügung stehen = verfügbar sein ▪ jmdn. aufnehmen ‡ ablehnen

- die PISA-Studie, -n ▪ auf den vorderen ‡ hinteren Plätzen stehen

- das Schulklima ▪ das Lehrpersonal ▪ der Elternbeirat ▪ die Initiative, -e (der Eltern)

- der gesellschaftliche Wandel ▪ die zunehmenden Anforderungen (Pl.)

- der Schwerpunkt, -e ▪ mit Schwerpunkt auf + DAT ▪ die Ausrichtung, -en ▪ fördern + AKK

- musische/wirtschaftliche/sportliche Ausrichtung ▪ Schule(n) für Hochbegabte/Behinderte

- betreuen + AKK ▪ die (intensive) Betreuung ▪ die Hausaufgabenbetreuung ▪ das Freizeitangebot, -e

- motiviert sein ▪ die (starke) Motivation ▪ kleine Klassen (Pl.) ▪ hohe Kosten (Pl.)

- das Argument, -e ▪ (nicht) für jedermann zugänglich ▪ der Wettbewerb = die Konkurrenz

- die wirtschaftliche Situation ▪ das Stipendium, Stipendien ▪ ein Stipendium gewähren/erhalten

- die Öffentlichkeit ▪ das Image ▪ die Leistung, -en

Aufgabe 9:   *Berichten Sie aus eigenem Wissen und Ihrer Erfahrung:*

Wie waren die Schulen, die Sie besucht haben? Nennen Sie eine besonders positive bzw. negative Erfahrung, die Sie gemacht haben.

Was macht Ihrer Ansicht nach den Erfolg einer Schule aus?

Aufgabe 10:   *Schulen der anderen Art*

Sagen Ihnen die folgenden Begriffe etwas:

A Montessori-Schule   -   **B** Summerhill-Schule   -   **C** Waldorfschule

Recherchieren Sie im Internet und erstellen Sie eine Collage mit Infos und Bildern über jede dieser besonderen Schulformen. Präsentieren Sie, was Sie gesammelt haben, im Plenum und diskutieren Sie darüber.

▷ **Temporalsätze mit „nachdem"**

Lesen Sie die folgenden Sätze aufmerksam durch und achten Sie dabei auf die Zeiten der Verben:

Nachdem im Jahr 2001 in der PISA-Studie <u>festgestellt wurde</u>, dass die deutschen Schüler in den Bereichen Lesen, Mathematik und naturwissenschaftliche Grundkenntnisse auf den hintersten Plätzen standen, <u>gewinnen</u> die privaten Institute rasant an Zulauf.

Die staatlichen Schulen <u>können</u> nur dann besser werden, **nachdem** sie Elemente der privaten <u>übernommen haben</u>.

 Die Regeln:

✓ Temporalsätze mit **„nachdem"** drücken **Vorzeitigkeit** aus, d. h. eine Handlung, die zeitlich **vor** dem Inhalt des Hauptsatzes liegt.

✓ In Sätzen mit **„nachdem"** muss die **Zeitenfolge** eingehalten werden, wie die folgende Tabelle zeigt:

Temporalsatz mit „nachdem"	Hauptsatz
Perfekt	Präsens oder Futur I
Plusquamperfekt	Präteritum / Perfekt

✎ **Aufgabe 11:** *Verbinden Sie die beiden Sätze mithilfe von „nachdem".*

1 Die Eltern bringen Privatschulen offenbar mit einer intensiveren Betreuung ihrer Kinder in Verbindung. Das Angebot an Privatschulen wird wohl weiter wachsen.

_____ *die Eltern Privatschulen offenbar mit einer intensiveren Betreuung ihrer Kinder in Verbindung _____ _____, _____ das Angebot an Privatschulen wohl weiter _____.*

2 Die Anmeldungen hatten die zur Verfügung stehenden Plätze um das Fünffache überstiegen. Die Eltern drängten auf die Gründung weiterer Privatschulen.

_____

_____

3 Die Zahl der Privatschulen in Deutschland hat sich drastisch erhöht. Jedes 13. schulpflichtige Kind besucht eine Privatschule.

_____

_____

4 Im Hinblick auf die Qualität der Ausbildung stellte man keine nennenswerten Unterschiede fest. Die Privatschulen konzentrierten sich auf das Schulklima.

_____

_____

5 Man sorgt für motivierte Lehrer und kleine Klassen. Die meisten Eltern sind zufrieden.

_____

6 Privatschulen richten Stipendienprogramme für ärmere Schülerinnen und Schüler ein. Auch Kinder aus sozial schwachen Familien können Privatschulen besuchen.

_____

_____

Grammatik

7 Seit 1992 ist die Zahl allgemeinbildender privater Schulen um 50 Prozent gestiegen. Die öffentlichen Schulen versuchen sich zu verbessern.

_____

_____

8 Zuerst wurden Schulen mit musischer oder wirtschaftlicher Ausrichtung gegründet. Dann entstanden auch Privatschulen für Hochbegabte und Behinderte.

_____

_____

Aufgabe 12: _Die Besetzung des Vorfelds_

Setzen Sie den markierten Ausdruck an den Anfang des Satzes. Nehmen Sie alle erforderlichen Änderungen im Satz vor und achten Sie auf die Stellung des Verbs!

1 Der Wettbewerb um die Schülerinnen und Schüler in Deutschland hat auch den öffentlichen Schulen nach Ansicht vieler Experten gut getan.
   Nach Ansicht vieler Experten _____

2 Private Bildungseinrichtungen sind der Grund dafür, dass sich Deutschlands Schullandschaft verändert.

_____

3 Unterschiede werden einer Studie zufolge eher im Bereich des Schulklimas sichtbar.

_____

4 Die 15-Jährigen fühlen sich in Privatschulen besser von ihren Lehrern unterstützt als in staatlichen Schulen.

_____

5 Lehrer an Privatschulen sind zudem meist motivierter und die Klassen kleiner.

_____

6 Das Argument, Privatschulen seien aufgrund hoher Kosten nicht für jedermann zugänglich, gilt eigentlich nicht.

_____

Aufgabe 13: _Ergänzen Sie die fehlenden Präpositionen, wo erforderlich auch den Artikel._

1 Die Zweifel der Eltern _____ deutschen Bildungssystem führen oft _____ Gründung _____ Privatschulen, besonders _____ ländlichen Gebieten.

2 _____ d_____ letzten Jahren gab es mehrere Gründe _____ den rasanten Anstieg der Auswanderung junger Ärzte _____ Ausland.

3 _____ Hinblick _____ die Qualität der Ausbildung ist _____ Stadt und Land kein großer Unterschied festzustellen.

4 Viele Büroräume _____ diesem Bürohochhaus kosten _____ 1000 _____ 1500 Euro _____ Monat.

5 _____ vorletztem Jahr ist die Arbeitslosigkeit _____ jungen Akademikern _____ 10% gestiegen, _____ 23% _____ 33%.

Grammatik

Grammatik

LESEN, Teil 4: Neugier – wichtig oder lästig?

 Aufgabe 14: *Einen Forumsbeitrag verfassen*

Nutzen Sie die Meinungsäußerungen a – h auf Seite 135 im Kursbuch als Grundlage für einen Forumsbeitrag zum Thema „Neugier: Ist sie der Schlüssel zum beruflichen Erfolg?". Sie sollen dabei folgende Aspekte behandeln:

- ✓ Wie wichtig ist Neugier für den Beruf?
- ✓ Warum sollte gerade die kindliche Neugier gefördert werden?
- ✓ Welche Nachteile kann Neugier mit sich bringen?
- ✓ Wie ist Ihre persönliche Meinung über Neugier?

Lesen Sie zuerst die acht Meinungsäußerungen und markieren Sie die Ihrer Ansicht nach interessantesten Punkte. Ordnen Sie die Punkte in zwei Kategorien ein: Positives – Negatives.
Fassen Sie sich kurz: Mit Einleitung und Schluss sollte Ihre Arbeit die 150 Wörter nicht überschreiten.
Verwenden Sie unbedingt die folgenden Verbindungselemente:

- △ Im Beruf ist Neugier ein entscheidender Erfolgsfaktor, (weil …)
- △ Gerade im Kindesalter sollte der Wissensdurst gefördert werden, (denn …)
- △ Allerdings hat Neugier auch ihre Grenzen:
- △ Ich bin der Meinung, (dass …)

LESEN, Teil 5: Job-Beschreibung: Brandschutzbeauftragter

> **Über den Gebrauch des Passivs**

a Das Passiv wird im Deutschen relativ häufig verwendet, und zwar um auszudrücken, dass das Subjekt etwas erleidet:

Der Brandschutzbeauftragte sorgt dafür, dass <u>Gefahren</u> **beseitigt werden**.

<u>Der Brandschutzbeauftragte</u> **soll** zu allen den Brandschutz betreffenden Fragen **gehört werden**.

In den meisten Fällen fungiert das Passiv wie die Kehrseite des Aktivs:

Der Brandschutzbeauftragte **beseitigt** <u>Gefahren</u>.

Man **soll** <u>den Brandschutzbeauftragten</u> zu allen den Brandschutz betreffenden Fragen **hören**.

Tatsache ist, die Aktiv-Sätze unten sind grammatisch genauso richtig wie die Passiv-Sätze oben, aber die Passiv-Sätze klingen irgendwie „richtiger". Das Passiv wird also vorgezogen, wenn nach Ansicht des Sprechers die Handlung wichtiger als die handelnde Person (= der Täter) ist.

b Um das Passiv bilden zu können, muss man zwei Sachen gut beherrschen:

- das Hilfsverb „werden"

Singular		Plural	
ich	werde	wir	werden
du	wirst	ihr	werdet
er/sie/es	wird	sie, Sie	werden

- das Partizip II (= Partizip Perfekt)

Grammatik

Beachten Sie das folgende Schema:

	einfaches Passiv	Passiv mit Modalverb
Präsens	Das Buch wird gedruckt.	Das Buch kann gedruckt werden.
Präteritum	Das Buch wurde gedruckt.	Das Buch konnte gedruckt werden.
Perfekt	Das Buch ist gedruckt worden.	(Das Buch hat gedruckt werden können.)*
Plusquamperfekt	Das Buch war gedruckt worden.	(Das Buch hatte gedruckt werden können.) *
Futur I	Das Buch wird gedruckt werden.	(Das Buch wird gedruckt werden können.)
		* Statt der komplizierten Perfekt- und Plusquamperfekt-Formen verwendet man, besonders in der mündlichen Sprache, das Präteritum.

Aufgabe 15: *Bilden Sie Sätze im Passiv Präsens, Präteritum und Perfekt.*

1 die besten Vorschläge gern aufnehmen

Die besten Vorschläge _____ gern _____.

Die besten Vorschläge _____ gern _____.

Die besten Vorschläge _____ gern _____ _____.

2 die jeweils passende Arbeitsform auswählen

_____

3 die Hausaufgaben gemeinsam am Telefon oder über Skype besprechen

_____

_____

4 die Lerner sicher ans Ziel bringen

_____

5 ein Problem oft allein und ohne Hilfe lösen müssen

_____

_____

6 gute Freunde immer um Rat fragen können

_____

_____

7 jede Art von Zusammenarbeit mit den anderen ablehnen

_____

_____

8 wertvolle Zeit und Geld sinnlos opfern

_____

Aufgabe 16: *Sehen Sie sich die folgenden Satzpaare an und überlegen Sie, welcher Satz in Ihren Ohren richtiger klingt. Es kann sein, dass beide Sätze genauso geeignet sind. Diskutieren Sie darüber mit den anderen und mit Ihrem Lehrer.*

1a In Branchen wie Elektro-, Metall- und Hochleistungstechnologie beschäftigt man traditionell viele Facharbeiter mit Hochschulabschluss.

1b In Branchen wie Elektro-, Metall- und Hochleistungstechnologie werden traditionell viele Facharbeiter mit Hochschulabschluss beschäftigt.

2a Der Bereich Gesundheitswesen hat beispielsweise letztes Jahr viele Geringqualifizierte eingestellt.

2b Im Bereich Gesundheitswesen sind beispielsweise letztes Jahr viele Geringqualifizierte eingestellt worden.

3a Die Experten halten das für einen konjunkturellen Effekt und keinen langfristigen Trend.

3b Das wird für einen konjunkturellen Effekt und keinen langfristigen Trend gehalten.

4a Wir dürfen nicht vergessen, dass Akademiker im Vergleich zu anderen bei der Jobsuche privilegiert sind.

4b Es darf nicht vergessen werden, dass Akademiker im Vergleich zu anderen bei der Jobsuche privilegiert sind.

5a Sechs Wochen später hat die Firma Judith gefeuert.

5b Sechs Wochen später wurde Judith gefeuert.

6a Arbeitgeber stellen immer öfter billigere Mitarbeiter aus dem Ausland ein.

6b Immer öfter werden billigere Mitarbeiter aus dem Ausland eingestellt.

> ### Der korrekte Gebrauch von „müssen" und „sollen"

Lesen Sie den folgenden Abschnitt aufmerksam durch und ergänzen Sie dann die Regel.

Dem Brandschutzbeauftragten **müssen** auf Grund seiner Vorbildung die Probleme des betrieblichen Brandschutzes ebenso bekannt sein wie die speziellen Betriebsverhältnisse. Er **soll** eine mehrjährige Praxis oder eine ausreichende Ausbildung im vorbeugenden Brandschutz besitzen.

Das Verb _____ ist intensiver in seiner Bedeutung. Es drückt eine klare **Verpflichtung**, einen von außen kommenden **Zwang** oder eine allgemeine **Notwendigkeit** aus.
Das Verb _____ drückt dagegen eine **Aufforderung/Anweisung** oder einen Rat einer dritten Person aus, oft auch einen **Wunsch** des Sprechers.

Aufgabe 17: *Welches Modalverb passt besser: „müssen" oder „sollen"?*

1 Davon _____ du zweimal täglich eine Tablette nehmen.

2 Der Mann _____ sofort ins Krankenhaus, sein Bein ist gebrochen!

3 Die vom Minister einberufene Kommission _____ Vorschläge zur Verbesserung des Fremdsprachenunterrichts an den öffentlichen Schulen ausarbeiten.

4 Franz hat eine Stunde Fahrt bis zu seiner Arbeit, also _____ er jeden Morgen um 06:30 Uhr aufstehen.

5 Für den Test _____ John die Adjektivdeklination wiederholen.

6 Guten Tag, Frau Schwab, ich _____ Sie recht herzlich von Herrn Seifert grüßen.

7 Ich weiß wirklich nicht, was ich da tun _____: handeln oder warten?

8 Ihr _____ euch beeilen, euer Zug geht in 20 Minuten!

9 Kennt ihr den Spruch „Kein Mensch _____ müssen!"?

10 Liebe Mitarbeiterinnen und Mitarbeiter, wir _____ Ihnen leider mitteilen, dass unsere Firma Ende des Jahres wegen hoher Schulden schließen _____.

11 Wem _____ wir nun glauben, dir oder deinem Bruder?

12 Wir sind ganz nass, wir _____ uns umziehen.

Merken Sie sich die Formen!

SINGULAR		PLURAL			SINGULAR		PLURAL	
ich	muss	wir	müssen		ich	soll	wir	sollen
du	musst	ihr	müsst		du	sollst	ihr	sollt
er/sie/es	muss	sie, Sie	müssen		er/sie/es	soll	sie, Sie	sollen

HÖREN, Teil 2: Förderung von Kindern sozial schwacher Familien

Aufgabe 18: *Endungen ergänzen*

Ergänzen Sie im folgenden Text die fehlenden Endungen. Denken Sie jedes Mal an Genus, Kasus und Stellung im Satz.

Einige dies___ Kinder sind schon nach 18 Monat___ in ihr___ Sprachentwicklung und in ihr___ Beweglichkeit zurück, denn sie kommen nicht aus d___ Haus und in Kontakt mit d___ Umwelt. Im Rahmen unser___ Projekts besuchen speziell ausgebildet___ Eltern-Trainerinnen die betroffen___ Familien zu Hause und geben d___ Eltern hilfreiche Tipps und Materialien, mit d___ sie täglich 15 Minuten mit ihren Kind___ Übungen und Spiele zu___ Sprachförderung machen. Außerdem werden teilweise mehrwöchig___ Kurse für bildungsfern___ Familien angeboten.

Aufgabe 19: *Einen Text ordnen*

Setzen Sie die Sätze a-e in die richtige Reihenfolge.

a Auch läuft der Fernseher nicht mehr den ganzen Tag und die Mütter besuchen häufiger einen Deutschkurs.

b Bis jetzt sind die Ergebnisse positiv.

c Die unterstützten Eltern achten mehr darauf, was für ihr Kind gut ist.

d Im Vergleich zu anderen Familien, die nicht gefördert werden, verfügen die Kinder über einen höheren Wortschatz und sind kontaktfreudiger.

e Sie nutzen öfter die Angebote sozialer Einrichtungen wie Kindertagesstätten oder Tagesschulen.

 b – ___ – ___ – ___ – ___

Grammatik

Lesen

© Praxis

Aufgabe 20: *Präpositionen im Kontext*

Ergänzen Sie im folgenden Textabschnitt die fehlenden Präpositionen.

> Das klingt vielversprechend, aber auch kostenaufwendig, gerade (a) _____
> einer Zeit, wo überall (b) _____ Land Sparmaßnahmen durchgesetzt werden.

> Gerade deshalb müssen wir (c) _____ frühe Förderung investieren. Langfristig lohnt sich
> das (d) _____ den Staat finanziell, denn je früher die Förderung ansetzt, desto stärker sind
> Effekte (e) _____ weiteren Lebensverlauf. Oft wird nämlich erst dann gefördert, wenn
> (f) _____ Kindern Jugendliche geworden sind, etwa (g) _____ Form (h) _____
> sonderpädagogischen Maßnahmen, die teuer sind und nicht immer die erhoffte Wirkung zeigen.

HÖREN, Teil 3: Nach dem Abitur: Studium oder Lehre?

 Aufgabe 21: *Unterschiedliche Standpunkte kommentieren*

Gehen Sie die folgenden Aussagen durch, sagen Sie, wie Sie persönlich zu jeder einzelnen Aussage stehen und erläutern Sie auch die Situation in Ihrem Heimatland:

A „Nach dem Abitur folgt die Uni", dieses Motto ist weit verbreitet. Eine schlichte Berufsausbildung ist aus Sicht der Abiturienten offenbar keine Alternative – oder etwa doch?

B Ich wollte schon immer beim Film arbeiten. Aber als es nach dem Abitur darum ging, mich für ein Studium oder eine Ausbildung zu entscheiden, wurde ich unsicher. Meine Eltern rieten mir dazu, lieber etwas „Vernünftiges" wie Jura zu studieren.

C Bei mir war das so, dass ich keine echte Verbindung zu meinem Studium aufbauen konnte, keine Motivation verspürte, und irgendwann habe ich eingesehen, dass man mit seiner Beschäftigung nur erfolgreich sein kann, wenn man auch mit dem Herzen dabei ist.

D Das Finanzielle spielt schon eine große Rolle. Während andere sich noch durch die Semester plagen, haben Auszubildende schon ihr Gehalt in der Tasche und stehen auf eigenen Beinen. Und während ihrer Ausbildung erkennen viele, dass ihnen ein praktischer Beruf viel mehr gibt und dass ihre Fähigkeiten besser anerkannt werden.

E Am wichtigsten finde ich, dass heutzutage weder ein Studium noch eine Ausbildung ohne Alternativen sind: Wer nach der Ausbildung Lust auf mehr hat, kann immer noch ein Studium beginnen. Man hat nichts verloren, außer vielleicht ein bisschen Zeit.

Aufgabe 22: *Erfolg ohne abgeschlossenes Studium – (un)möglich?*

Recherchieren Sie im Internet nach Persönlichkeiten, die nicht studiert bzw. nicht zu Ende studiert haben und trotzdem beruflich besonders erfolgreich und anerkannt sind, und berichten Sie im Kurs.

Sprechen

Lesen

HÖREN, Teil 4: Campingurlaub ab 65

Aufgabe 23: *Über eigene Erfahrungen und Vorlieben sprechen*

Haben Sie schon mal Urlaub auf dem Campingplatz gemacht? Wie waren Ihre Erfahrungen, was hat Ihnen gut gefallen bzw. missfallen und wo machen Sie am liebsten Urlaub?

Sie können dabei die folgenden Ausdrücke verwenden:

- bisher noch nie / nur einmal / schon mehrmals
- Mir hat gut gefallen, dass …
- Überhaupt nicht gefallen hat mir die Tatsache, dass …
- Was ich noch erwähnen möchte: …
- Am liebsten mache ich Urlaub …

Aufgabe 24: *Einen Text sinnvoll ergänzen*

Lesen Sie den folgenden Text in Ruhe durch und überlegen Sie bei jeder Lücke, welcher Ausdruck aus dem Kasten am besten passt.

als jüngere Leute	für kurze Zeit	einfach so	Jahr für Jahr
frischen	für Senioren	für 20 Euro	jenseits
an der Sonne	bekanntlich	Regel	oder eine

Sich im Urlaub an der (1) _____ Luft zu bewegen, ist kein Privileg der Jugend. Im Gegenteil, je älter er wird, umso mehr weiß der Mensch in der (2) _____ die Natur und ihre ständigen Veränderungen zu schätzen. Auf den Campingplätzen findet man daher immer auch eine große Zahl von Freiluftfans (3) _____ der magischen 65. Verständlich, dass es mit dem Einfach-Zelt (4) _____ und einer Isomatte nicht mehr getan ist, wenn man schon älter ist. Worauf sollte man beim Urlaub (5) _____ also achten?

Nun ist der Mensch (6) _____ ein Gewohnheitstier und gerade im fortgeschrittenen Alter hat er so seine lieben Gewohnheiten, die er nur ungern, auch nur (7) _____, ablegen würde. Viele brauchen ihre lieb gewonnenen Dinge wie eine bestimmte Decke (8) _____ bestimmte Tasse immer in ihrer Nähe. Außerdem ist es für Senioren in der Regel mehr stressig als reizvoll, (9) _____ loszufahren und darauf zu vertrauen, dass alles klappt. Daher planen Senioren ihren Camping- oder Freilufturlaub oft genauer (10) _____, die mit Rucksack und Zelt auf große Tour gehen. Langfristiges Planen kann auch bedeuten, (11) _____ einen bestimmten Campingplatz aufzusuchen und sich schon lange vor dem Urlaub den Platz (12) _____ zu sichern.

SCHREIBEN, Teil 1: Sollen Jugendliche unter 18 Jahren wählen dürfen?

Äußern Sie Ihre persönliche Einstellung:
- Ich bin (nicht) der Meinung, dass … – Persönlich denke ich … – die Wahlberechtigung hat ihre guten und schlechten Seiten – Wahlberechtigt zu sein bedeutet, …

Nennen Sie Gründe, die dafür oder dagegen sprechen:
- Kinder und Jugendliche sind noch nicht reif genug zu wählen – Jugendliche müssen erst eine eigene Meinung bilden – 18-Jährige machen noch Abitur / sind schon in der Ausbildung / verdienen Geld / zahlen Steuern

Nennen Sie mögliche politische Folgen einer Änderung des Mindestalters:
- die neue Altersgruppe kann das Wahlergebnis (nicht) beeinflussen – die politische Welt sähe (nicht) anders aus – zu (k)einer Veränderung führen – kleinere Parteien gewinnen vielleicht Stimmen

Nennen Sie Alternativen, sich als Jugendlicher unter 18 politisch zu engagieren:
- über soziales Engagement etwas bewirken wollen – aktiv sein, aber nicht in Parteien – Mitglied in der Schülervertretung sein – sich dort engagieren, wo man einen Unterschied machen / etwas bewirken kann – ein Ehrenamt übernehmen

 Aufgabe 25: *Über ein Thema diskutieren*

> „Soll das Wahlrecht auf 16 Jahre herabgesenkt werden?"

Bei der Diskussion können Sie die folgenden Argumentationshilfen verwenden:

- das Wahlrecht ist ein Menschenrecht
- die Festlegung des Wahlalters ist mehr oder weniger willkürlich / die Absenkung des Wahlalters ist (k)ein Beweis von Demokratie
- Reife und Alter eines Menschen hängen nicht unbedingt zusammen
- Personen, die sich noch nicht oder nie mit Politik beschäftigt haben / Personen, welche bestens informiert sind
- das Wahlrecht bedeutet keine Wahlpflicht / niemand muss wählen, aber jede(r) sollte wählen dürfen
- Jugendliche interessieren sich nicht unbedingt mehr für Politik, wenn sie wählen dürfen / verstehen die Verantwortung und informieren sich umfassend
- Parteien nutzen den Enthusiasmus der Jugendlichen aus / geben Versprechungen / Jugendliche sind leicht beeinflussbar

SCHREIBEN, Teil 2: Einen Deutschkurs in Deutschland besuchen

- Warum und für wie lange brauchen Sie einen Kurs: die Aussprache verbessern – den mündlichen/ schriftlichen Ausdruck verbessern – fließend sprechen – mehrere Monate lang / für einen kurzen Zeitraum
- Warum nach Deutschland und besonders nach Heidelberg: eine schöne Stadt – man kann viel unternehmen – bietet viele Freizeitangebote – eine neue Arbeitsstelle finden / Arbeitsplatz in der Umgebung suchen – aus familiären/beruflichen/privaten Gründen umsiedeln
- Was Ihnen beim Deutschlernen wichtig ist: mir ist der/die … wichtig – nur Deutsch sprechen – qualitativer/hochwertiger Unterricht – gute Unterrichtsmaterialien – Zeit für Fragen – viel sprechen und schreiben – Aktivitäten parallel zum Unterricht
- Grund, warum Sie dieses bestimmte Sprachinstitut ausgewählt haben: gut geeignet, um Deutsch zu lernen – nur wenige Teilnehmer pro Kurs – bietet Kurse für den Beruf an – gute Ausstattung – befindet sich im Zentrum – in der Nähe meiner Wohnung

✎ **Aufgabe 26:**

Ihr japanischer Freund Haruko hat letztes Jahr dieses Sprachinstitut besucht und schreibt über seine Erfahrungen. In seiner E-Mail gibt es einige Fehler. Finden und korrigieren Sie diese Fehler.

Hallo Thomas,	
wie geht es dir? Alles in Ordnung? Du **mochtest** von mir wissen, wie	0 _möchtest_
meine Erfahrungen letztes Jahr in Heidelberg war. Gute Frage!	1 _____
Also, ich habe nur gutes Sachen zu berichten. Das kannst du mir glauben.	2 _____
Vor allem hatte ich viel Spaß. Wenn ich in Deutschland ankam, konnte ich fast	3 _____
kein Deutsch sprechen, obwohl ich in Japan 2 Jahren Deutsch gelernt hatte.	4 _____
Aber nachdem ich den Untericht einen Monat lang im Sprachinstitut	5 _____
besucht habe, kann ich nur sagen, das mein Deutsch jetzt	6 _____
vielmals besser ist als früher.	7 _____
Das Beste: Durch die Kurs konnte ich nicht nur viel Grammatik wiederholen,	8 _____
aber auch viel sprechen und diskutieren. Gerade das habe ich gebraucht.	9 _____
Ich werde die schönen Tage in Heidelberg nie vergesse!	10 _____
Viel Erfolg,	
Haruko	

SPRECHEN, Teil 1

⊙ *Das neueste Smartphone kaufen*

- bietet neue/verbesserte Funktionen – superschnelle Internetverbindung – mit der Mode gehen – Smartphone-Technik macht einfach Spaß
- geeignet für die Arbeit – immer und überall online sein – ständig erreichbar sein – Batterie hält länger – fast alles am Handy machen, was man sonst am Computer macht – neueste Apps / viele praktische Anwendungen herunterladen können
- hohe Empfindlichkeit – leicht zerbrechlich / nicht robust genug – die Abhängigkeit – abhängig/süchtig werden – kann teuer werden – das nächste Modell noch besser

Fragen zum Thema:
  a. Warum kaufen sich viele Leute das neueste/teuerste Smartphone?
  b. Welche Gefahren sehen Sie bei der Nutzung von Smartphones von Kindern?

⊙ *Eine Hochzeit planen*

- in der Kirche / im Standesamt – im modernen/traditionellen Stil – das Brautpaar – der Pfarrer – der Standesbeamte – der Brautstrauß / die Blumen – die Dekoration
- gemeinsam mit Freunden und Familie – einen besonders romantischen Ort auswählen – nach der Trauung Hochzeitsessen im kleinen Kreis / Hochzeitsparty mit Tanzmusik – die Hochzeitsgäste einladen
- im kleinen/engen Kreis kann man nicht alle einladen – Feier mit vielen Eingeladenen wird sehr teuer – Geldgeschenke sind praktisch/unpersönlich

Fragen zum Thema:
  a. Warum ist die Hochzeitsplanung oft mit Stress verbunden?
  b. Sollte jeder Gast ein Hochzeitsgeschenk mitbringen?

⊙ Musik und Filme online abspielen („streamen")

- ein Klick reicht aus – Musik und Filme herunterladen – Ton und Bildqualität abhängig von der Internet-Verbindung – für die Nutzung ist ein Abonnement nötig – relativ teure Gebühren
- beliebte Angebote – alles ist leicht zu finden – Musik auf dem Handy hören – CDs sind nicht mehr beliebt – Streamen ist umweltfreundlich
- einfache Nutzung – fast wie oder gar besser als Kino oder Konzertsaal – ein Abonnement ist manchmal ziemlich teuer – Probe-Abonnement kostenlos, aber beschränkte Auswahl

Fragen zum Thema:

a. Warum werden Streaming-Angebote heutzutage immer beliebter?

b. Wird es in Zukunft keine CDs mehr geben?

⊙ Zuhause Urlaub machen

- erholsam – im vertrauten Umfeld – auf der Couch liegen – die Wohnung renovieren – ins Schwimmbad gehen – das eigene Land kennenlernen – auf dem Land Urlaub machen – ein Wellness-Hotel besuchen
- die tägliche Routine durchbrechen – mit Freunden campen – besondere Ausflugsziele aussuchen – ein außergewöhnliches Erlebnis planen
- nicht wegfahren können – sicher billiger als eine Urlaubsreise – etwas kochen – den Garten genießen – hohe Reisekosten – den Urlaubsstress vermeiden

Fragen zum Thema:

a. Wann sollte man sich eine Auszeit zu Hause nehmen?

b. Welche Reiseangebote werden immer beliebter?

SPRECHEN, Teil 2: Soll es bestimmte Kleidervorschriften für die Arbeit geben?

Gründe dafür und dagegen

- Das Auftreten der Mitarbeiter im Sinne des Unternehmens steuern/vereinheitlichen
- „Dresscode" = einheitlicher Kleidungsstil in Unternehmen – Zeichen für Homogenität
- Gegen die Regeln verstoßen = ernsthafte Konsequenzen

Wer würde für die Kosten aufkommen?

- Arbeitgeber übernimmt die Kosten – Arbeitnehmer hat selber sein Outfit zu bezahlen
- verpflichtet sein für ein gepflegtes Aussehen zu sorgen
- Kosten könnten geteilt werden / einen Anteil zahlen

Probleme, die dadurch entstehen könnten

- Arbeitnehmer könnten sich dagegen wehren.
- Unnötige Stresssituationen könnten auftreten.
- ständig die gleiche Kleidung tragen = sehr monoton / langweilig / nicht kreativ

Arbeitsuniformen als Lösungsvorschlag?

- Uniformen wirken zu steril.
- Arbeitgeber übernimmt die Kosten der Kleidung.
- Man muss sich nicht täglich entscheiden, was man anziehen soll.

Weitere Diskussionspunkte:

- Welche Jobs bräuchten ihrer Meinung nach einen Dresscode bzw. eine Uniform?
- Was soll man tun, wenn man nicht mehr in die Uniform passt oder wenn sie kaputt ist?

Test 8

LESEN, Teil 1: Weiterbildung

Wortschatz zum Thema

- sich weiterbilden ▪ die Weiterbildung/Fortbildung ▪ weitergebildet

- die Lehre ▪ eine Lehre als + NOM machen ▪ die Ausbildung ▪ ausgebildet

- der Beruf, -e ▪ einen Beruf erlernen/ausüben ▪ das Berufsleben ▪ die Berufswelt

- die Chance, -n ▪ mehr/bessere Chancen haben ▪ die Zukunft ▪ in Zukunft ▪ zukünftig

- der Arbeitsplatz, "-e ▪ ein sicherer / gut bezahlter Arbeitsplatz ▪ der Job, -s

- sich spezialisieren auf + AKK ▪ die Spezialisierung ▪ sich entwickeln

- einen Lehrgang / Lehrgänge / ein Seminar / Seminare besuchen

- aus diesem Grund ▪ aus vielen Gründen

- die berufliche Perspektive ▪ der berufliche Aufstieg ▪ die Karriere ▪ Karriere machen

- die persönliche Entwicklung ▪ das Selbstvertrauen stärken

- Entscheidungen treffen ▪ mit Misserfolgen umgehen

- Gestik, Mimik und Körperhaltung ▪ das Vorstellungs- gespräch

- das Unternehmen ▪ der Betrieb ▪ die Firma, Firmen

- der Kollege, -n ▪ die Kollegin, -nen ▪ der Mitarbeiter, -

- der Vorgesetzte, -n ▪ der Chef, -s

- der Berufstätige, -n ▪ der Vollzeitbeschäftigte, -n ▪ der Teilzeitbeschäftigte, -n

- die Qualifikation, -en ▪ sich qualifizieren für + AKK ▪ qualifiziert

- die Zusatzqualifikation, -en ▪ die Fremdsprache, -n ▪ die Computerkenntnisse (Pl.)

- das Gehalt ▪ die Gehaltserhöhung ▪ arbeitslos werden ▪ die Arbeitslosigkeit

- (Zeit und Geld) investieren in + AKK ▪ finanzieren ▪ die Finanzierung ▪ staatlich finanziert

Aufgabe 1: *Setzen Sie im folgenden Lückentext die Verbformen aus dem Kasten ein.*

absolviert	bieten	endet	ermöglichen	führt	versteht
ausgeübt	dauert	ergibt	finanziert	qualifizieren	

Unter „Umschulung" (1) _____ man eine besondere Form der Aus- oder Weiterbil- dung, die sich durch den ständigen Strukturwandel auf dem Arbeitsmarkt (2) _____. Umschulungen (3) _____ einem die Möglichkeit, sich für eine neue Tätigkeit zu (4) _____, wenn der alte Beruf, egal aus welchem Grund, nicht mehr (5) _____ werden kann. Die Umschulung wird meistens wie eine normale Ausbildung in einem Betrieb (6) _____. Sie (7) _____ je nach Beruf zwischen eineinhalb und zwei- einhalb Jahren und (8) _____ mit einer Prüfung, die zu einem anerkannten Berufs- abschluss (9) _____. Kenntnisse aus dem bisher ausgeübten Beruf (10) _____ oft eine Verkürzung der Fortbildungsdauer. Umschulungen werden häufig von den regionalen Job- centern (11) _____.

Aufgabe 2: *Landeskundlicher Vergleich*

Wie sieht es in Ihrem Heimatland in Bezug auf Aus- und Fortbildung aus? Wie ist das Ganze organisiert? Welche Berufe sind derzeit beliebt, welche weniger? Welche Zusatzqualifikationen werden häufig verlangt?

> **Wiederholung der Modalverben**

Präsens	können	wollen	müssen	dürfen	sollen	mögen	
ich	kann	will	muss	darf	soll	mag	möchte
du	kannst	willst	musst	darfst	sollst	magst	möchtest
er/sie/es	kann	will	muss	darf	soll	mag	möchte
wir	können	wollen	müssen	dürfen	sollen	mögen	möchten
ihr	könnt	wollt	müsst	dürft	sollt	mögt	möchtet
sie, Sie	können	wollen	müssen	dürfen	sollen	mögen	möchten

Präteritum	können	wollen	müssen	dürfen	sollen	mögen
ich	konnte	wollte	musste	durfte	sollte	mochte
du	konntest	wolltest	musstest	durftest	solltest	mochtest
er/sie/es	konnte	wollte	musste	durfte	sollte	mochte
wir	konnten	wollten	mussten	durften	sollten	mochten
ihr	konntet	wolltet	musstet	durftet	solltet	mochtet
sie, Sie	konnten	wollten	mussten	durften	sollten	mochten

 Das Modalverb **„können"** drückt eine **Fähigkeit** oder **Möglichkeit** aus:

- Nur wer sich stetig entwickelt, **kann** heutzutage in der Welt noch mithalten.
- Ich **kann** den Stoff jederzeit wiederholen.

 Das Modalverb **„wollen"** drückt eine feste **Absicht**, den **Willen** aus:

In der Schule zeigte ich keinen besonderen Ehrgeiz und eigentlich **wollte** ich nur möglichst bald mein eigenes Geld verdienen.

 Das Verb **„müssen"** drückt eine **Verpflichtung** oder eine allgemeine **Notwendigkeit** aus:

Bei der weltweiten Ausbreitung in unserer Zeit **muss** man umdenken.

 Mit **„dürfen"** wird eine **Erlaubnis** bzw. ein **Verbot** ausgedrückt:

Ich **darf** auch einmal fehlen.

 Mit **„sollen"** wird ein **Rat** / eine **Aufforderung** einer dritten Person ausgedrückt:

Warum also **soll** man noch einmal anfangen, etwas Neues zu lernen?

 Das Verb **„mögen"** drückt im Indikativ (ich mag) **Sympathie** oder **Vorliebe**, im Konjunktiv II (ich möchte) einen **Wunsch** aus:

- Ich **mag** es, wenn meine Mitarbeiter gut ausgebildet sind.
- Weiterbildung ist für Berufstätige sehr anstrengend, besonders wenn man Vollzeit beschäftigt ist und sich auch um Frau und Kinder kümmern **möchte**.

 Nicht vergessen! Die Modalverben werden immer von einem **Infinitiv ohne „zu"** begleitet.

✎ **Aufgabe 3:** *Formulieren Sie die folgenden Sätze neu mit Hilfe des jeweils passenden Modalverbs. Achten Sie auch auf die Zeit!*

1 Liam war fest entschlossen, ein Zweitstudium in Psychologie aufzunehmen.

Liam _____ ein Zweitstudium in Psychologie _____.

2 Selbstverständlich ist es nicht erlaubt, bei Rot über die Kreuzung zu fahren.

Selbstverständlich _____ _____ nicht bei Rot über die Kreuzung _____.

3 Bist du wirklich nicht in der Lage deinem Freund zu helfen?

_____

4 Frau Busch wünscht, dass wir bis zur Prüfung die Grammatik gründlich wiederholen.

_____

5 Als Kind aß ich Fisch überhaupt nicht gern.

_____

6 Lea ist verpflichtet, vor der Führerscheinprüfung einen Erste-Hilfe-Kurs zu besuchen.

_____

7 Meine Schwester Mila findet meinen Freund Jonas überhaupt nicht sympathisch.

_____

8 Samuel hat die Absicht, sich eine Wohnung am Stadtrand zu suchen.

_____

9 Nach einem Erdbeben im Ozean ist es gut möglich, dass ein Tsunami entsteht.

_____

10 Es war unsere Aufgabe, die Schäden in der Wohnung zu reparieren.

_____

▶ **Der Gebrauch von „werden"**

 „werden" ist ein viel verwendetes Verb.

A Mit **„werden + Infinitiv"** bildet man das **Futur**:

Es gibt viele Gründe, warum Weiterbildung so enorm wichtig ist und in Zukunft sicherlich noch wichtiger <u>sein</u> **wird**.

B Mit **„würde + Infinitiv"** bildet man den **Konjunktiv II** aller Verben:

Fehlen von Weiterbildung **würde** für mich weniger Lebensfreude und weniger Lust am Leben <u>bedeuten</u>!

C Mit **„werden + Partizip Perfekt"** bildet man das **Passiv**:

Ich kann den Stoff jederzeit wiederholen und ich darf auch einmal fehlen, denn die Einheiten **werden** auf die Lernplattform <u>gestellt</u>.

D Als **Vollverb** wird **„werden"** schließlich meistens von einem **Adjektiv** begleitet:

Die Berufswelt **wird** immer <u>komplexer</u> und <u>anspruchsvoller</u>, und berufliche Weiterbildung ist nicht nur Chefsache.

Aufgabe 4: *Setzen Sie die jeweils passende Form von „werden" ein und geben Sie an, um welche Art der Verwendung von „werden" (Futur, Konjunktiv II, Passiv oder Vollverb) es sich handelt.*

1 Nach der Hauptschule machte Marius eine Lehre und _____ Elektriker.

2 Wenn ich die Möglichkeit dazu hätte, _____ ich vielleicht einen anderen Beruf wählen.

3 In Zukunft _____ IT-Berufe noch bessere Karrieremöglichkeiten bieten als heute.

4 Durch Weiterbildung _____ das Selbstvertrauen gestärkt.

5 Nach mehreren erfolglosen Versuchen _____ Selma schließlich zu einem Vorstellungsinterview bei einer Pharmafirma eingeladen.

6 Stefan hat eine gute Kondition, deswegen _____ er nicht leicht müde.

7 Natürlich hatte ich gehofft, ich _____ bald eine Gehaltserhöhung bekommen, das ist aber leider nicht geschehen.

8 _____ du im Sommer wieder ans Meer fahren, oder in die Berge?

LESEN, Teil 2: Ein Paradies wird zur Müllkippe

 Aufgabe 5: *Ein Fall für Google*

Das Lesen dieses Textes hat Sie sicher neugierig gemacht. Da gibt es viel nachzuforschen:

△ Suchen Sie als Erstes Henderson Island auf der Karte. Drucken Sie eine Karte des Pazifischen Ozeans und markieren Sie die Position von Henderson Island. Wie ist der andere Name der Insel?

△ Sehen Sie sich Fotos von der Insel an. Deckt sich das, was Sie da sehen, mit der Beschreibung im Text? Drucken Sie das beeindruckendste Foto aus.

△ Suchen Sie weitere Informationen über diese Insel: Wann und von wem wurde sie entdeckt, ist sie tatsächlich unbewohnt, etc.

△ Tragen Sie, was Sie entdeckt haben, im Plenum vor. Wenn Sie Lust haben, können Sie ein buntes Poster machen und an die Wand hängen.

Projekt

Aufgabe 6: *Was bedeuten die folgenden Wörter im Text? Markieren Sie die Ihrer Ansicht nach jeweils passende Erklärung.*

1	die Müllkippe	a	Platz, wo Müll sortiert wird	b	Platz, wo Müll abgeladen wird
2	abgelegen	a	einsam	b	malerisch
3	kurios	a	neugierig	b	sonderbar
4	widerspiegeln	a	nicht erkennen können	b	erkennen lassen
5	das Ausmaß	a	die Ursache	b	der Umfang
6	berücksichtigen	a	ignorieren	b	einberechnen
7	unbegehbar	a	ohne Zugang	b	ohne feste Form
8	der Strudel	a	die Welle	b	der Wasserwirbel
9	zerrieben	a	zerstört	b	zerkleinert
10	sich anlagern	a	sich vermehren	b	sich festsetzen
11	verwechseln	a	mögen	b	für etwas anderes halten
12	verantwortlich machen	a	eine Antwort erwarten	b	für schuldig halten
13	der Verbleib	a	das Weiterbestehen	b	die Auswirkung
14	die Haltbarkeit	a	die Langlebigkeit	b	die Vielfältigkeit
15	abbauen	a	zersetzen	b	verkleinern

> **Indirekte Rede mit Konjunktiv I / Konjunktiv II / „würde + Infinitiv"**

 In indirekter Rede gibt man **neutral und objektiv Worte oder Gedanken einer dritten Person** wieder, ohne also Stellung zu nehmen.

Für die indirekte Rede, die als gehobene Ausdruckweise gilt, verwendet man grundsätzlich den Konjunktiv I:

Es **dauere** zehn bis 20 Jahre, bis eine Plastiktüte weitgehend abgebaut **sei**, heißt es beim Umweltbundesamt.

 Wenn die KI-Form mit der Form des (Indikativs) Präsens identisch ist, verwendet man die entsprechende Form des Konjunktivs II:

Beispielsweise **hätten** sie Plastikteile, die mehr als zehn Zentimeter tief lagen, in der Zählung ebenso wenig berücksichtigt wie kleinste Plastikteilchen unter zwei Millimetern Größe. Auch entlang der unbegehbaren Strandabschnitte **hätten** sie nicht gezählt.

 Falls nun die KII-Form mit dem (Indikativ) Präteritum übereinstimmt, kann man die Struktur „würde + Infinitiv" verwenden:

Die Zahlen seien alarmierend, **würden** aber trotzdem nicht das ganze Ausmaß des Problems **widerspiegeln**, schreiben die Forscher.

Die folgende Tabelle fasst die oben genannten Regeln zusammen:

Direkte Rede	Indirekte Rede
Indikativ	**Konjunktiv I** (er sei/suche/gehe)
	KI = Indikativ Präsens → **Konjunktiv II** (er wäre/suchte/ginge)
	KII = Indikativ Präteritum → **würde + Infinitiv** (er würde suchen/gehen)

Die nächste Tabelle präsentiert die verwendeten Verbformen:

Indikativ	Konjunktiv I	Konjunktiv II	würde + Infinitiv
er ist/hat	er sei/habe	er wäre/hätte	-
er kann/muss	er könne/müsse	er könnte/müsste	-
er sucht / hat gesucht	er suche / habe gesucht	er suchte / hätte gesucht	er würde suchen
er geht / ist gegangen	er gehe / sei gegangen	er ginge / wäre gegangen	er würde gehen

Die letzte Tabelle zeigt die Entsprechung zwischen Indikativ und Konjunktiv:

Indikativ	Konjunktiv I/II
Präsens	KI/II Gegenwart
Präteritum – Perfekt – Plusquamperfekt	KI/II Vergangenheit

Aufgabe 7: *Übertragen Sie die folgenden Sätze in die indirekte Rede.*

1   Der Reporter berichtet: Der Strand von Henderson Island im Südpazifik sieht aus wie nach einer wilden Party. Überall liegt Müll herum, es sind 38 Millionen Plastikteile. Forscher der Universität von Tasmanien haben den Müll entdeckt und gezählt. Hier gibt es die weltweit höchste Mülldichte.

Die Zeitung berichtet, der Strand von Henderson Island im Südpazifik _____ aus wie nach einer wilden Party. Überall _____ Müll _____, es _____ 38 Millionen Plastikteile. Forscher der Universität von Tasmanien _____ den Müll entdeckt und gezählt. Hier _____ es die weltweit höchste Mülldichte.

2   In der Zeitung steht: In dem gigantischen Müllberg fanden die Forscher unter anderem Flaschen, Zahnbürsten, Dominosteine, Spielzeug und andere verwaschene Plastikteile in jeder Größe und Farbe. Teilweise war dieser Plastikmüll zehn Zentimeter tief im Sand vergraben.

_____

_____

_____

3   Wikipedia schreibt: Etwa acht Millionen Plastik landen jährlich im Meer, zumeist aus Flüssen. Nur ein Prozent des Plastiks sieht man an der Wasseroberfläche, etwa in Strudeln. Die restlichen 99 Prozent sinken ins Meer, zerrieben zu Mini-Partikeln. Aus kleinen Plastikteilchen bildet sich dort eine neue geologische Schicht, in der sich Schadstoffe anlagern können. Fische verwechseln die Stückchen mit Plankton, so landet der Müll wieder beim Menschen auf dem Teller.

_____

_____

_____

_____

Grammatik

LESEN, Teil 3: Das Recht auf eine Familie: SOS-Kinderdörfer

Wortschatz zum Thema

- das Hilfswerk, -e ▪ die Einrichtung, -en ▪ die Organisation, -en ▪ die Stiftung, -en ▪ der Verein, -e

- wohltätig/karitativ ▪ karitative Zwecke (Pl.) ▪ die Wohltätigkeit ▪ gemeinnützig

- das SOS-Kinderdorf, "-er ▪ die UNICEF ▪ Ärzte ohne Grenzen (Pl.) ▪ das Rote Kreuz

- das Technische Hilfswerk ▪ die Katastrophenhilfe ▪ der Einsatz, "-e ▪ die Hilfsaktion, -en

- gründen + AKK ▪ die Gründung ▪ der Gründer, - ▪ der Grundsatz, "-e ▪ die Idee, -n

- unabhängig ▪ (nicht)staatlich ▪ kirchlich ▪ überkonfessionell ▪ weltweit aktiv

- finanzieren ▪ die Finanzierung ▪ die Finanzmittel (Pl.) ▪ die Mittelbeschaffung

- die Aufgabe, -n ▪ sich zur Aufgabe machen + Infinitivsatz ▪ die Herausforderung, -en

- sich kümmern um + AKK ▪ sorgen für + AKK ▪ die Geborgenheit ▪ die Sicherheit ▪ unterstützen ▪ die Unterstützung ▪ retten ▪ der Retter, - ▪ die Rettung

- traurig ▪ wütend ▪ seelisch/körperlich misshandelt

- das Vertrauen ▪ die Vertrauensperson, -en ▪ die Beziehung, -en ▪ eine Beziehung zu + DAT aufbauen

- betreuen ▪ der Betreuer, - ▪ die Betreuung ▪ das Betreuungsprogramm, -e

- die Not, "-e ▪ in Not geraten ▪ Not leiden ▪ die Notsituation, -en ▪ der Notfall, "-e

- der Krieg, -e ▪ die Unterdrückung ▪ der Flüchtling, -e ▪ die Flüchtlingskrise ▪ das Asyl

- das Erlebnis, -se ▪ Erlebnisse der Vergangenheit (Pl.) ▪ schlimme Erlebnisse hinter sich haben

- die Möglichkeit ▪ die Möglichkeit bekommen ▪ jmdm. die Möglichkeit geben ▪ in der Lage sein + Inf. Satz

- der Erzieher, - / Pädagoge, -n ▪ der Psychologe, -n ▪ hauptamtlich/ehrenamtlich tätig sein

Aufgabe 8: *Welche Hilfsorganisationen sind in Ihrem Heimatland tätig?*

Sind oder waren Sie persönlich in einer solchen Organisation aktiv bzw. (wo) möchten Sie später mal Mitglied werden?

Sprechen

Aufgabe 9: *Fragen zum Text*

Sind die folgenden Aussagen richtig oder falsch, oder wird darüber nichts im Text gesagt?

		Richtig	Falsch	Darüber steht im Text nichts.
1	Die SOS-Kinderdörfer werden sowohl privat als auch vom Staat finanziell unterstützt.			
2	Ein Dach über dem Kopf, eine Mutter und andere Kinder in der Familie tragen zur gesunden Entwicklung der Kinder bei.			
3	Die leiblichen Eltern der Kinder in einem SOS-Kinderdorf leben oft nicht mehr.			
4	Die Kinderdorfeltern sind entsprechend ausgebildet.			
5	Kinder aus Kriegsgebieten werden nicht aufgenommen.			
6	Die SOS-Kinderdörfer sind von der Umgebung, wo sie eingerichtet sind, isoliert.			

▶ **Nomen-Verb-Verbindungen (Funktionsverben)**

Vergleichen Sie die folgenden Satzpaare miteinander:

- Deshalb **fassten** Gmeiner und seine Unterstützer **den Beschluss**, ihre Idee auszubauen. = Deshalb <u>beschlossen</u> Gmeiner und seine Unterstützer ihre Idee auszubauen.

- Dort **finden** kurz- und mittelfristig Jugendliche **Aufnahme**, die in Notsituationen sind. = Dort <u>werden</u> kurz- und mittelfristig Jugendliche <u>aufgenommen</u>, die in Notsituationen sind.

👆 Wir stellen fest:

Die Verben „fassten" und „finden" **verlieren ihre Grundbedeutung**, sie begleiten einfach die jeweilige Ergänzung („den Beschluss" bzw. „Aufnahme").

Diese Nomen-Verb-Verbindungen **können durch ein Vollverb** („beschlossen" bzw. „werden aufgenommen") **ersetzt werden**.

Nomen-Verb-Verbindungen werden besonders gern in schriftlichen Texten verwendet.

Aufgabe 10: *Formen Sie die folgenden Sätze mithilfe der Angabe in Klammern entsprechend um. Achten Sie auf mögliche notwendige Änderungen im Satz!*

1 Die SOS-Kinderdörfer leisten bei der Betreuung von Waisenkindern weltweit Hilfe. (helfen)

   Die SOS-Kinderdörfer _____ bei der Betreuung von Waisenkindern weltweit.

2 Die Kinderdorfmutter sorgt für die gesunde Entwicklung der Kinder. (Sorge tragen)

   Die Kinderdorfmutter _____ für die gesunde Entwicklung der Kinder _____.

Grammatik

3 Herbert Gmeiner fragte sich, wie man den vielen elternlosen Kindern helfen könnte. (die Frage stellen)

_____

4 Viele Unterstützer schenkten Hebert Gmeiner volles Vertrauen und wollten helfen. (vertrauen)

_____

5 In späteren Jahren machte man den Vorschlag, den Aufgabenbereich der SOS-Kinderdörfer auszuweiten. (vorschlagen)

_____

6 Die Arbeit der weltweit tätigen Hilfsorganisationen findet überall Anerkennung. (anerkennen)

_____

7 Kinderdorfeltern versprechen bei ihrer Anstellung feierlich, für die Kinder immer da zu sein. (das Versprechen geben)

_____

8 Das Leben der Kinder darf auf keinen Fall gefährdet werden. (in Gefahr bringen)

_____

Aufgabe 11:   _Ergänzen Sie den Artikel und die Pluralform._

1	_____	Beschluss -		9	_____	Land -	
2	_____	Dorf -		10	_____	Leben (kein Plural)	
3	_____	Erlebnis -		11	_____	Mädchen -	
4	_____	Grundsatz -		12	_____	Person -	
5	_____	Jahr -		13	_____	Problem -	
6	_____	Junge -		14	_____	Recht -	
7	_____	Idee -		15	_____	Regel -	
8	_____	Krankheit -		16	_____	Welt -	

LESEN, Teil 4: Studieren im Ausland

Schreiben

 Aufgabe 12:   _Eine halbformelle E-Mail schreiben_

Sie haben sechs Monate als Erasmus-Student/in im europäischen Ausland verbracht. Nach Ihrer Rückkehr schreiben Sie eine E-Mail an Ihre Professorin, in der Sie von Ihren Erfahrungen berichten und auf die folgenden Punkte eingehen:

✓ Welche Vorteile sehen Sie im Auslandsaufenthalt?
✓ Wie schätzen Sie die Dauer des Auslandsaufenthaltes ein?
✓ Welche Nachteile kann ein Auslandssemester mit sich bringen?
✓ Welche Schlüsse ziehen Sie für sich persönlich aus dem Auslandsaufenthalt?

△ Setzen Sie zuerst die vier Leitpunkte in eine sinnvolle Reihenfolge.

△ Schreiben Sie nicht mehr als 100-120 Wörter.

△ Sie können Ihre Sätze wie folgt einleiten:

> ▪ Natürlich zahlt sich ein Auslandsaufenthalt aus, vor allem in Bezug auf + AKK
>
> ▪ Ehrlich gesagt, die sechs Monate fand ich viel zu kurz, (denn …)
>
> ▪ Man sollte jedoch auch in Betracht ziehen, (dass …)
>
> ▪ Ich persönlich (+ Verb)

LESEN, Teil 5: Freiwilligenarbeit

▶ **Das Relativpronomen „welch-"**

 In geschriebenen Texten wird in Relativsätzen gelegentlich anstelle von „der – die – das" das Pronomen „welch-" verwendet:

Die Bereiche, in **welchen** sich Freiwillige ehrenamtlich engagieren können, sind unter anderem Alterszentren, Nachbarschaftshilfe, Freiwilligeneinsätze in der Natur, Einrichtungen der Jugendhilfe oder kulturelle Einrichtungen und Begegnungsstätten.

Auf Wunsch des freiwilligen Mitarbeiters wird ein Dossier „Freiwillig engagiert" ausgestellt, **welches** die geleistete Arbeit und die angewendeten bzw. erworbenen Kompetenzen ausweist.

Durch den Gebrauch von „welch-" kann man die Wiederholung des gleichen Wortes (= Relativpronomen + Artikel) am Anfang des Relativsatzes vermeiden – die als stilistisch unschön gilt:

Teamfähigkeit und Motivation, **welche** die (statt: **die** die) absolut unverzichtbaren Sozialkompetenzen darstellen, müssen in hohem Maß ausgeprägt sein.

✎ **Aufgabe 13:** *Verbinden Sie die folgenden Sätze sinngemäß miteinander, indem Sie jeweils einen Relativsatz mit „welch-" bilden.*

1 Man kann ein Praktikum oder ein ganzes Studium im Ausland absolvieren. Im Lebenslauf ist das ein echter Pluspunkt.
Ein Praktikum oder ein ganzes Studium, _____ man im Ausland absolviert hat, ist im Lebenslauf ein echter Pluspunkt.

2 Fachkräfte haben die Bereitschaft, im Ausland zu arbeiten. Der Bedarf großer Unternehmen an solchen Fachkräften wird immer größer.
Der Bedarf großer Unternehmen an Fachkräften, _____ die Bereitschaft haben, im Ausland zu arbeiten, wird immer größer.

3 Ein junger Mensch studiert vielleicht in einem fremden Land. Er ist gezwungen, sich wirklich eigenständig um alle Probleme des Alltags zu kümmern und sein Studium selbst zu organisieren.

_____

Grammatik

4 Im Studium wird ausschließlich Englisch gesprochen. So ein Studium setzt keine besonderen Kenntnisse der Landessprache voraus.

_____

_____

5 Das neue Umfeld kann befremdlich wirken und Heimweh verursachen. Ausländische Studenten müssen sich an dieses Umfeld gewöhnen.

_____

_____

6 Viele Studenten holen das Auslandsabenteuer im Masterstudium nach. Sie bereuen die Entscheidung, nicht für mindestens zwei Semester ins Ausland gegangen zu sein.

_____

_____

▶ **Substantivierte Adjektive und Partizipien**

👍 Substantivierte Adjektive/Partizipien werden wie Substantive großgeschrieben und wie Adjektive dekliniert.

Die Stadtverwaltung honoriert die Leistungen der **Freiwilligen** durch verschiedene Formen der Wertschätzung.

Informelle **Freiwilligen**arbeit entsteht häufig spontan im **Bekannten**kreis oder in der Nachbarschaft.

Aufgabe 14: *Überprüfen Sie in jedem Satz den markierten Ausdruck auf Richtigkeit: Groß- oder Kleinschreibung, mit (welcher?) oder ohne Endung? Zwei Wörter sind korrekt geschrieben.*

1 Diese Firma hat mehr als 50.000 Beschäftigt in ihren drei Fabriken.	
2 Eine „Fahrt ins blaue" ist eine Fahrt mit unbekanntem Ziel.	
3 In einer Ecke des Parks saßen ein paar rauchend jugendlichen.	
4 Der Arzt verschrieb dem kranken ein Medikament gegen Migräne.	
5 Der frisch operiert durfte keine Besuche empfangen.	
6 Natürlich entscheiden sich nicht alle Studierende für ein Auslandssemester.	
7 Aus dem abgestürztem Flugzeug konnten leider keine überlebende geborgen werden.	
8 Der Vortrag von Professor Kluge war gut besucht, es gab viele Interessierte.	
9 Der Krankwagen brachte den verletzte schnell ins nächste Krankehaus.	
10 Zur Hochzeit waren Freunde und Verwandten eingeladen.	

> **Negationspräfixe „un- / in-"**

 Das am häufigsten gebrauchte Negationspräfix ist bekanntlich „un-", in Fremdwörtern trifft man auch häufig auf das Präfix „in-".

Ein hohes Maß an Teamfähigkeit, Motivation, Verlässlichkeit, Flexibilität und Einfühlungsvermögen sind **un**verzichtbare Sozialkompetenzen für das ehrenamtliche Engagement.

Grundsätzlich wird zwischen formeller und **in**formeller Freiwilligenarbeit unterschieden.

 Aufgabe 15: *Antonym mit „un-" oder „in-"? Ergänzen Sie.*

ähnlich		modern	
akzeptabel		offiziell	
beliebt		persönlich	
dankbar		populär	
direkt		rational (!)	
diskret		relevant (!)	
durchsichtig		reversibel (!)	
kompetent		sterblich	
möbliert		transparent	

HÖREN, Teil 2: Multitasking – ein Mythos?

Aufgabe 16: *Einen Begriff erklären*

In diesem Text geht es um „Multitasking". Können Sie diesen Begriff erklären, vielleicht mit entsprechenden Beispielen, und auch etwas über Ihren persönlichen Bezug zum Thema sagen?

Wortschatz

Sprechen

Aufgabe 17: *Einen Lückentext ergänzen*

Setzen Sie die Verbformen aus dem Kasten sinngemäß in die Lücken ein. Die Endungen helfen Ihnen dabei.

auszuführen	erfordert	gab	kommt	merke	sinkt	verschicken
beschreibt	ergab	ist	lautet	setzen	telefonieren	warten
denken	erledigen	klingt	lernen	sind	trennen	zurückzuführen

Der Begriff „Multitasking" (1) _____ eigentlich aus dem Computer-Bereich und (2) _____ die Fähigkeit eines Betriebssystems, mehrere Aufgaben praktisch gleichzeitig (3) _____. Bei uns Menschen (4) _____es so, dass wir in begrenztem Maße fähig (5) _____, mehrere Aufgaben gleichzeitig zu (6) _____, jedoch ist es nur bei Routineaufgaben wie Turnübungen, Kochen, Duschen oder Lesen möglich, dabei gleichzeitig an etwas anderes zu (7) _____.

Eine Analyse (8) _____, dass in den USA knapp ein Drittel aller tödlichen Autounfälle auf Telefonieren am Steuer (9) _____ sind. Studien zufolge (10) _____ nämlich die Leistungsfähigkeit der Autofahrer um mindestens 40 Prozent, wenn sie während des Fahrens (11) _____oder SMS (12) _____. Ähnliche Ergebnisse (13) _____ es sonst nur bei betrunkenen Fahrern mit einem Promillewert von 0,8.

Auch wenn es altmodisch (14) _____ – die richtige Devise beim Arbeiten (15) _____: immer schön der Reihe nach. Dafür muss man aber zunächst (16) _____, Prioritäten zu (17) _____ und Wichtiges von Unwichtigem zu (18) _____. Wenn ich etwa (19) _____, dass ein Anruf meine ganze Aufmerksamkeit (20) _____, lasse ich die neuen E-Mails lieber einen Moment lang (21) _____.

Aufgabe 18: *Präpositionen im Kontext*

Ergänzen Sie im folgenden Textabschnitt die fehlenden Präpositionen.

Das klingt vielversprechend, aber auch kostenaufwändig, gerade (1) _____ einer Zeit, wo überall (2) _____ Land Sparmaßnahmen durchgesetzt werden.

Gerade deshalb müssen wir (3) _____ frühe Förderung investieren. Langfristig lohnt sich das (4) _____ den Staat finanziell, denn je früher die Förderung ansetzt, desto stärker sind die Effekte (5) _____ weiteren Lebensverlauf. Oft wird nämlich erst dann gefördert, wenn (6) _____ Kindern Jugendliche geworden sind, etwa (7) _____ Form (8) _____ sonderpädagogischen Maßnahmen, die teuer sind und nicht immer die erhoffte Wirkung zeigen.

HÖREN, Teil 3: Ehrenamtliches Engagement für Senioren

Aufgabe 19: *Einen kurzen Vortrag halten*

Bereiten Sie einen Vortrag zu folgendem Thema vor:

> „Ehrenamtliches Engagement für Senioren"

△ Beschreiben Sie mehrere Alternativen.
△ Beschreiben SIe eine Aktivität genauer.
△ Nennen Sie Vor- und Nachteile und bewerten Sie diese.

Strukturieren SIe Ihren Vortrag mit einer Einleitung, einem Hauptteil und einem Schluss.

Aufgabe 20: *Notizen zu einer schriftlichen Arbeit verarbeiten*

Sie haben sich beim Hören Notizen gemacht:

- ✓ Wichtiger Beitrag zur Gesellschaft
- ✓ Soziales Engagement macht Spaß, stärkt das Selbstbewusstsein.
- ✓ Beschäftigung mit Kindern hält jung.
- ✓ Gesellschaft wird immer älter!
- ✓ Generationen kommen miteinander in Kontakt, können voneinander lernen.
- ✓ Viele Senioren wissen nicht, wie sie sich als nützlich erweisen können.

Verfassen Sie mit Hilfe dieser Notizen einen Text über Sinn und Nutzen von ehrenamtlichem Engagement. Gehen Sie dabei auch auf die Situation in Ihrem Heimatland ein.

HÖREN, Teil 4: Vorbild Eltern

Aufgabe 21: *Einen kurzen Vortrag halten*

In diesem Hörtext geht es um die Vorbildfunktion der Eltern für ihre Kinder. Überlegen Sie gemeinsam im Plenum, in welchen Situationen und Lebensbereichen die Eltern das gute Beispiel für ihre Kinder sein können.

Aufgabe 22: *Ein (etwas vereinfachter) C-Test*

Im folgenden Textabschnitt ist jedes zweite Wort nur zur Hälfte vorgegeben, die fehlenden Buchstaben sind durch Striche markiert. Ergänzen Sie den Text.

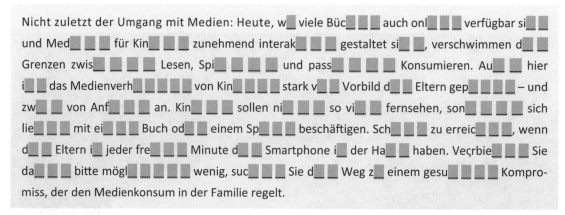

Nicht zuletzt der Umgang mit Medien: Heute, w___ viele Büc____ auch onl____ verfügbar si___ und Med____ für Kin____ zunehmend interak____ gestaltet si___, verschwimmen d___ Grenzen zwis____ Lesen, Spi____ und pass____ Konsumieren. Au___ hier i___ das Medienverh____ von Kin____ stark v___ Vorbild d___ Eltern gep____ – und zw___ von Anf____ an. Kin____ sollen ni____ so vi___ fernsehen, son____ sich lie____ mit ei____ Buch od___ einem Sp___ beschäftigen. Sch____ zu erreic____, wenn d___ Eltern i___ jeder fre____ Minute d___ Smartphone i___ der Ha___ haben. Verbie____ Sie da____ bitte mögl____ wenig, suc____ Sie d___ Weg z___ einem gesu____ Kompromiss, der den Medienkonsum in der Familie regelt.

Aufgabe 23: *Ein Zitat von Goethe*

In Bezug auf die Vorbildfunktion der Eltern sagte Johann Wolfgang von Goethe einmal:

> Zwei Dinge sollen die Kinder von ihren Eltern bekommen: Wurzeln und Flügel.

Was meinte der große deutsche Dichter Ihrer Ansicht nach mit diesen Worten? Diskutieren Sie im Kurs.

SCHREIBEN, Teil 1: Risikosport – Lust auf Nervenkitzel

Äußern Sie Ihre Meinung zum Risiko solcher Sportarten:
- sich einer Gefahr aussetzen – bewundernswerten/großen Mut zeigen – leichtsinnig sein / ein hohes Risiko eingehen – nicht riskanter als andere Sportarten – Sportler können das Risiko kalkulieren

Nennen Sie Gründe, weshalb junge Menschen einen Risikosport wählen:
- auf der Suche nach intensiven Reizen/Erlebnissen sein – sich bewusst mit der Angst auseinandersetzen – etwas Außergewöhnliches erleben – an seine persönlichen Grenzen stoßen – neugierig auf Abenteuer sein

Nennen Sie mögliche positive Auswirkungen von Risikosport auf den Menschen:
- Fähigkeiten entwickeln, die auch im Alltag nützlich sind – Zielstrebigkeit/Teamfähigkeit – über Enttäuschungen hinwegkommen – Selbstsicherheit gewinnen – Disziplin lernen – auch im Beruf extreme Situationen meistern

Nennen Sie Möglichkeiten, Risikosport möglichst sicher zu gestalten:
- angemessene Schutzmaßnahmen treffen – über geeignete technische Ausrüstung verfügen – Extremsport nie allein / immer in Gruppen machen – sich zuvor die notwendigen Kompetenzen aneignen / Sportarten mit kontrolliertem Risiko wählen

Aufgabe 24: *Über ein Thema diskutieren*

> „Soll Risikosport für junge Leute unter 18 verboten sein?"

Bei der Diskussion können Sie die folgenden Argumentationshilfen verwenden:

- Risikosport macht Spaß, liegt im Trend
- sorgt für Ausgleich im langweiligen Alltag, für körperliche Bewegung und geistige Fitness
- Disziplin und Durchhaltevermögen werden gefördert – wer Risikosport macht, ist weniger aggressiv, arbeitet besser im Team
- Jugendliche überschätzen ihre Fähigkeiten – hohes Verletzungsrisiko / hoher psychischer Druck
- viel zu teuer / Jugendliche sollten ihr Geld für sinnvollere Aktivitäten ausgeben
- Spaß kann man auch im Freizeitpark haben
- Suchtgefahr / man braucht immer gefährlichere Sportarten

SCHREIBEN, Teil 2: Nicht lieferbare Bürostühle

- Lösungen vorschlagen: Gespräch mit dem Kunden führen – Herrn Klenk eine E-Mail schicken – Alternative: ein anderes Modell, das sofort lieferbar ist / in jedem Fall Preisnachlass anbieten
- Wichtiger Kunde, denn: treuer/einflussreicher Kunde sein – langjährige Zusammenarbeit mit der Möbelfirma – persönlicher Bekannter sein – zufriedener Kunde ist Werbung für die Firma
- Grund, warum nicht geliefert wird: die Maschine ist defekt – Probleme aufgrund eines Mitarbeiterstreiks / eines Materialfehlers – Lieferung aus dem Ausland verzögert sich, daher unmöglich, die Bestellung rechtzeitig zu liefern
- Warum Sie schreiben: soeben eine E-Mail von Herrn Klenk erhalten – es handelt sich um eine dringende Bestellung / eine unerwartete Situation – muss Sie als Chef sofort darüber informieren

Aufgabe 25

Sie schreiben eine E-Mail an Herrn Klenk, um ihn über den Verlauf seiner Bestellung zu informieren. Beim nochmaligen Durchlesen entdecken Sie einige Fehler. Korrigieren Sie diese.

Sehr **geerter** Herr Klenk,	0	*geehrter*
ich möchte sie nochmals um Entschuldigung bitten für die verzögerte	1	_____
Lieferung Ihre Bestellung. Wie ich schon letzte Woche	2	_____
geschrieben hatte, es handelte sich um einen Fehler in der	3	_____
Produktion, aber wir haben ihn inzwischen korigiert und nun freue	4	_____
ich mich Ihnen mitzuteilen, dass die bestellte Stühle auf dem Weg	5	_____
sind. Anbei sende ich Ihnen ein Gutschein, mit dem Sie bei Ihrem	6	_____
nächste Einkauf eine Ermäßigung von 10 Prozent erhalten. Ich	7	_____
hoffe, wir können Sie damit eine kleine Freude machen.	8	_____
Bei weitere Fragen zu Ihrer Bestellung stehe ich Ihnen wie immer	9	_____
gerne jederzeit persönlich zu Verfügung.	10	_____
Mit besten Grüßen		

Sprachliche Mittel

SPRECHEN, Teil 1

☺ Als Gast bei einer Geburtstagsfeier

- ein Geschenk / Blumen / eine Kleinigkeit mitbringen – gepflegt/nett angezogen sein – das Geburtstagslied mitsingen – rechtzeitig erscheinen / nicht zu früh / zu spät kommen bzw. gehen
- lustige Witze erzählen / mit jemandem ins Gespräch kommen / sich unterhalten – Essen/Getränke anbieten – sich mit den anderen Gästen unterhalten – für gute Stimmung sorgen
- sich (un)angemessen benehmen – unsicher/schüchtern sein – zeigen, dass man sich langweilt – Regeln sind (un)nötig – nach der Party beim Aufräumen helfen

Fragen zum Thema:
a. Woran muss man denken, wenn man Leute zu einer Geburtstagsfeier einlädt?
b. Nennen Sie zwei, drei passende Geschenke für das Geburtstagskind.

☉ Sehnsucht nach Urlaub

- unter Überarbeitung am Arbeitsplatz / in der Schule/Uni leiden – dem Alltagstrott zu Hause / dem Stress / dem Stadtlärm entkommen wollen – keine Zeit zur Entspannung finden
- unter dem Burnout-Syndrom leiden – Stress sammelt sich an – das Bedürfnis nach Natur haben – sich völlig entspannen wollen
- keine Möglichkeit, Urlaub zu nehmen – Urlaubstage/Ferien sind festgelegt – Genehmigung vom Arbeitgeber brauchen – auch eine Geldfrage sein – von den Eltern abhängig sein

Fragen zum Thema:
a. Was ist Ihnen lieber: ab und zu ein paar Tage Urlaub oder einmal im Jahr drei oder vier Wochen Urlaub?
b. Wann und wo machen Sie am liebsten Urlaub?

☉ Verhaltensregeln am Strand

- alkoholfreie Getränke bevorzugen / Alkohol in Maßen genießen – Abstand zu den anderen Strandbesuchern halten – bei Ballspielen aufpassen – Abfälle unbedingt vermeiden – Hunde nicht frei herumlaufen lassen
- Rücksicht auf die anderen nehmen – auf Rauchen verzichten – Zigarettenkippen einsammeln / nicht im Sand liegen lassen – Zigarettenrauch als störend empfinden
- gerne unter Leuten sein, daher gut aufpassen – aufdringliches Verhalten stört Badegäste – Musik nicht laut abspielen / Kopfhörer verwenden – einsame/ organisierte Badestrände vorziehen

Fragen zum Thema:
a. Beschreiben Sie Ihren Lieblingsstrand.
b. Was ist für Sie die wichtigste Benimm-Regel am Strand?

☉ Alternativen zum Rauchen

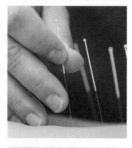

- Medikamente nehmen – ein Nikotinpflaster tragen / Nikotin-Kaugummi kauen – es mit Akupunktur versuchen – Tee statt Kaffee trinken / Gewohnheiten ändern – einfach damit aufhören – die IQOS-Zigarette probieren
- in der Apotheke kaufen – Pflaster ist leicht anzuwenden – auf den Ratschlag eines Ex-Rauchers hören – einen Psychologen zu Rate ziehen – sich selbst motivieren – eine Therapie beginnen
- Angst vor Lungenkrebs haben – besserer gesundheitlicher Zustand – sich in eine Gruppe integrieren / sich locker fühlen / als „Verlierer" gelten – zu Süßigkeiten greifen / nervös sein / schlechte Laune haben

Fragen zum Thema:
a. Wie kann man Kinder und Jugendliche vom Rauchen fernhalten?
b. Welche Maßnahmen kann der Staat gegen das Rauchen unternehmen?

© Praxis

SPRECHEN, Teil 2: Soziale Netzwerke: Keine Privatsphäre mehr?!

Welche Bedeutung hat die Privatsphäre heutzutage?

- in sozialen Netzwerken wird mehr geteilt als angenommen – viele teilen zu viele private Informationen – Informationen über Familienmitglieder/Freunde/Kollegen
- Fotos von Partys/Feiern/Reisen verletzen die Privatsphäre anderer.

Wie können wir unsere Daten am besten privat halten?

- Netzwerke mit zuverlässigen Kontrollmöglichkeiten vorziehen
- lieber anonyme Anmeldung, um Datenklau / Missbrauch von Daten zu vermeiden
- nicht in sämtlichen sozialen Netzwerken präsent sein wollen

Was könnten die verschiedenen Anbieter (Facebook, Twitter etc.) zum Schutz der Privatdaten tun?

- die Bedürfnisse der Kunden respektieren
- die allgemeinen Geschäftsbedingungen vor der Anmeldung verdeutlichen – den Kunden mehr Möglichkeiten zum Schutz der Privatsphäre bieten
- die Privatdaten einfach privat halten

Was könnten die Regierungen für den Datenschutz tun?

- strengere Gesetze für den Datenschutz verabschieden
- mit den Verantwortlichen der Netzwerke eine Lösung suchen
- die Bürger umfassend über ihre Rechte informieren

Weitere Diskussionspunkte:

- Warum sind soziale Netzwerke so beliebt?
- Was würden Sie dem Chef eines sozialen Netzwerks, z. B. Mark Zuckerberg, gerne darüber sagen?

Test 9

LESEN, Teil 1: Alltagsunterschiede im Ausland

Wortschatz zum Thema

- die Kultur, -en ▪ kulturell ▪ die Sitten und Bräuche (Pl.) ▪ die Umgebung

- der Schock ▪ der Kulturschock ▪ der Aufenthalt in + DAT ▪ sich integrieren in + AKK

- das Heimatland ▪ die Heimat ▪ fremd ≠ normal ▪ jmdm. fremd sein ▪ etw. kommt jmdm. komisch vor

- sich gewöhnen an + AKK ▪ gewohnt ≠ ungewohnt ▪ das Gefühl, -e

- überraschen ▪ überraschend ▪ die Überraschung, -en

- vergleichen + AKK mit + DAT ▪ der Vergleich, -e ▪ im Vergleich zu + DAT ▪ auffallen + DAT

- das Problem, -e ▪ das Missverständnis, -se ▪ das Sprachproblem, -e

- kämpfen mit + DAT ▪ sich einleben in DAT/AKK ▪ erleben + AKK ▪ interpretieren = auslegen + AKK

- positiv ≠ negativ eingestellt sein ▪ einsam ▪ sich einsam fühlen ▪ die Einsamkeit

- die Gesellschaft ▪ der Nachbar, -n ▪ die Nachbarschaft ▪ der Kontakt, -e ▪ Kontakt haben zu + DAT

- jmdn. willkommen heißen ▪ einfach „Hallo" sagen ▪ sich umarmen

- sich (mit Händedruck) begrüßen ▪ die Begrüßung ▪ sich die Hand geben ▪ jmdm. kurz zunicken

- der Umgang zwischen DAT und DAT ▪ die Kommunikation ▪ die Art und Weise + ind. Frage

- der Unmut ▪ der Unwille ▪ die Ablehnung ▪ ein klares Nein ▪ kundtun + AKK

- jmdn. ansprechen ▪ sich zu Wort melden ▪ mitdiskutieren ▪ verzichten auf + AKK

- direkt ▪ deutlich ▪ um den heißen Brei herumreden ▪ zwischen den Zeilen lesen

- die Falschheit ▪ das Vertrauen ▪ Vertrauen haben zu + DAT

- misstrauisch sein ▪ das Vorurteil, -e ▪ Vorurteile haben ≠ abbauen

- das Privatleben ▪ der Feierabend ▪ die Freizeit ▪ die Wärme ▪ die Harmonie

- die Essgewohnheiten (Pl.) ▪ die Ladenschlusszeiten (Pl.) ▪ die Arbeitszeiten (Pl.) ▪ die Arbeitskultur

Aufgabe 1: *Ergänzen Sie den folgenden Lückentext mit Wörtern aus dem Wortschatz oben.*

Der (1) _____ in einem fremden Land ist immer mit interessanten Erlebnissen verbunden. Man kommt in (2) _____ mit einem anderen Volk und seiner (3) _____, die vielleicht ganz anders ist als die des Heimatlandes. Man muss sich an vieles (4) _____, das hier anders läuft. Manches wird einen (5) _____, positiv oder aber auch negativ. Kann sein, dass man sich zu Beginn (6) _____ fühlt, weit weg von Familie und Freunden. Doch mit der Zeit kommt einem die neue (7) _____ nicht mehr so unbekannt vor, und Vorurteile, die man vielleicht mitgebracht hat, werden (8) _____. Man schließt neue Freundschaften, lernt lustige neue Wörter wie (9) „_____" verwenden, das „Ende der Arbeit" bedeutet, und (10) _____ sich allmählich in die neue fremde Gesellschaft. Ein neuer Lebensabschnitt beginnt!

✎ **Aufgabe 2**

Haben Sie bereits einen längeren Zeitraum in einem fremden Land verbracht? Wie war es?
Berichten Sie! Diskutieren Sie anschließend im Kurs, wie man sich am besten auf das Leben in einer neuen Umgebung vorbereiten kann. Fassen Sie dann das Gesagte mündlich oder schriftlich zusammen.

> **Adverbien, die einen Satz einleiten**

Lesen Sie die folgenden Textabschnitte aufmerksam durch:

> Wenn man in Kenia neu in der Nachbarschaft ist, kommen die Leute, um einen willkommen zu heißen. **Also** habe ich in meinem Zimmer gesessen und gewartet, dass jemand kommt.

> Erst nach und nach verstand ich, dass es durchaus nicht immer persönlich gemeint ist, sondern einfach normal, seinen Unmut oder Unwillen in Deutschland mit einem deutlichen „Nein" kundzutun. **Indessen** wird man in Österreich ein klares „Nein" bedeutend seltener zu hören bekommen, normalerweise wird es irgendwie umschrieben.

> Zu Beginn meines Aufenthaltes in Deutschland fiel es mir sehr schwer, auf die zwei Küsse auf die Wange zu verzichten. **So** habe ich lange gebraucht, bis ich nach Gefühl wissen konnte, welche von den drei Begrüßungsarten bei jeder Gelegenheit die richtige war. **Inzwischen** habe ich dieses Gefühl erworben und wenn ich wieder in Spanien bin, kommt es mir komisch vor, Leute, die ich nicht gut kenne, auf die Wange zu küssen.

Ein Adverb am Anfang eines Satzes wird häufig als stilistisches Hilfsmittel zur Verbindung von zwei Sätzen verwendet. Merken Sie sich Folgendes:

 Die Sätze, die durch Adverbien eingeleitet werden, sind immer Hauptsätze. **Das Adverb auf Position 1 im Satz zählt als Satzteil**, direkt nach ihm kommt also das **Verb auf Position 2**.

 Das Adverb kann natürlich auch in den Satz eingebettet werden:

> Wenn man in Kenia neu in der Nachbarschaft ist, kommen die Leute, um einen willkommen zu heißen. Ich habe **also** in meinem Zimmer gesessen und gewartet, dass jemand kommt.

✎ **Aufgabe 3:** *Verbinden Sie die beiden Sätze mit Hilfe des jeweils passenden Adverbs.*

1 Tamina war sehr enttäuscht über die Entscheidung ihrer Freundin. (allerdings – deshalb) Sie wollte ihre Enttäuschung nicht offen zeigen. (außerdem – so) Sie sagte kein Wort.

   Tamina war sehr enttäuscht über die Entscheidung ihrer Freundin. _____
   _____ sie ihre Enttäuschung nicht offen zeigen, _____ _____ sie
   kein Wort.

2 Danny hat ein abgeschlossenes Informatik-Studium und fünf Jahre Berufserfahrung. (außerdem – dadurch) Er spricht drei Fremdsprachen. (so – trotzdem) Er ist seit über einem Jahr arbeitslos.

   _____

   _____

3 Seit den frühen Morgenstunden hatte es ununterbrochen geschneit. (infolgedessen – inzwischen) Es kam zu kilometerlangen Staus auf den Autobahnen. (außerdem – sonst) Der Rhein-Main-Flughafen wurde gesperrt und die Flüge wurden nach Stuttgart umgeleitet.

   _____

   _____

Grammatik

4 Kim hat mit keinem Wort zu verstehen gegeben, dass sie Hilfe brauchte. (sonst – trotzdem)
Ich hätte sie angerufen und ihr meine Hilfe angeboten.

_____

5 Du stehst einfach da und tust nichts. (allerdings – inzwischen) Die Probleme wachsen dir über den Kopf.

_____

6 Plötzlich stand der große Saal in Flammen, alle Zuschauer stürmten zum schmalen Ausgang.
(dadurch – inzwischen) Unter den Flüchtenden brach Panik aus. (außerdem – infolgedessen)
Es gab mehrere Tote und sehr viele Verletzte.

_____

_____

▶ **Adjektive auf „-bar"**

Lesen Sie die beiden Sätze:

A	Hier in Deutschland ist die Arbeitskultur anders, es gibt eine klare Trennung zwischen Arbeitszeit und Privatleben, was auch am deutschen Wort „Feierabend" **erkennbar** wird.
B	Was mich zu Beginn meines Aufenthaltes in Deutschland überraschte, war, dass die Geschäfte sonntags geschlossen sind – in Japan **unvorstellbar**!

👍 Die Endung „-bar" drückt aus, dass etwas (nicht) gemacht werden kann / (nicht) möglich ist:

A	... was man auch am deutschen Wort „Feierabend" **erkennen kann**.
B	... - in Japan **könnte** man **sich** das **nicht vorstellen**!

✏ **Aufgabe 4:** _Formulieren Sie die Sätze neu, indem Sie ein Adjektiv auf „-bar" bilden._

1 Der Verletzte ist nun bei Bewusstsein, man kann ihn wieder ansprechen.
_Der Verletzte ist nun bei Bewusstsein, er ist wieder _____._

2 Diese These kann man weder theoretisch noch praktisch halten.
_Diese These ist weder theoretisch noch praktisch _____ / ist sowohl theoretisch als auch praktisch _____._

3 Musik ist etwas, was man mit allen Sinnen erleben kann.
Musik ist etwas ... _____

4 Peters Reaktion kann man nie im Voraus berechnen. -Du hast recht, er ist wirklich ...

_____

5 Diese Legende kann man auch anders interpretieren.

_____

6 Man konnte ein sehr leises Geräusch hören.

_____

7 Ich kann die Schrift von Dr. Bliss nicht lesen.

_____

8 Dieses Phänomen ist in vielen entwickelten Gesellschaften zu beobachten.

9 Bei der Konjugation von zusammengesetzten Verben unterscheidet man zwischen Verben, die getrennt werden, und solchen, die man nicht trennt.

10 Das Essen war mittlerweile so kalt geworden, dass man es nicht genießen konnte.

LESEN, Teil 2: Live Escape Games – der neue Freizeittrend

 Aufgabe 5: *Diskutieren – argumentieren*

A In Bezug auf das Thema Freizeit wird, von Land zu Land und von Generation zu Generation unterschiedlich, die folgende Frage diskutiert:

> Welche Faktoren beeinflussen das Freizeitverhalten der modernen Gesellschaft?

△ Überlegen Sie zuerst, welchen Standpunkt Sie vertreten, und notieren Sie schnell ein paar Stichpunkte.
△ Tragen Sie dann im Plenum Ihre Position vor und begründen Sie sie. Reagieren Sie auf die Argumente der anderen Kursteilnehmer.
△ Fassen Sie anschließend im Kurs die interessantesten Aspekte zusammen.

Folgende Stichpunkte können Ihnen helfen:
- ✓ Entwicklung der Wochenarbeitszeit
- ✓ Entwicklung des Monatseinkommens
- ✓ Entwicklung der subjektiv als Freizeit empfundenen Zeit täglich
- ✓ Trends in Bezug auf Freizeitaktivitäten
- ✓ ...

B Wenn Sie Lust haben, können Sie das Wichtigste in Form eines formlosen Diskussionsprotokolls (mit Einleitung, Hauptteil und Schluss – ca. 150 Wörter) schriftlich zusammenfassen.

Aufgabe 6: *Notieren Sie zu jedem der folgenden Wörter ein Wort mit gegensätzlicher Bedeutung.*

der Anfänger		gewinnen	
die Ähnlichkeit		die Spannung	
der Beginn		speziell	
einsperren		unterschiedlich	
generell		verschlossen	

▶ **Ein erstes Kennenlernen mit dem Gerundiv**

👍 Das Gerundiv „zu + Partizip Präsens" wird vorwiegend im schriftlichen Ausdruck verwendet; es drückt aus, dass etwas getan werden soll:

Die Ausstattung des Raums, **die zu suchenden Gegenstände** sowie die Rätsel orientieren sich dabei an dem gespielten Szenario.

👍 Das Gerundiv steht immer vor einem Nomen und wird wie ein Adjektiv dekliniert.

Aufgabe 7: *Formen Sie die folgenden Ausdrücke um, indem Sie anstelle des Modalverbs das Gerundiv verwenden, und umgekehrt.*

1 die einzusperrenden Spielteilnehmer = *die Spielteilnehmer, die* _____ *werden*
_____

2 die Spielregeln, die gelernt werden sollen = *die* _____ _____ *Spielregeln*

3 der zu befreiende Gefangene = …
_____

4   in einem noch zu schreibenden Bericht = …
_____

5 wichtige Aspekte, die berücksichtigt werden sollen = …
_____

6 die vor Abschalten des Rechners abzuspeichernde Datei = …
_____

7 Daten, die schnell eingetippt werden sollen = …
_____

8 eine abschließend zu stellende Frage = …
_____

9 Fremdsprachen, die in Zukunft erlernt werden sollen = …
_____

10 eine unbedingt festzuhaltende Erkenntnis = …
_____

Grammatik

▶ **Relativsätze mit „was"**

👍 Ein Relativsatz, der mit **„was"** eingeleitet wird, drückt eine Sache **allgemein und unbestimmt** aus:

Was wie der Beginn eines Thrillers **klingt**, ist ein neuer Freizeit-Trend.

Solche Relativsätze beziehen sich oft auf unbestimmte Pronomen:

Die Zusammensetzung der Gruppe ist etwas, **was** von den Teilnehmern selbst abhängt: Freunde, Familie oder Arbeitskollegen, alles ist möglich.

✎ **Aufgabe 8:** *Verbinden Sie die beiden Sätze, indem Sie einen Relativsatz mit „was" bilden.*

1 Sie sollen sich vorstellen: ein verlassenes Stadtgebiet.

_____ *Sie sich vorstellen sollen,* _____ *ein verlassenes Stadtgebiet.*

2 Uns wurde lediglich mitgeteilt: Wir hätten 60 Minuten Zeit, um den Raum zu verlassen.

_____ *uns lediglich mitgeteilt* _____ *, war, wir hätten 60 Minuten Zeit, um den Raum zu verlassen.*

3 Es hat uns einigermaßen beruhigt: das gemeinsame Schicksal mit unseren Freunden.

_____

4 Fluchtspiele sind das Spannendste: man kann es zusammen mit Freunden erleben.

_____

5 Die Spielregeln gehören zum Einfachsten: man muss es lernen.

_____

6 Für solch ein Spiel braucht man: eine Gruppe von vier bis sechs Personen.

_____

7 Das Szenario des Spiels ist etwas: es hat mit einem bestimmten Thema zu tun.

_____

8 Es gibt einfach nichts: es macht mehr Spaß.

_____

LESEN, Teil 3: Chronische Schmerzen – Qual ohne Ende?

Wortschatz zum Thema

- der Schmerz, -en ▪ normal ▪ stark ▪ akut ▪ chronisch ▪ erträglich ≠ unerträglich

- fühlen ▪ empfinden ▪ leiden unter + DAT ▪ bestehen bleiben ▪ wiederkehren

- die Bewegung, -en ▪ bestimmte Bewegungen meiden ▪ (sich) bewegen

- die Therapie, -n ▪ die Behandlung ▪ behandeln ▪ heilen ▪ die Heilung ▪ ganzheitliche Therapie

- die Qual, -en ▪ quälen + AKK ▪ die Tortur, -en ▪ (nicht) aushalten können + AKK

Sprechen

Wortschatz

- das Medikament, -e ▪ das Schmerzmittel, - ▪ die Tablette, -n ▪ die Nebenwirkung, -en

- die Folge, -n ▪ schlaflos ▪ die Schlaflosigkeit ▪ keinen Appetit haben ▪ die Appetitlosigkeit

- müde ▪ die Müdigkeit ▪ erschöpft ▪ die Erschöpfung ▪ isoliert ▪ die soziale Isolation

- die Klinik, -en ▪ in eine Klinik eingewiesen werden ▪ der Klinikaufenthalt

- eine spezielle Einrichtung ▪ ambulante / medikamentöse Behandlung ▪ die Kur ▪ eine Kur machen

- untersuchen ▪ die Untersuchung ▪ das EEG (= Elektroenzephalogramm) ▪ die Computertomographie

- die Verhaltenstherapie ▪ entspannen ▪ die Entspannung ▪ das Entspannungstraining

- Yoga, Meditation, Biofeedback und Hypnose ▪ die Akupunktur ▪ der Heilpraktiker, -

- der Betroffene, -n ▪ der Patient, -en ▪ ein Fall von + DAT

 Aufgabe 9: *Wie gehen Sie persönlich mit Schmerzen um?*

Was tun Sie, wenn Sie z. B. Kopfschmerzen oder Zahnweh haben oder erkältet sind? Kennen Sie vielleicht ein Geheimrezept gegen Krankheiten aller Art?

Aufgabe 10:

Im Text „Chronische Schmerzen – Qual ohne Ende?" kommt das Wort „Schmerz" in insgesamt zwölf zusammengesetzten Nomen vor. Versuchen Sie zuerst im Plenum sich an diese Wörter zu erinnern. Lesen Sie dann den Text noch einmal durch und ergänzen Sie das folgende Assoziogramm.

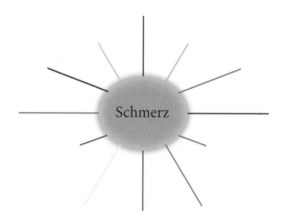

▶ **Konzessivsätze mit „so ... auch"**

So stark ein normaler Schmerz **auch sein mag**, er geht relativ schnell vorbei.
= Ein normaler Schmerz mag stark sein; trotzdem geht er relativ schnell vorbei.

Der Konzessivsatz mit **„so ... auch"** drückt einen **„versteckten" Gegensatz** aus.

Der Konzessivsatz kann auch in den Hauptsatz eingeschoben werden:

Ein normaler Schmerz geht, **so** stark er **auch sein mag**, relativ schnell vorbei.

Achten Sie in beiden Fällen auf die Stellung des Verbs „geht"!

✎ **Aufgabe 11:** *Verbinden Sie die beiden Sätze mithilfe von „so … auch".*

1 Das neue Verfahren scheint erfolgversprechend; es ist jedoch mit hohen Kosten verbunden.

_____ erfolgversprechend das neue Verfahren _____ _____, es ist mit hohen Kosten verbunden.

Das neue Verfahren, _____ erfolgversprechend es _____ _____, ist mit hohen Kosten verbunden.

2 Die Nebenwirkungen bestimmter Medikamente können gefährlich sein; die unter chronischen Schmerzen Leidenden verlangen danach.

_____

_____

_____

3 Nach der Amputation mögen viele Jahre vergangen sein; die Patienten empfinden immer wieder Phantomschmerzen.

_____

_____

4 Chronische Schmerzen scheinen auf den ersten Blick harmlos zu sein; sie können zu Berufsunfähigkeit und sozialer Isolation führen.

_____

_____

_____

5 Die Behandlung chronischer Schmerzpatienten mag lange dauern; die Krankenkassen müssen sämtliche Kosten übernehmen.

_____

_____

6 Die Zahl moderner Schmerzstationen muss in den nächsten Jahren verdoppelt werden. Ihre Einrichtung kostet viel.

_____

_____

✎ **Aufgabe 12:** *Umformungen mit Modalverben*

Formen Sie den markierten Satzteil mit Hilfe des jeweils passenden Modalverbs um. Nehmen Sie dabei sämtliche notwendigen Änderungen im Satz vor.

1 Was chronische Schmerzen wirklich bedeuten, lässt sich nur begreifen, wenn man selbst davon befallen ist.

Was chronische Schmerzen wirklich bedeuten, _____ man nur begreifen, wenn man selbst davon betroffen ist.

2 Das Schmerzgedächtnis ist mit normalen Behandlungsverfahren nicht zu löschen.

_____

3 Erst seit kurzem ist es für jeden Medizinstudenten Pflicht, Kenntnisse auf dem Gebiet der Schmerztherapie nachzuweisen.

_____

4 Der Bau von doppelt so vielen Einrichtungen wäre nötig.

_____

Grammatik

 Aufgabe 13: *Die Wichtigkeit einer Sache mit „Es gilt + Infinitivsatz" betonen, wie die Beispielsätze zeigen.*

- Es gilt, den Teufelskreis von Schmerzerfahrung, Anspannung, Verkrampfung und Angst vor neuen Schmerzen zu unterbrechen.

  Der Teufelskreis von Schmerzerfahrung, Anspannung, Verkrampfung und Angst vor neuen Schmerzen muss unterbrochen werden. / Man muss den Teufelskreis von Schmerzerfahrung, Anspannung, Verkrampfung und Angst vor neuen Schmerzen unterbrechen.

- Man muss sich in einer speziellen Klinik von den chronischen Schmerzen befreien.

  Es gilt, sich in einer speziellen Klinik von den chronischen Schmerzen zu befreien.

1 Dem Patienten muss mehr Freiheit im Alltag gewährleistet werden.

2 Es muss ein Ausweg aus der Schmerzspirale gesucht und gefunden werden.

3 Man muss die Schmerzen nicht nur lindern, sondern tatsächlich heilen.

4 Mit Hilfe von innovativen Behandlungsverfahren muss das Schmerzgedächtnis gelöscht werden.

5 Wichtig ist, dass zunächst einmal die Schmerzen auf ein erträgliches Maß reduziert werden.

Schreiben

Lesen, Teil 4: Das Gedächtnis: Erinnern und Vergessen

 Aufgabe 14: *Einen Forumsbeitrag verfassen*

Nutzen Sie die Meinungsäußerungen a – h auf Seite 171 im Kursbuch als Grundlage für einen Forumsbeitrag zum Thema „Das Gedächtnis: Erinnern und Vergessen". Sie sollen dabei folgende Aspekte behandeln:

- ✓ Wie wichtig sind Erinnerungen bei der Entwicklung der Persönlichkeit?
- ✓ Inwieweit wird das Gedächtnis durch Gerüche und Düfte beeinflusst?
- ✓ Welche Gründe gibt es dafür, dass man vergisst?
- ✓ Welche Bedeutung haben Erinnern und Vergessen für Sie?

Lesen Sie zuerst die acht Meinungsäußerungen und markieren Sie die Ihrer Ansicht nach interessantesten Punkte. Ordnen Sie die Punkte in zwei Kategorien ein: Positives – Negatives.
Fassen Sie sich kurz: Mit Einleitung und Schluss sollte Ihre Arbeit die 150 Wörter nicht überschreiten.
Verwenden Sie unbedingt die folgenden Verbindungselemente:

- △ Erinnerungen spielen eine entscheidende Rolle in unserem Leben, (weil ...)
- △ Düfte wecken bekanntlich Erinnerungen, beispielsweise ...
- △ Aber der Mensch vergisst auch oft:
- △ Für mich bedeutet ...

Lesen, Teil 5: Prüfungsordnung Rettungsschwimmen

> **Gebrauch und Bedeutung der Partizipien – Partizipien und Relativsätze**

A „Das Partizip Perfekt kennen wir als wichtige Komponente für die Bildung des Perfekts und des Passivs. Wie nun die folgenden Abschnitte zeigen, werden die Partizipien in der Schriftsprache häufig auch anderweitig gebraucht.

Die Leistungen sind vom Ausbilder einzeln abzunehmen und direkt im Anschluss in der **vorgeschriebenen** Prüfungskarte zu bestätigen. Prüfungskarten und Urkunden müssen neben der Anschrift und Unterschrift der **ausstellenden** Stelle die Namen der **Prüfenden** tragen, die für die Durchführung verantwortlich sind. Nach erfolgreich **abgelegter** Prüfung werden bundeseinheitliche Urkunden und Abzeichen gegen Erstattung der Kosten ausgehändigt.

Bei allen unter Wasser **erfolgenden** Übungen, insbesondere in undurchsichtigen oder offenen Gewässern, sind Sicherungsmaßnahmen erforderlich. Jeder Schwimmer muss **dauernd** unter Kontrolle stehen.

Vorbedingung für die Teilnahme an der Schulung ist ein **ausgezeichneter** Gesundheitszustand.

 Partizipien finden also Verwendung als

- attributive Adjektive (in der **vorgeschriebenen** Prüfungskarte – der **ausstellenden** Stelle),
- nominalisierte Partizipien (der **Prüfenden**) oder als
- adverbiale Angaben (**dauernd**).

B Lesen Sie die Beispielsätze oben noch einmal und bestätigen Sie die folgenden Aussagen über die Bedeutung der Partizipien:

Das **Partizip Präsens** hat **aktivische Bedeutung**, ist zeitlich neutral und hat **dasselbe Subjekt** wie das Verb im Satz.

Das **Partizip Perfekt** hat **passivische Bedeutung** und drückt eine **abgeschlossene Handlung** oder einen beendeten Zustand aus.

C Partizipien lassen sich problemlos in Relativsätze umformen:

- nach erfolgreich **abgelegter** Prüfung = nach einer Prüfung, **die erfolgreich abgelegt wurde**
- bei allen unter Wasser **erfolgenden** Übungen = bei allen Übungen, **die unter Wasser erfolgen**

Der umgekehrte Weg, d. h. die Umformung eines Relativsatzes in eine Partizipialkonstruktion, ist nicht einfach. Am besten orientiert man sich an den Aussagen zur Bedeutung in (B).

Aufgabe 15: *Formen Sie die markierten Partizipien in Relativsätze um.*

1 Nicht regelmäßig abgerufene Erinnerungen verblassen wie alte Fotos.

   Erinnerungen, _____ nicht regelmäßig abgerufen _____, verblassen wie alte Fotos.

2 Die das Gedächtnis überflutenden Informationen sind oft total nutzlos.

   _____

3 Körperlich oder psychisch belastete Personen leiden besonders oft unter Stress.

   _____

4 In einer Prüfung können sich Schüler oft nicht an den gelernten Stoff erinnern.

   _____

5 Unser wie ein Diktiergerät arbeitendes Gehirn ersetzt alte Aufnahmen durch wichtigere.

   _____

6 Das frühkindliche, nur schwer Erinnerungen speichernde Gehirn ist offenbar noch nicht reif genug.

   _____

7 Mit Weihnachten verbundene Düfte rufen Gefühle von Geborgenheit und Sicherheit hervor.

   _____

8 Erinnerungen sind der die Persönlichkeit eines Menschen zusammenhaltende Stoff.

   _____

Aufgabe 16: *Formen Sie die markierten Relativsätze in Partizipialkonstruktionen um.*

1 Das Mobbing, das in allen Schularten und Altersgruppen vorkommt, hat viele Gesichter.

   Das in allen Schularten und Altersgruppen _____ Mobbing hat viele Gesichter.

2 Das Mobbing, das auf den ersten Blick vielleicht gar nicht erkannt wird, findet sowohl im Klassenzimmer als auch auf dem Pausenhof statt.

   _____

3 Durch Internet und soziale Medien werden Nachrichten und gehässige Kommentare, die bestimmte Mitschüler beleidigen, viel schneller verbreitet als auf dem Schulhof.

   _____

4 Angaben, die einmal im Internet stehen, lassen sich nicht mehr so leicht entfernen.

   _____

5 Eltern von Kindern, die in der Schule gemobbt werden, befinden sich in einer schwierigen Lage.

   _____

6 Eltern, die ihre Sorgen zu offen zeigen, belasten ihr Kind zusätzlich.

   _____

7 Mobbing ist ein Thema, das sehr häufig in der gesamten Klasse besprochen wird.

   _____

8 Ein Lehrer, der nicht sofort gegen Mobbing einschreitet, ist ein schlechter Lehrer.

   _____

Aufgabe 17: *Ergänzen Sie den folgenden Lückentext sinngemäß. Lesen Sie zunächst einmal den Text in Ruhe durch.*

Kinder sind noch nicht in der (1) _____, Risiken zu erkennen, und benötigen deswegen eine verantwortungsbewusste Aufsichtsperson in ihrer (2) _____. Wasser übt auf fast (3) _____ Kinder eine magische Anziehungskraft aus. Machen Sie also Kinder möglichst früh mit dem (4) _____ vertraut. Kinder können schon ab vier Jahren (5) _____ lernen, sollten aber bereits früher erste Kenntnisse zum sicheren Verhalten am und (6) _____ Wasser erfahren. Unabhängig davon, ob Kinder mit oder (7) _____ Hilfsmittel ins Wasser gehen: Sie müssen genau wissen, was erlaubt und was (8) _____ ist. Sicherheit ist jedoch nicht allein durch Gebote und (9) _____ zu erreichen. Vor allem jüngere Kinder müssen häufiger an die wichtigsten Verhaltensregeln (10) _____ Sicherheitsmaßnahmen erinnert werden.

HÖREN, Teil 2: Trinkwasser und Wasserknappheit

 Aufgabe 18: *Einen Irrtum aufklären*

Wer Deutschland besucht, wundert bzw. ärgert sich über die hohen Preise für Wasser aus der Plastik-flasche. Lesen Sie dazu den folgenden Artikel:

FLASCHENWASSER IST TEURER UND KAUM BESSER ALS LEITUNGSWASSER

Kritiker bezeichnen Flaschenwasser als einen der besten Marketingtricks unserer Zeit. Denn dass sich hinter der Bezeichnung „Tafelwasser" ein extrem überteuertes, mit Kohlensäure versetztes Leitungswasser verbirgt, ahnen die Wenigsten. Und auch die Qualität von Quell- und Mineralwäs-sern ist kaum besser als die von Leitungswasser, im Gegenteil: Leitungswasser ist das am besten kontrollierte Lebensmittel überhaupt und wird auf mehr gesundheitsschädliche Substanzen getestet als Mineral- und Quellwasser, da die Trinkwasserverordnung mehr Grenzwerte als die Mineral- und Tafelwasserverordnung vorschreibt. Auch wenn qualitativ selten besser, ist das Wasser aus der Flasche erheblich teurer. Zwei Liter Mineralwasser kosten im Durchschnitt so viel wie ca. 200 Liter Leitungswasser! Abgesehen vom Preis sprechen vor allem ökologische Aspekte für das Wasser aus der Leitung.

Wer übrigens herausfinden möchte, woher das Wasser aus der Flasche kommt, sollte genau auf die Bezeichnung achten. Während als Quell- und Mineralwasser nur Wasser bezeichnet wer-den darf, das aus Quellen oder unterirdischen Wasservorkommen stammt, verbirgt sich hinter der Bezeichnung „Tafelwasser" nichts anderes als Leitungswasser. Unser Leitungswasser stammt zu 64 Prozent aus natürlichen Quellen (Grundwasser), zu 27 Prozent aus Oberflächenwasser (Flüssen und Seen) und zu neun Prozent aus Quellwasser. Bevor es ins Versorgungsnetz eingespeist wird, wird es durch verschiedene Verfahren zu Trinkwasser aufbereitet. Nur in Notfällen ist es nötig, das Wasser mithilfe von Chlor zu desinfizieren. Für das eventuell noch mit Kohlensäure versetzte Flaschenwasser legen wir aber gerne das Doppelte bis Dreifache hin.

Was werden Sie nun tun, wenn Sie das nächste Mal in Deutschland sind?

HÖREN, Teil 3: Familien in Deutschland

 Aufgabe 19: *Die Situation im Heimatland schildern*

In diesem Hörtext ist von drei Familienmodellen die Rede:

- Das klassische Modell (Vater, Mutter und ein, zwei Kinder)
- Alleinerziehende Mutter / Alleinerziehender Vater mit Kind
- Patchwork-Familie (beide Partner haben Kinder aus früherer Ehe)

Berichten Sie kurz: Wie sieht es diesbezüglich in Ihrem Heimatland aus?

 Aufgabe 20: *Über eine Definition diskutieren*

Frau Krause, alleinerziehende Mutter in Berlin, gibt zu Beginn der Diskussion im Studio folgende Definition:

„Ich denke, Familie ist zuallererst dort, wo Kinder sind. Aber Familie sind für mich auch Menschen, die ich lange kenne, denen ich vertraue und die mit mir, meiner Tochter, meiner Mutter oder meinem Bruder eine enge, eine innige Verbindung haben."

Wie finden Sie diese Definition? Tauschen Sie sich darüber mit den anderen Kursteilnehmern aus. Sie können dabei die folgenden Redemittel verwenden:

- Ich finde diese Definition ganz treffend / ziemlich oberflächlich / grundsätzlich falsch …
- Ich stimme mit der Bemerkung, dass …, absolut überein.
- Was Frau Krause vergisst, ist …
- Man muss auch bedenken/erwähnen, dass …
- Ich würde „Familie" wie folgt definieren: …

Aufgabe 21: *Einen Standpunkt näher erörtern*

Im Laufe der Diskussion hört man folgende Äußerungen:

a. Es ist schon eine Meisterleistung, den normalen Familienalltag zu bewältigen, vor allem wenn beide Elternteile arbeiten.

b. Wenn eine Familie auseinanderbricht und an beiden Enden neu heilen muss, ist das wohl nie einfach.

c. Ob Kinder glücklich aufwachsen, hängt letztendlich nicht von der Familien-Variante ab. Was für mich zählt, sind Liebe, Fürsorge und Vertrauen.

Wählen Sie eine Äußerung, die Sie besonders aussagekräftig finden, und nehmen Sie ausführlich dazu Stellung.

Sprechen

Sprechen

Sprechen

HÖREN, Teil 4: Globalisierung - besser als ihr Ruf

Aufgabe 22: *Einen Lückentext ergänzen*

Lesen Sie den folgenden Text in Ruhe durch und ergänzen Sie die Lücken mit dem jeweils passenden Wort aus dem Kasten. Achten Sie auf die Position der Lücke im Satz. Zwei Wörter bleiben übrig.

Fremde	multikulturelle	sicherer	verändern	Zahl
korrigieren	nutzen	sterben	Vorurteile	Zeitalter
leisten	Schattenseiten	unterschiedlicher	Werte	Zukunft

Wir leben im (1) _____ der Krisen – Finanzkrise, Flüchtlingskrise, Klimakrise, ... – die uns zeigen, wo es lang geht mit der Menschheit. Nämlich steil bergab. Doch dieser Blick auf die Welt ist von Angst geprägt, vor allem von einer Medienwelt, die es sich zur Gewohnheit gemacht hat, diese Ängste zu (2) _____, um möglichst viel Aufmerksamkeit auf sich zu ziehen.

Schütteln wir diese Katastrophen-Fantasien doch einmal ab und blicken auf den Zustand der Menschheit als Ganzes. Die (3) _____ der Menschen, die in Armut leben müssen, sinkt seit einem Jahrhundert – obwohl die Weltbevölkerung ständig wächst. Immer weniger Menschen auf der Welt müssen hungern, Großstädte werden (4) _____ und die Anzahl der Gewalttaten sinkt. Zum ersten Mal sind über 80 Prozent aller Menschen in der Lage zu lesen und zu schreiben und erstmalig in der Geschichte der Menschheit (5) _____ mehr Menschen an Übergewicht als an Unterernährung. Es ist also an der Zeit, unser Bild von Globalisierung vorsichtig zu (6) _____.

Die globalisierte Wirtschaft hat ihre (7) _____, ganz klar, aber darüber darf man die Chancen und Potenziale einer vernetzten Welt nicht verdrängen. Inzwischen wächst eine völlig neue Generation von Weltbürgern heran, die sich von der ihrer Eltern grundlegend unterscheidet: Die „Generation Global" ist gebildet und digital vernetzt, will durch ihr Tun etwas bewirken und (8) _____. Klassisches Karrieredenken hat für sie keine Bedeutung. Es geht ihnen in erster Linie um interessante Erfahrungen – und darum, mit der Arbeit einen sinnvollen Beitrag zur Gesellschaft zu (9) _____.

Kein Zweifel, mit wirtschaftlichem Einfluss finden auch kulturelle (10) _____ und Konsumgüter ihren Weg in andere Gesellschaften. Das muss jedoch nicht bedeuten, dass eine Kultur über eine andere dominiert und sie beherrscht. Durch Globalisierung und Mobilität treffen Menschen (11) _____ Herkunft und Religion aufeinander. Sie erfahren über deren Lebensformen und Verhaltensweisen und entwickeln Respekt und Verständnis für die eigene und für fremde Kulturen. Zugegeben, problemlos und frei von Ängsten sind diese Kontakte, besonders anfangs, nicht, aber mit der Zeit werden die (12) _____ abgebaut. Es entstehen moderne, (13) _____ Gesellschaften und immer mehr junge Menschen bezeichnen sich eher als Weltbürger denn als Bürger ihres jeweiligen Landes.

Aufgabe 23: *Einen Text zusammenfassen*

Fassen Sie den Text von Übung 22 schriftlich zusammen. Beschränken Sie sich auf die wichtigsten Aussagen und schreiben Sie ca. 100-120 Wörter.

Sprachliche Mittel

SCHREIBEN, Teil 1: Frisch getrennt nach einer langjährigen Beziehung

Schildern Sie, welche Rolle eine Beziehung für Sie spielt: die

- für seelisches Gleichgewicht sorgen – Entspannung verschaffen – einen Partner / eine Partnerin haben, mit dem/der man über alles sprechen kann – Einsamkeit und Depression bekämpfen – innere Ruhe

Beschreiben Sie, wie man eine gesunde Beziehung erhalten kann:

- sich gegenseitig respektieren – Interesse / freundschaftliche Gefühle zeigen – jemandem vergeben – eigene Fehler eingestehen – einander eine Zeit lang nicht sehen – Freiräume lassen

Nennen Sie Faktoren, die eine Beziehung negativ beeinflussen:

- der negative Einfluss von Freunden – zu wenig Zeit in die Beziehung investieren – die Untreue des Partners / der Partnerin – der Alltag / die Geldsorgen – nicht über Probleme sprechen – unterschiedliche Prioritäten im Leben setzen

Machen Sie einen Vorschlag, wie man in der Zeit nach der Trennung Konflikte vermeidet:

- die Schuld nicht nur beim Anderen suchen – offen über die entstandenen Probleme diskutieren – ab und zu miteinander telefonieren – eine E-Mail schicken – um Hilfe bitten oder Hilfe anbieten – objektiv urteilen

Sprechen

 Aufgabe 24: *Über ein Thema diskutieren*

> „Sind feste Beziehungen heute ‚out'?"

Bei der Diskussion können Sie die folgenden Argumentationshilfen verwenden:

- sich nach einer festen Beziehung sehnen – sich in einer festen Beziehung geborgen fühlen – romantische Vorstellungen haben von + DAT
- sich eingeengt fühlen / sich nicht fest binden wollen
- moderner Lebensstil / Mobilität verhindert feste Beziehungen
- Menschen sind selbstständiger geworden – die Erwartungen an einen Partner / eine Partnerin steigen
- Alleinerziehende sind keine Seltenheit / Kinder brauchen intakte Beziehungen
- eine Beziehung bewusst eingehen und pflegen
- an eine Beziehung glauben – etwas/nichts für die Beziehung aufgeben wollen

Sprachliche Mittel

SCHREIBEN, Teil 2: Gemeinsames Projekt planen

- Projekt beschreiben: innovatives Konzept entwickeln – das Interesse der Kunden wecken – soll die Firma viele neue Kunden bringen – die Vorteile/Vorzüge der Firma hervorheben
- Warum eilig – Bitte um Gesprächstermin: (nicht) genug Zeit zur Durchführung einer Kontrolle – gute Werbung für die Firma und alle Mitarbeiter – um eine Rücksprache / ein Gespräch unter vier Augen bitten – je schneller, desto besser
- Grund für das Schreiben: geeignete Person für das Projekt – viel Erfahrung haben – bisherige gute Zusammenarbeit / schon gemeinsame Projekte erarbeitet haben – beim Chef beliebt
- Warum ist das Projekt wichtig: die Konkurrenz schläft nicht / mit der Konkurrenz mithalten – Marktführer sein / „die Nase vorn haben" – eine Gehaltserhöhung / eine Prämie erhalten – Aussicht auf Beförderung haben

✎ Aufgabe 25:

Ihre Kollegin, Frau Blum, hat auf Ihren Vorschlag zur gemeinsamen Projektarbeit geantwortet. In der Nachricht gibt es einige Fehler. Finden und korrigieren Sie diese Fehler.

Hallo Bernd,	
erst einmal **herzliche** Glückwunsch, deine Idee zum Projekt ist wirklich	0 _herzlichen_
interresant und originell. Schön, dass wir im Team zusammenarbeiten werden,	1 _____
denn auch in der Vergangenheit wir haben gut und erfolgreich kooperiert.	2 _____
Ich bin mir sicher, dass unsere Chef, Frau Dängler, begeistert sein wird,	3 _____
wenn wir ihr das Konzept vorstellen. Aber du hast rechts, je früher wir damit	4 _____
beginnen, desto schneller können wir erste Ergebnise liefern und mit Frau	5 _____
Dängler besprechen, welche Verbesserungen nötig sind. Ich vorschlage, wir	6 _____
treffen uns am kommendem Dienstag um 11 Uhr bei dir im Büro.	7 _____
Gib mir Bescheid, wann dir die Uhrzeit passt, ich bin flexibel.	8 _____
Übrigens hat mir gestern Hannah in der Kaffeepause gefragt,	9 _____
was ich mit dir so plane, aber ich habe ihr nichts gesagt.	10 _____
Bis dann viele Grüße,	
Petra	

Sprachliche Mittel

SPRECHEN, Teil 1

⊙ Maßnahmen gegen Gewalt in der Schule

- Vertrauen zwischen Lehrern und Schülern / unter den Mitschülern aufbauen – Probleme durch Gespräche lösen – friedlichen Umgang / gegenseitiges Verständnis unterstützen – „Streiten" lernen
- durch Lösung von Konflikten einer schlimmen Situation vorbeugen – Schulpsychologen um Unterstützung bitten – gegenseitige Hilfsbereitschaft / respektvolles Verhalten in der Klasse fördern
- Gewalt nicht durch Gewalt bekämpfen – zu besserem/schlechterem Klima in der Klasse führen – sich sicher fühlen – (keine) Angst haben vor + DAT

Fragen zum Thema:
a. Wie sehr ist Ihrer Meinung nach die Erziehung zu Hause für aggressives Verhalten in der Schule verantwortlich?
b. Wie beeinflussen Ihrer Meinung nach die Lehrer das Verhalten der Schüler in der Klasse?

⊙ Schulden abbezahlen

- einen zusätzlichen Job / einen Nebenjob annehmen – auf Arbeitssuche gehen – die Ausgaben senken / mehr Geld sparen – keine Kreditkarten benutzen
- Schulden in Raten abbezahlen – eine Zeit lang auf überflüssige/teure Einkäufe verzichten – das Auto verkaufen – den Schuldenberg kontinuierlich abbauen
- langsam aber sicher – ohne Schulden weniger Stress haben – sich eingeschränkt fühlen – schwer verzichten können auf + AKK – Verantwortung übernehmen

Fragen zum Thema:
a. Was führt viele Leute dazu, Schulden zu machen?
b. Wen würden Sie persönlich in so einer Situation um Hilfe bitten?

Sprachliche Mittel

◉ *„Schwarz" arbeiten*

- das Gehalt / den Lohn aufbessern / sich etwas hinzuverdienen – die Mehr-wertsteuer / den Beitrag für die Sozialversicherung sparen wollen – keine Arbeitserlaubnis haben
- Schwarzarbeit weit verbreitet – zu hohe Steuern/Versicherungsbeiträge – schlechte wirtschaftliche Lage – Wirtschaftskrise
- Ich bin der festen Überzeugung, dass ... – Arbeitsplätze sind in Gefahr – sich strafbar machen – keine Hilfe zu erwarten, wenn ein Problem auftaucht

Fragen zum Thema:

a. Wie würden Sie reagieren, wenn man Ihnen anbieten würde, schwarz zu arbeiten?
b. Wie kann man Ihrer Meinung nach die Schwarzarbeit bekämpfen?

◉ *Weniger Zucker zu sich nehmen*

- Süßstoff/Stevia/Honig als Zuckerersatz verwenden – ganz auf Zucker verzich-ten – mehr Obst essen – Fertigprodukte meiden, die (zu viel) Zucker enthalten
- auf Inhaltsstoffe in Lebensmitteln achten – sich vitaminreich ernähren – viel Wasser trinken – „natürliche Süßigkeiten" vorziehen
- die Zähne kaputt machen – zu Übergewicht führen – ungesunde Essgewohn-heiten aufgeben – vorteilhaft / von Vorteil sein – anfangs nervös sein – sich gesünder ernähren – zuckerfreie Lebensmittel leider oft teurer

Fragen zum Thema:

a. Welchen Rat würden Sie jemandem geben, der schwer auf Zucker verzichten kann?
b. Was tun Sie persönlich im Alltag, um weniger Zucker zu konsumieren?

SPRECHEN, Teil 2: Sollen die Geschäfte künftig auch sonntags geöffnet sein?

Welche Vor- und Nachteile gibt es?

- kleine Geschäfte sind im Nachteil / haben zu hohe Ausgaben – Angestellte müssen Überstunden machen
- praktisch für Erwerbstätige – Geschäfte immer geöffnet / nicht so voll wie sonst – jederzeit einkaufen können
- der Sonntag verliert seinen Reiz – kein „Ruhetag" mehr

Alternativen anstelle verkaufsoffenen Sonntags?

- Geschäfte/Supermärkte bleiben unter der Woche länger geöffnet – verlängerter Ladenschluss – ab und zu werktags bis Mitternacht geöffnet
- Verkaufsautomaten für einige Lebensmittel installieren
- online einkaufen

Geregelte Öffnungszeiten für verkaufsoffene Sonntage?

- schützen die Arbeitnehmer vor Mehrarbeit – Arbeitnehmer müssen sich ausruhen
- spätestens um ... schließen / frühestens um ... öffnen – am späten Vormittag / am frühen Abend

Ist Sonntagsarbeit arbeitnehmerfreundlich? Warum (nicht)?

- keine Zeit für das eigene Familienleben – zusätzliche Belastung – erschöpfte Mitarbeiter = keine hohe Leistung
- Mitarbeiter verdienen mehr Geld an Sonntagen.
- Nicht viele Konsumenten machen davon Gebrauch.

Weitere Diskussionspunkte:

- Wie sinnvoll und vor allem sicher finden Sie das sogenannte „24/7"-Konzept mancher kleinen Geschäfte?
- Sind längere Öffnungszeiten ein wirksames Mittel zur Bekämpfung der Arbeitslosigkeit?

© Praxis

Test 10

LESEN, Teil 1: Was ist Heimat?

Wortschatz zum Thema

- die Heimat ■ das Heimatland ■ herkommen ■ die Herkunft ■ heimatlos
- die Wiege ■ die Kindheit ■ die Jugend ■ älter werden ■ eine Familie gründen ■ die Generation, -en
- die Erinnerung, -en ■ die Kindheitserinnerung, -en ■ jmdn. erinnern an + AKK ■ das Merkmal, -e
- die Besinnung ■ das Gefühl, -e ■ der Gedanke, -n ■ das Heimweh
- der Duft / der Geschmack von + DAT ■ der Ort, -e ■ das Land ■ die Landschaft, -en
- die Geborgenheit ■ sich geborgen fühlen ■ das Vertrauen ■ vertraut ■ sich wohl/glücklich fühlen
- die Identität ■ sich identifizieren mit + DAT ■ sich (kritisch) auseinandersetzen mit + DAT
- geboren werden ■ aufwachsen ■ dazugehören ■ das Zugehörigkeitsgefühl ■ der Außenseiter, -
- das Bedürfnis, -se ■ der Stolz ■ stolz sein auf + AKK ■ etw. verbinden mit + DAT
- das Zuhause ■ das Zuhausesein ■ das Nachhausekommen ■ der Kontakt, -e zu + DAT
- die Wurzel, -n ■ Wurzeln schlagen ≠ die Wurzeln ablegen ■ die Tradition, -en ■ die Geschichte
- die Vergangenheit ■ die Gegenwart ■ die Zukunft
- die gleiche Sprache sprechen ■ kommunizieren mit + DAT ■ die Sitten und Bräuche (Pl.)
- die Literatur ■ die Kultur, -en ■ kulturell ■ die Religion, -en
- auswandern ■ das Ausland ■ die Fremde ■ sich niederlassen

Aufgabe 1: *Ergänzen Sie im folgenden kurzen Gedicht die Lücken mit Wörtern aus der Liste oben.*

Vergiss nie deine (1) _____ wo deine (2) _____ stand,
man findet in der (3) _____ kein zweites (4) _____.

Wie würden Sie dieses Gedicht charakterisieren: pragmatisch, romantisch, modern, trivial ...?

Aufgabe 2: *Einen Begriff (neu) definieren*

Sehen Sie sich das Bild genau an und nehmen Sie dazu Stellung:

- △ Was will der Text sagen?
- △ Wann und in welcher Umgebung könnte er entstanden sein?
- △ Können Sie sich mit diesem Spruch identifizieren?
- △ Wie wirkt die Originalversion bzw. der modifizierte Spruch auf Sie?

Wortschatz

Sprechen

▷ **Konjunktiv II zum Ausdruck des Irrealen**

Lesen Sie den folgenden Abschnitt aus Text D und achten Sie besonders auf die markierten Verbformen:

Es **wäre** für mich unmöglich auszuwandern oder im Ausland zu leben. Und genau genommen ist Heimat ja auch der Ort, wo man sich niederlässt. Der Kontakt zu den Eltern und zu sehr nahen Freunden ist auch etwas, was mir **fehlen würde**. Natürlich **könnte** ich mit ihnen über das Internet kommunizieren, aber das ist nicht zu vergleichen mit dem unmittelbaren Kontakt. Ich glaube, danach **würde** ich ein noch stärkeres Heimweh **fühlen**.

👍 Der **Konjunktiv II** wird sehr häufig verwendet, um etwas **Irreales** oder eine **Annahme** auszudrücken, die nicht der Wirklichkeit entspricht.

Hier zur Erinnerung die Konjugationstabelle des KII:

	sein	**haben**	**werden**	**können**	**müssen**	**dürfen**	**mögen**
ich	wäre	hätte	würde	könnte	müsste	dürfte	möchte
du	wärest	hättest	würdest	könntest	müsstest	dürftest	möchtest
er/sie/es	wäre	hätte	würde	könnte	müsste	dürfte	möchte
wir	wären	hätten	würden	könnten	müssten	dürften	möchten
ihr	wäret	hättet	würdet	könntet	müsstet	dürftet	möchtet
sie, Sie	wären	hätten	würden	könnten	müssten	dürften	möchten

In der Umgangssprache wird bei fast allen Verben die Umschreibung **„würde + Infinitiv"** verwendet:

ich	würde sagen	wir	würden sagen
du	würdest sagen	ihr	würdet sagen
er/sie/es	würde sagen	sie, Sie	würden sagen

Neben den Hilfs- und Modalverben (siehe oben) sind noch die folgenden **K II-Einzelformen** im Gebrauch:

geben	ich gäbe	lassen	ich ließe
gehen	ich ginge	tun	ich täte
kommen	ich käme	wissen	ich wüsste

✎ **Aufgabe 3:** *Was wäre anders? Drücken Sie die Annahmen mit Hilfe des KII aus, wie im Beispiel.*

1 Ich bin nun mal dieser Meinung. (mein Freund – sicher – anderer Meinung)
   Mein Freund _____ sicher anderer Meinung.

2 Viola trägt gern helle Kleidung. (Alva – dunkle Farbtöne – vorziehen)
   _____

3 Ich halte nur diese Lösung für realistisch. (etwas anderes – mir nicht in den Sinn – kommen)
   _____

4 Selim sucht Arbeit in Österreich. (Dazu – vorher – Deutsch lernen – müssen)
   _____

Grammatik

5 Nein, Ivan kann uns nicht helfen. (Aber – Darius – sicher gerne – helfen)

_____

6 Mein Cousin wohnt in der Stadt, aber ich bin sicher, (er – lieber auf dem Land – leben)

_____

7 Im kommenden Sommer fahren wir in die Provence. Und ihr? (wohin – gern – reisen)?

_____

8 Mein Vater ist noch voll beschäftigt. (Als Rentner – sicher mehr Zeit – haben)

_____

▶ **Präpositionen mit Genitiv**

👍 Genitiv steht nach folgenden Präpositionen: **(an)statt – trotz – während – wegen**

Und egal, ob man auch mal etwas falsch macht, man gehört **trotz dieser Fehler** einfach dazu.

Wegen dieser Tatsache kann man also sagen, dass die Welt unsere Heimat ist.

Wenn ich an Heimat denke, kommen mir zuallererst die Leute in den Sinn, die **während meiner Kindheit** neben mir waren, also meine Eltern und Geschwister.

👍 Es gibt außerdem eine Reihe weiterer Präpositionen mit Genitiv, die relativ selten gebraucht werden. Dazu gehören: **abseits – angesichts – anhand – anlässlich – aufgrund – außerhalb – bezüglich – diesseits – einschließlich – infolge – inmitten – innerhalb – jenseits – kraft – mangels – mithilfe – mittels – oberhalb – seitens – ungeachtet – unweit – unterhalb – zugunsten – zwecks**

Man ist Teil einer sozialen Gruppe und **innerhalb dieser Gruppe** spürt man eine Art Urvertrauen und die Gewissheit, hier gehört man hin, egal wie man ist.

Infolge dieser Tätigkeit reise ich viel, aber egal wohin ich fahre, ich nehme immer meine Gefühle und Gedanken mit.

Natürlich kann man die deutschen Wurzeln nicht ablegen, **jenseits der Heimatgrenze** leben möchte ich nicht.

 Aufgabe 4: *Wählen Sie die jeweils passende Präposition aus und ergänzen Sie die Genitivform. Manche Lücke bleibt leer.*

1 Ich habe (statt – trotz) ein_____ Laptop_____ ein Tablet gekauft.

2 Mara hat (zugunsten – zwecks) ihr_____ Bruder_____ auf ihren Anteil vom Erbe der Eltern verzichtet.

3 (Innerhalb – Oberhalb) d_____ Stadt_____ steht die imposante Festung Hohensalzburg.

4 Das kleine Waldrestaurant sieht man nicht sofort, es liegt etwas (abseits – inmitten) d_____ Weg_____.

5 Zoe hat (während – wegen) d_____ Studium_____ oft gejobbt und etwas Geld verdient.

6 (Angesichts – Anlässlich) d_____silbern_____ Hochzeit_____ schenkte er seiner Frau eine Weltreise!

7 Das ist ein teures Projekt, wir können es nur (kraft – mithilfe) ein_____ Bankkredit_____ finanzieren.

8 Niemand darf (anhand – aufgrund) sein_____ Herkunft_____, Hautfarbe_____ oder Religion_____ diskriminiert werden.

9 (Bezüglich – Seitens) ihr_____ Charakter_____ kann ich nur sagen, dass Inge oft launisch ist.

10 Wir mussten uns (trotz – wegen) d_____ Kinder_____ eine Wohnung in der Nähe der Schule suchen.

LESEN, Teil 2: Die Geschichte des Kriminalromans

Aufgabe 5: *Gewohnheiten beschreiben*

Lesen zählt zu den beliebtesten Hobbys, und Krimis sind bloß eine von vielen Literaturgattungen. Da stellt sich also zwangsläufig die Frage:

> Welche Faktoren beeinflussen einen beim Kauf eines Buches?

△ Denken Sie zuerst über Ihre Lesegewohnheiten nach. Erzählen Sie, was für Bücher Sie gerne lesen.
△ Hören Sie dann auch die Vorträge der anderen Kursteilnehmer und notieren Sie das Interessanteste.
△ Machen Sie abschließend eine Blitzumfrage über das in letzter Zeit meistgelesene Buch.

Folgende Aspekte dürften beim Kauf eines Buches eine Rolle spielen:

✓ Alter und Geschlecht
✓ Bildungsniveau und Interessen der Leser
✓ Werbung über Neuerscheinungen
✓ Buchgeschenke
✓ ...

Aufgabe 6: *Notieren Sie zu jedem der folgenden Wörter ein Verb, das davon abgeleitet wird, und umgekehrt.*

erfinden		der Mord	
die Handlung		das Rätsel	
das Konzept		die Tat	
kritisieren		verwickeln	

Aufgabe 7: *Setzen Sie zehn verschiedene Präpositionen in die Lücken ein.*

Die klassische Detektivgeschichte hat ein Verbrechen als Ausgangspunkt, von dem (1) _____ Anfang der Geschichte berichtet wird. Häufig geht es dabei (2) _____ Mord. Der Detektiv klärt den Fall (3) _____ Laufe der Handlung auf. Die eigentliche Geschichte des Verbrechens und die Hintergründe (4) _____ die Tat werden daher in der Regel erst (5) _____ dem Verbrechen (6) _____ Detektiv im Zuge seiner Aufklärung erhellt. Interessant ist, dass es (7) _____ vielen frühen Krimis oft Privatdetektive waren, die sich (8) _____ die Suche nach dem Täter begaben. Die Polizei galt (9) _____ jener Zeit nämlich (10) _____ sehr korrupt und auch nicht sonderlich gut ausgebildet.

Sprechen · Wortschatz · Grammatik

Grammatik - Wortschatz

Aufgabe 8: *Ersetzen Sie die unterstrichenen Satzteile durch ein Adjektiv auf „-reich".*

1 Die Tournee der Band hatte großen Erfolg.

Die Tournee der Band war sehr _____.

2 Familien mit vielen Kindern müssen vom Staat finanziell unterstützt werden.

_____

3 Bayern ist ein Bundesland mit viel Wald.

_____

4 Die Bergstraße ist gefährlich, weil sie viele Kurven hat.

_____

5 Die vielen guten Ratschläge waren eine große Hilfe.

_____

6 Ich kann Ihnen dazu Beispiele in großer Zahl nennen.

_____

▶ **Subjektiver Gebrauch von „sollen" und „dürfen"**

👆 Mit dem Modalverb **„sollen"** drückt der Sprecher eine **neutrale Position** aus, d. h. weder Zustimmung noch Zweifel an der Aussage:

Zwischen 1920 und 1973 schrieb sie 66 Romane und mehrere Sammlungen mit Kurzgeschichten. Nach Schätzungen **soll** sie weltweit über zwei Milliarden Bücher verkauft haben.

👆 Mit dem **Konjunktiv II von „dürfen"** drückt der Sprecher eine **relative Wahrscheinlichkeit** aus:

Als einer der ersten Autoren von Kriminalgeschichten gilt Edgar Alan Poe. Seine Kurz- und Detektivgeschichte „Der Doppelmord in der Rue Morgue", erschienen im Jahr 1841, **dürfte** der erste Krimi der Literaturgeschichte sein.

Grammatik

Aufgabe 9: *Formulieren Sie die folgenden Sätze neu mithilfe von „sollen" bzw. „dürfen".*

1 Es ist ziemlich wahrscheinlich, dass es im Prinzip immer wieder das Gleiche ist.

Im Prinzip _____ es immer wieder das Gleiche _____.

2 Nach allgemeiner Ansicht ist dieses Grundkonzept sehr einfach, aber überaus erfolgreich.

Dieses Grundkonzept _____ sehr einfach, aber überaus erfolgreich _____.

3 Wahrscheinlich ist der Ermittler Sherlock Holmes eine der bekanntesten Detektivfiguren.

_____

4 Ich habe irgendwo gelesen, dass ein amerikanischer Verleger Arthur Conan Doyle überredet hat, ganze Romane mit Sherlock Holmes zu gestalten.

_____

5 Man war damals der Meinung, dass die Polizei sehr korrupt und nicht gut ausgebildet war.

_____

6 Die Anfänge des Kriminalromans liegen wahrscheinlich im 19. Jahrhundert.

_____

7 Hier steht, dass bis nach dem Krieg Fachleute nicht viel von Kriminalromanen hielten und sie hart kritisiert haben.

_____

8 Krimis sind wohl mehr als anspruchslose Unterhaltungsliteratur.

_____

LESEN, Teil 3: Sommer und Sonne – Stress für den Körper

Wortschatz zum Thema

- das Klima ▪ klimatisch ▪ die Klimaveränderung ▪ die Klimaerwärmung
- die warme Jahreszeit ▪ der Sommer ▪ sommerlich ▪ die (pralle) Sonne ▪ das Sonnenlicht
- heiß ▪ die Hitze ▪ die Hitzewelle, -n ▪ kühl ▪ sich abkühlen ▪ die Abkühlung
- das Thermometer ▪ die Temperatur, -en ▪ die Temperatur messen ▪ die „gefühlte" Temperatur
- die Haut ▪ das Sonnenschutzmittel ▪ der Lichtschutzfaktor ▪ sich eincremen
- der Wetterdienst ▪ die Wettervorhersage / Wetterprognose ▪ die Information, -en
- ... Grad im Schatten ▪ (an)steigen auf + AKK ▪ fallen ▪ die UV-Strahlen (Pl.)
- das Wohlbefinden ▪ die Stimmung ▪ subjektiv ▪ eine subjektive Empfindung
- feucht ▪ die Luft ▪ die (Luft)Feuchtigkeit ▪ schwitzen ▪ der Schweiß
- der Wind ▪ die Windgeschwindigkeit ▪ die Windstille ▪ es weht kein Lüftchen
- der (menschliche) Körper ▪ wirken auf + AKK ▪ die Wirkung ▪ der Kreislauf ▪ der Magen
- die Flüssigkeit, -en ▪ Flüssigkeit aufnehmen / zu sich nehmen ▪ der Durst ▪ den Durst löschen
- der Alkohol ▪ das Getränk, -e ▪ das Koffein ▪ das (Mineral)Wasser ▪ der Tee ▪ die Limonade
- die Ernährung ▪ sich ernähren ▪ gesund ≠ ungesund ▪ das Lebensmittel, - ▪ das Obst ▪ das Gemüse
- eine Pause einlegen ▪ sich aufhalten ▪ sich einstellen auf + AKK ▪ jmdm. zu schaffen machen
- die Gefahr, -en ▪ gefährlich ▪ aggressiv ▪ leiden unter + DAT
- die Stadt, „-e ▪ das Stadtklima ▪ die Großstadt, „-e ▪ das Land ▪ die Provinz
- der Städtebau ▪ die Städteplanung ▪ der Asphalt ▪ asphaltiert
- das Grün ▪ die Grünfläche, -n ▪ der Park, -s ▪ die Parkanlage, -n
- die Wohnung abdunkeln ▪ die Fenster schließen / geschlossen halten / öffnen

Aufgabe 10: *Bereiten Sie einen kurzen Vortrag vor, in dem Sie auf die folgenden Fragen eingehen:*

- Welche Jahreszeit und welches Wetter mögen Sie am liebsten und warum?
- Sind Sie auch der Ansicht, dass man von einer besorgniserregenden Klimaveränderung in den letzten Jahren sprechen könnte?
- Leben in der Stadt, Leben auf dem Land und Klima: Wie hängt das zusammen?

▶ **Das Vorfeld im Hauptsatz**

 Bekanntlich steht das (konjugierte) Verb im Hauptsatz auf Position 2. **Position 1**, was also **vor dem Verb** steht, wird **„Vorfeld"** genannt. Im Vorfeld können verschiedene Satzglieder stehen: das Subjekt des Satzes, das unpersönliche „es" oder eine Angabe bzw. Ergänzung, die man besonders betonen möchte:

Ein häufig gemachter Fehler ist, dass man vergisst, dass **auf Position 2 immer das Verb** stehen muss, egal ob der Satz mit dem Subjekt oder einem anderen Satzglied beginnt.

Die Temperatur allein sagt jedoch über das Wohlbefinden bei Hitze wenig aus. **Es ist** vor allem die Luftfeuchtigkeit, die unser subjektives Befinden beeinflusst.

Die gängige Wettervorhersage verkündet eine im Schatten und bei Windstille gemessene physikalische Temperatur. **Auf das Körpergefühl lässt** dieser Wert jedoch kaum Rückschlüsse zu.

Bei großer Hitze sollte jeder Mensch täglich mindestens einen Liter mehr Flüssigkeit als sonst zu sich nehmen.

Aufgabe 11: *Formulieren Sie die Sätze neu, indem Sie mit dem markierten Satzglied beginnen.*

1 Die Temperatur allein sagt jedoch über das Wohlbefinden bei Hitze wenig aus.

Über das Wohlbefinden bei Hitze _____

2 Auf das Körpergefühl lässt dieser Wert jedoch kaum Rückschlüsse zu.

_____

3 Der Deutsche Wetterdienst stellt daher neben der „normalen" Wetterprognose auch solche Informationen für die Bevölkerung bereit.

_____

4 Die Fenster öffnen sollte man eher in den kühleren Morgenstunden.

_____

5 Ein Netzwerk vieler kleiner Grünflächen ist Experten zufolge für das Stadtklima günstiger als wenige große Parkanlagen.

_____

6 Genauso wichtig wie die Menge ist die Art der Getränke.

_____

7 Leichte Lebensmittel wie etwa Obst und Gemüse sind bei hohen Temperaturen besonders zu empfehlen.

_____

8 Nach 30 Minuten Planschen sollten sich Kinder deshalb für eine Stunde in den Schatten zurückziehen.

_____

Aufgabe 12: *Wir wiederholen und ergänzen das Passiv.*

Formen Sie die folgenden Sätze aus dem Aktiv ins Passiv und umgekehrt um. Nehmen Sie dabei etwaige notwendige Änderungen im Satz vor. Achten Sie auf die Formulierung der Agensergänzung:

„Täter" = von + DAT

Ursache / Grund / Mittel = durch + AKK

1 Vor allem junge und ältere Menschen leiden stark, wenn 30 Grad auf dem Thermometer überschritten werden.

Vor allem junge und ältere Menschen leiden stark, wenn das Thermometer _____

_____

2 Zuckerreiche Limonaden hingegen verursachen noch mehr Durst.

_____

3 Eine ungesunde Ernährung kann bei Hitze Kreislaufprobleme fördern.

_____

4 Von solchen Hitzewellen werden die Bewohner vieler Großstädte besonders hart getroffen.

_____

5 Die Fenster öffnen sollte man eher in den kühleren Morgenstunden.

_____

Grammatik

Aufgabe 13: *Wir wiederholen „weil, denn, nämlich".*

Sehen Sie sich zuerst die folgenden Sätze aus dem Text an. Achten Sie auf die Stellung von „weil, denn, nämlich" und die jeweilige Stellung des Verbs.

- Wenn es feucht ist, <u>können</u> wir **nämlich** nicht mehr schwitzen, **weil** die Umgebungsluft keinen Schweiß mehr aufnehmen <u>kann</u>.
- Kaffee, Schwarztee und Alkohol sind als Durstlöscher wenig geeignet, **denn** Alkohol und Koffein <u>erschweren</u> dem Körper die Flüssigkeitsaufnahme.

Verbinden Sie die folgenden Satzpaare mithilfe von „weil, denn, nämlich", wie im Beispiel angezeigt:

1 In Großstädten müssen möglichst viele Grünflächen eingerichtet werden. Sie wirken sich positiv auf das Stadtklima aus.

In Großstädten müssen möglichst viele Grünflächen eingerichtet werden, weil ...
_____

In Großstädten müssen möglichst viele Grünflächen eingerichtet werden, denn ...
_____

In Großstädten müssen möglichst viele Grünflächen eingerichtet werden, sie ...
_____

2 Gebäude und asphaltierte Flächen schlucken das Sonnenlicht und heizen sich auf. Beim Städtebau wurde falsch geplant.
_____
_____

3 Kleine Kinder dürfen sich nicht längere Zeit in der prallen Sonne aufhalten. Die aggressiven UV-Strahlen sind eine große Gefahr.
_____
_____

4 Ideale Durstlöscher sind Mineralwasser oder abgekühlte Kräuter- und Früchtetees. Sie werden problemlos vom Körper aufgenommen.
_____
_____

5 Die „gefühlte" Temperatur ist eine wesentlich hilfreichere Information. Sie berücksichtigt die Luftfeuchtigkeit ebenso wie die Windgeschwindigkeit.
_____
_____

Lesen, Teil 4: Warum Lesen wichtig ist

Schreiben

 Aufgabe 14: *Eine halbformelle E-Mail schreiben*

Sie sind beunruhigt über die vielen Stunden, die Ihre Kinder – Sohn Ralf (13) und Tochter Svenja (15) – täglich am Computer verbringen und schreiben eine gemeinsame E-Mail an die beiden Klassenlehrer, Frau Schilling und Herrn Sander, und gehen dabei auf die folgenden Punkte ein:

- ✓ Was haben Sie persönlich getan, um der Situation zu begegnen?
- ✓ Welche Beobachtung machen Sie täglich?
- ✓ Welche Initiative könnten die Lehrer ergreifen?
- ✓ Wozu sollten Kinder in diesem Alter Computer benutzen?

Setzen Sie zuerst die vier Leitpunkte in eine sinnvolle Reihenfolge. Schreiben Sie nicht mehr als 100-120 Wörter. Sie können Ihre Sätze wie folgt einleiten:

△ Ich meinerseits (+ Verb)
△ Ich stelle immer wieder fest, (+ dass)
△ Ich finde, Sie sollten ...
△ In diesem Alter (+ Verb)

Lesen, Teil 5: BAföG

 Aufgabe 15: *Von allem etwas*

Lesen Sie den Text „BAföG" (Lehrbuch / Seite 190) und bearbeiten Sie parallel dazu die folgenden Fragen.

1 Das Gesetz zur Förderung der Ausbildung auf Bundesebene = Bundesausbildungsförderungsgesetz

Das Gesetz zur Dämpfung der Kosten fürs Krankenhaus ➜ _____

2 „monatlich" ➜ pro Monat, jeden Monat

jedes Jahr ➜ _____   jede Woche ➜ _____   jeden Tag ➜ _____

3 „Bedarf" kommt von „bedürfen". Was für ein Objekt steht hinter „bedürfen"?
(a) Akkusativobjekt
(b) Dativobjekt
(c) Genitivobjekt
(d) Präpositionalobjekt

4 Welche grammatische Form ist der „Auszubildende"?
(a) Gerundiv
(b) Prädikativ
(c) Superlativ

5 „abschließen" ist ein zusammengesetztes Verb. Nennen Sie vier weitere (trennbare oder untrennbare) Verben mit „schließen":
a) ▆▆▆schließen
b) ▆▆▆schließen
c) ▆▆▆schließen
d) ▆▆▆schließen

6 „höher-" ist der Komparativ von „hoch". Und wie heißt der Superlativ? _____

7 Nennen Sie ein Synonym und ein Antonym für „sich erhöhen".

sich erhöhen = _____   sich erhöhen ≠ _____

8 Ergänzen Sie die fehlenden Präpositionen:

_____ vergangenen Jahr hat sich die Arbeitslosenquote _____ 19% _____ 2,5% _____ 21,5% erhöht.

9 Bei dem Besuch von Höheren Fachschulen ➜ _____ besucht werden

Bei der Teilnahme an einem Praktikum ➜ _____ an einem Praktikum teilnimmt

10 das im Zusammenhang mit dem Besuch dieser Ausbildungsstätten steht = das mit dem Besuch dieser Ausbildungsstätten _____

11 „vorbehaltlich" ist eine Präposition mit Genitiv, die in der Schriftsprache Verwendung findet. Was bedeutet „vorbehaltlich"?

(a) bei Abschaffung

(b) unter der Bedingung

(c) im Vergleich zu

12 „zur Hälfte" = zu 50%   zu 33,3% = _____   zu 25% = _____

13 Die Zeitschiene: _____ dem 28. Februar ⟷ _____ 28. Februar ⟷ _____ dem 28. Februar

14 beginnen = _____   beginnen ≠ _____

höchstens = _____   höchstens ≠ _____

15 zurückzuzahlen ist = _____ werden _____

16 Welche grammatische Form ist „allgemeinbildend"?

(a) Infinitiv

(b) Partizip Präsens

(c) Partizip Perfekt

17 deren Besuch eine abgeschlossene Berufsausbildung nicht voraussetzt = für deren Besuch _____ abgeschlossene Berufsausbildung _____ ist

18 „Monat" drückt eine Zeiteinheit aus. Nennen Sie noch mindestens acht solche Wörter:

Sekunde - _____ - _____ - _____ - _____ - _____ - _____ - _____ - _____

19 „sofern" ist eine Konjunktion, die in der Schriftsprache verwendet wird. Was bedeutet „sofern"?

(a) falls

(b) obwohl

(c) weil

20 Die maximale Dauer = die _____dauer

21 Was bedeutet „grundsätzlich"?

(a) prinzipiell

(b) professionell

(c) traditionell

22 Die „Regelstudienzeit" ist die für ein bestimmtes Studium vorgeschriebene Anzahl von ...

(a) Klausuren

(b) Seminaren

(c) Semestern

23 „über die Förderungshöchstdauer" bedeutet:

(a) gleich lang

(b) kürzer

(c) länger als/wie die Förderungshöchstdauer

24 ein gesetzlich anerkannter Grund = ein Grund, _____ vom _____ anerkannt _____

HÖREN, Teil 2: Interview über Arbeitssucht

 Aufgabe 16: *Über Fachbegriffe diskutieren*

A   Das Thema dieses Interviews ist „Arbeitssucht", im Mittelpunkt stehen die sogenannten „Workaholics". Sagen Ihnen diese Begriffe etwas? Kennen Sie vielleicht einen Workaholic? Was sind die Moti-
ve für Arbeitssucht? Handelt es sich um eine echte Krankheit und wie kann sie bekämpft werden?

B   Lesen Sie nun den folgenden Textabschnitt und vergleichen Sie ihn mit dem, was Sie zu Punkt (A)
gesagt haben.

Der Begriff „Workaholic" ist mehr umgangssprachlich, der fachlich richtige Ausdruck dafür lautet
„Arbeitssüchtiger". Das sind Menschen, die übermäßig viel arbeiten – allerdings nicht deshalb, weil
sie dadurch mehr verdienen oder weil es der Karriere dienlich wäre, sondern weil sie einen inneren
Drang danach verspüren. Arbeitssüchtige erkennt man weniger daran, was sie leisten, sondern eher
an den Dingen, die sie nicht tun. Oft haben sie nur eingeschränkte soziale Kontakte, keine Freizeit,
ihre Beziehung leidet vielleicht unter der vielen Arbeit, sie investieren wenig Zeit in Partnerschaft und
Familie. Ihr gesamtes Leben organisiert sich rund um ihre Arbeit.

 Aufgabe 17:   *Einen Text zusammenbauen*

Lesen Sie den folgenden Text und fügen Sie die Sätze a-g sinngemäß in die Lücken 1-7 ein. Lesen Sie zunächst einmal den Text und die Sätze in Ruhe durch.

Workaholics gab es schon immer. (1) Ich gehe aber davon aus, dass die Workaholics in den vergangenen Jahren stark zugenommen haben. (2) Das hat folgende Erklärung: In den vergangenen Jahrzehn-
ten waren die Arbeit und das Privatleben stärker getrennt. (3) Auf dem heutigen Arbeitsmarkt gibt es
diese eindeutige Trennung für viele Menschen nicht mehr. (4) In ihrem Arbeitsvertrag steht, dass sie
immer erreichbar sein müssen.

Die Arbeitssucht ist eine besonders starke Bedrohung für die Familie und den Freundeskreis.
(5) Wenn der Arbeitssüchtige beispielsweise immer wieder Verabredungen absagt, ist das natürlich
frustrierend. Was kann nun ein Workaholic tun, wenn er sein Leben ändern möchte? (6) Das kann
Sport sein, soziale oder kulturelle Tätigkeiten. Letztlich haben sie sich ja über lange Zeit auf einen
Lebensbereich, nämlich die Arbeit, sehr konzentriert. (7)

a   Ein großer Teil der Beschäftigten ist auch während ihrer Freizeit weiter im Dienst.

b   Es ist also keine neue Erscheinung, aber eine, die heute viel häufiger anzutreffen ist als früher.

c   Früher meinte man damit nur eine bestimmte Gruppe, etwa Menschen, die sehr kreativ sind oder
etwas erfinden.

d   Grundsätzlich müssen Workaholics wieder lernen, an unterschiedlichen Dingen des Lebens Interesse
und Spaß zu finden.

e   Nicht nur, weil sie den Workaholic für große Zeitspannen von seiner Familie trennt, sondern auch,
weil es so aussieht, als würde der Workaholic seine Arbeit für wichtiger halten als die Familie oder die
Freunde.

f   Nun geht es darum, sich wieder neue Lebensbereiche zu erschließen.

g   Wenn die Arbeitnehmer ihren Arbeitsplatz verließen, dann war Feierabend und die freie Zeit begann.

1	2	3	4	5	6	7

Sprechen

HÖREN, Teil 3: Partnersuche-Portale und Online-Dating

🖋 **Aufgabe 18:** *Verschiedene Möglichkeiten beschreiben*

Bereiten Sie einen kurzen Vortrag über das folgende Thema vor:

> Wo und wie kann man Leute kennenlernen?

Gehen Sie dabei auf die folgenden Punkte ein:

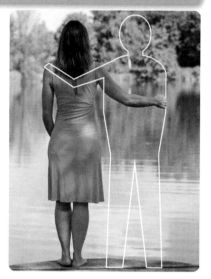

△ Beschreiben Sie mehrere Alternativen.
△ Beschreiben SIe eine Alternative genauer.
△ Nennen Sie Vor- und Nachteile und bewerten Sie diese.

Machen Sie Notizen und strukturieren Sie Ihren Vortrag
wie erwartet, d. h. mit Einleitung, Hauptteil und Schluss.

Schreiben

🖋 **Aufgabe 19:** *Antwort auf eine E-Mail von einem Freund / einer Freundin*

Ein Freund / Eine Freundin von Ihnen, ständig auf der Suche nach einem passenden Partner / einer passenden Partnerin, schreibt in einer E-Mail Folgendes:

> ...
> Wir leben nun mal in einer digitalisierten Welt. Wenn ich online shoppen gehe und soziale Netzwerke nutze, warum dann nicht auch online daten? Dates, also Verabredungen über das Internet oder über Apps sind einfach schneller, und die Möglichkeiten, jemanden kennenzulernen, viel größer. Was meinst du?
> ...

Beantworten Sie diese E-Mail und nehmen Sie zur Ansicht Ihres Freundes / Ihrer Freundin Stellung. Schreiben Sie nicht mehr als 100 Wörter. Sie können dabei die folgenden Redemittel verwenden:

- Was du da schreibst, finde ich ...
- Ich bin ganz deiner Meinung: ...
- Da muss ich dir leider widersprechen: ...
- Die Gefahr dabei ist, dass ...
- Es gibt andere Möglichkeiten Leute kennenzulernen, zum Beispiel ...

HÖREN, Teil 4: Mit Ärger umgehen

Aufgabe 20: *Überschriften zuordnen*

Ordnen Sie jeder Grundaussage (1-6) im Text die passende Überschrift aus dem Kasten (a-h) zu. Zwei Überschriften bleiben übrig.

a Beherrschung	c Häufigkeit	e Kosten	g Rache
b Gefühlsbündel	d Hineindenken	f Positives	h Weder noch

1 Wenn es Ihnen wie den meisten Menschen geht, dann vergeht kein Tag, ohne dass Sie sich über Ihre Mitmenschen oder sich selbst ärgern.

2 Ärger und Wut zählen zu den Basis-Emotionen wie Angst, Ekel, Traurigkeit, Überraschung oder Freude.

3 Ärger kann auch heute noch sehr sinnvoll und hilfreich sein. Es ist ein unangenehmes Empfinden, welches uns sehr deutlich anzeigt, dass wir etwas verändern wollen.

4 Ärger einfach zu unterdrücken, ist ungesund für Leib und Seele. Aber auch ungehemmte Wut-ausbrüche bringen nicht viel.

5 Beste Lösung ist nach Auffassung der Stressforscher die Ärger-Kontrolle. Es gilt, den Ärger bewusst wahrzunehmen und ihn gezielt zu regulieren.

6 Wirksam ist nach Ansicht der Experten auch der gedankliche Seitenwechsel. Sich vorzustellen, dass der andere gute Gründe für sein Handeln hat, sorgt für innere Balance.

1	2	3	4	5	6

Aufgabe 21: *Ein (etwas vereinfachter) C-Test*

Im folgenden Textabschnitt ist jedes zweite Wort nur zur Hälfte vorgegeben, die fehlenden Buchstaben sind durch Striche markiert. Ergänzen Sie den Text.

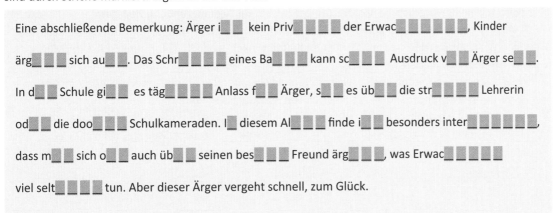

Eine abschließende Bemerkung: Ärger i__ kein Priv_____ der Erwac_____, Kinder

ärg____ sich au___. Das Schr_____ eines Ba_____ kann sc____ Ausdruck v__ Ärger se__.

In d__ Schule gi__ es täg_____ Anlass f__ Ärger, s__ es üb__ die str_____ Lehrerin

od__ die doo_____ Schulkameraden. I_ diesem Al_____ finde i__ besonders inter_____,

dass m__ sich o__ auch üb__ seinen bes_____ Freund ärg_____, was Erwac_____

viel selt_____ tun. Aber dieser Ärger vergeht schnell, zum Glück.

Sprachliche Mittel

SCHREIBEN, Teil 1: Studium ohne Unterstützung der Eltern

Nennen Sie verschiedene Ausgaben, die Studenten haben:
- Studiengebühren/Bücher bezahlen – ein Zimmer im Studentenwohnheim / in einer WG mieten – Geld für Lebensmittel/Kleidung/Fahrkarten ausgeben – extra Ausgaben (z. B. für ein Semester im Ausland) – Ausgaben, die junge Menschen normalerweise haben

Nennen Sie Gründe, weshalb viele Studenten keine Unterstützung von ihren Eltern erhalten:
- Eltern sind vielleicht arbeitslos – kein gutes Verhältnis zu den Eltern haben – mehrere Geschwister haben – selbstständig sein wollen – keine Hilfe annehmen wollen

Äußern Sie Ihre Meinung zu Darlehen/Krediten für Studenten:
- die staatliche Förderung (BAföG) reicht nicht aus – einen Kredit aufnehmen – einen Antrag auf Studentenkredit stellen – als praktische/letzte Lösung ansehen – finanzielle Belastung nach dem Studium berücksichtigen

Nennen Sie andere Möglichkeiten, die finanzielle Situation der Studenten zu verbessern:
- einen Nebenjob suchen / nebenbei etwas verdienen – in den Semesterferien arbeiten – ein bezahltes Firmen-Praktikum machen – sich für ein Stipendium bewerben – Nachhilfeunterricht geben – die Ausgaben einschränken – diverse Angebote für Studenten nutzen

Sprechen

 Aufgabe 22: *Über ein Thema diskutieren*

> „Zu wenig Geld? Dann lieber Berufsausbildung statt Studium?"

- mit der Ausbildung direkt ins Berufsleben einsteigen – sehr bald Geld verdienen
- auch gute Perspektiven haben – Fachkräfte sind auf dem Arbeitsmarkt gefragt
- Möglichkeit, sich selbstständig zu machen
- Möglichkeit, im Anschluss an die Berufsausbildung zu studieren
- bessere Karrierechancen/Verdienstmöglichkeiten nach einem Studium – ein Studium ist Voraussetzung für viele Berufe
- sich vielleicht für ein duales Studium entscheiden: Geld verdienen und parallel dazu studieren

Sprachliche Mittel

SCHREIBEN, Teil 2: Abschiedsfeier

- Erinnerungen an Zusammenarbeit: ein treuer Kollege – aus Zusammenarbeit wurde Freundschaft – gemeinsam viele unvergessliche Momente erlebt – seit der Firmengründung Kollegen
- Treffen zu einem Gespräch: gemeinsam ein Bier trinken – sich im Biergarten treffen – sich auf ein Gläschen Wein verabreden – zusammen einen Kaffee trinken – den Kollegen zum Frühstück/Mittag-essen/Abendessen einladen
- Vorschläge zur Gestaltung der Abschiedsfeier: ein Grillabend auf dem Firmengelände / im Garten – ein Gartenfest – ein Tanzabend – eine Feier im Seminarraum der Firma
- Warum Sie Hilfe brauchen: Ideen sammeln für die Abschiedsfeier – etwas ganz Besonderes vorbereiten – möchte die Kollegen überraschen – Ihr Kollege hat immer tolle Ideen, die nicht viel kosten

✎ Aufgabe 23

Ihr Kollege, Herr Scholl, hat Ihnen auf Ihre E-Mail geantwortet. In seinem Schreiben gibt es einige Fehler. Finden und korrigieren Sie diese Fehler.

Hallo Stephan,

meine Güte, wie schnell **haben** die Jahre vergangen! Du stehst also | 0 | *sind*

tatsächlich vor die Pensionierung! Ich kann mich noch | 1 | _____

darin erinnern, wie wir uns kennengelernt haben. Du warst damals | 2 | _____

der einzige Kollege, der wie mich Rockmusik hörte und kein Auto, | 3 | _____

aber Motorrad fuhr. Mein Gott, wir waren damals tatsächlich | 4 | _____

die jungen Wilden in einer besonders seriöse Firma. | 5 | _____

Du, es ist doch selbstverständlich, dass ich dir bei der Vorbereitung | 6 | _____

der Abschiedsfeier behilflich sein werden. | 7 | _____

Ich habe auch schon ein Paar gute Ideen, die dir gefallen werden. | 8 | _____

Wie wäre es, wenn wir uns nächste Woche treffe, was sagst du zu Freitag | 9 | _____

nach der Arbeit? Sag mir morgens im Büro Bescheid. | 10 | _____

Bis dann!

SPRECHEN, Teil 1

⊙ Die erste Verabredung mit dem Partner / der Partnerin Ihrer Träume

- sich in einem Restaurant treffen – ins Kino/Theater gehen – einen romantischen Abend verbringen – in einen Vergnügungspark gehen – tanzen gehen
- einen geeigneten Film / eine geeignete Vorstellung auswählen – im Restaurant einen guten, teuren Wein bestellen – Komplimente machen – Blickkontakt halten – keinen Stress haben
- zu viel von sich sprechen / den anderen nicht zu Wort kommen lassen – den Mund nicht öffnen – die Ruhe bewahren – Interesse zeigen / interessiert zuhören – keine indiskreten Fragen stellen

Fragen zum Thema:
   a. Was finden Sie beim ersten „Date" besonders wichtig?
   b. Was könnte bei einer solchen Verabredung leicht zu Problemen führen?

⊙ Alternativen zum Fliegen

- die Bahn / den Zug nehmen – mit dem Auto/Bus/Schiff fahren – Flugzeug oft einziges Verkehrsmittel / alternativlos
- schneller ankommen – die Reise genießen – mit den Mitreisenden ins Gespräch kommen – Geschäftsreisende unter Zeitdruck – auf dem Weg Stationen einlegen / die Gegend erkunden – der Weg ist das Ziel
- umweltfreundlich/preiswert/teuer sein – hoher CO_2-Ausstoß – sich (k)eine teure Zugfahrt leisten können – nachhaltiges Reisen, das die Umwelt nicht belastet – Flüge vermeiden, wenn es geht

Fragen zum Thema:
   a. Warum sind Flüge unter Geschäftsleuten besonders beliebt?
   b. Welche Risiken gibt es beim Fliegen?

Sprachliche Mittel

⊙ *Jugendliche und Rauchen*

- aus Langeweile – rebellieren wollen – rauchen, um zu einer Gruppe dazu-zugehören – Rauchen im Freundeskreis verbreitet
- Eltern rauchen selbst nicht / lehnen das Rauchen ab – Rauchverbot in der Wohnung – Hobbys finden / weniger fernsehen – sportlich aktiv sein
- Rauchen für gefährlich halten – ein rauchfreies Leben vorziehen – Stress-situationen durch Rauchen bewältigen – Unterstützung brauchen, um das Rauchen aufzugeben – eine (schlechte) Gewohnheit sein

Fragen zum Thema:
a. Was kann der Staat tun, damit weniger Jugendliche rauchen?
b. Können Sie sich vielleicht an die erste Zigarette erinnern, die Sie geraucht haben?

⊙ *Arbeit und Freizeit trennen*

- für Ausgleich sorgen – das Handy abends ausschalten – keine Arbeit nach Hause mitnehmen – jede Pause / das Wochenende / die arbeitsfreien Tage genießen
- nicht ständig erreichbar sein – eine Grenze zwischen Arbeit und Freizeit ziehen – mit dem Arbeitgeber sprechen – der Routine entweichen
- Flexibilität zeigen – keine Freude bei der Arbeit empfinden – mangelnde Trennung von Arbeit und Freizeit führt zu Burnout

Fragen zum Thema:
a. Was tun Sie, wenn Sie einen besonders stressigen Tag hatten?
b. Ziehen Sie ein höheres Gehalt oder mehr Freizeit vor, und warum?

SPRECHEN, Teil 2: Warum wird Höflichkeit oft missverstanden?

Warum wird Höflichkeit missverstanden?

- sich einer Person besonders freundlich zuwenden – großes/besonderes Interesse zeigen
- die Körpersprache / das Lächeln missverstehen
- Höflichkeit heutzutage selten, wird öfter mit Flirten verwechselt

Wie war die Situation früher?

- Kinder früher strenger erzogen – anderen Personen die Türe aufhalten – älteren Leuten beim Tragen der Einkaufstasche helfen – bestimmte Verhaltensregeln einhalten
- Pünktlichkeit sehr wichtig

Was tun, um höflich zu sein?

- sich bedanken bei + DAT – unbekannte / weniger bekannte Personen siezen / nicht duzen – gegenseitig Respekt zeigen
- schon von klein auf Höflichkeit lernen
- nicht neugierig/indiskret sein

Bestimmte Grenzen der Höflichkeit?

- sich der Person nicht zu sehr annähern – übertriebene Höflichkeit wirkt negativ / macht unsicher – Höflichkeit nicht überall gleich verstanden
- interkulturelle Kompetenzen aufbauen – bestimmte Gesprächsthemen vermeiden

Weitere Diskussionspunkte:

- Würden Sie einem Freund / einer Freundin ein Buch über Benimmregeln und höfliches Benehmen zum Geburtstag schenken?
- Hatten Sie schon mal ein Erlebnis von missverstandener Höflichkeit? Erzählen Sie!

Die große
deutsche
Lernergrammatik

Spiros Koukidis

Das große
deutsche
Übungsbuch

Spiros Koukidis

Arena A1
Training zur Prüfung Goethe-Zertifikat A1: Fit in Deutsch 1

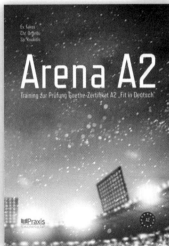

Arena A2
Training zur Prüfung Goethe-Zertifikat A2 „Fit in Deutsch"

Arena B1
Training zur Prüfung Goethe-/ ÖSD-Zertifikat B1 für Jugendliche

Das bewährte duale
Praxis-Konzept

**„Lernstoffvermittlung und
Prüfungsvorbereitung in einem"**

spart Zeit und führt
zielsicher zum Erfolg.

WERKSTATT B1
Training zur Prüfung Zertifikat B1

Lehrbuch

WERKSTATT B2
Training zur Prüfung Goethe-Zertifikat B2

Lehrbuch

Station C1
KURSBUCH

Vorbereitung zur Prüfung ▶ Zertifikat C1

EndStation C2
Training zur Prüfung Goethe-Zertifikat C2

Kurs- & Arbeitsbuch

weiter ...
www.praxis.gr